PENSAR
ACTUAR
SER
COMO
JESÚS

PENSAR ACTUAR SER COMO JESÚS

LLEGAR A SER UNA NUEVA PERSONA EN CRISTO

UN COMPLEMENTO A *CREER*

RANDY FRAZEE

CON ROBERT NOLAND

CREER – PENSAR, ACTUAR, SER COMO JESÚS
Edición en español publicada por
Editorial Vida – 2014
Miami, Florida

©2014 por Editorial Vida
Este título también está disponible en formato electrónico.

Originally published in the USA under the title:
Believe – Think, Act, Be like Jesus
Copyright ©2014 by Zondervan
Published by permission of Zondervan, Grand Rapids, Michigan 49530.
All rights reserved

Editora en Jefe: *Graciela Lelli*
Traducción y edición: *Belmonte traductores*
Adaptación del diseño al español: *Grupo Nivel Uno, Inc.*

ISBN: 978-0-8297-6634-9

CATEGORÍA: Religión / Ministerio Cristiano / Discipulado

IMPRESO EN ESTADOS UNIDOS DE AMÉRICA
PRINTED IN THE UNITED STATES OF AMERICA

14 15 16 17 18 RRD 10 9 8 7 6 5 4 3 2 1

Para Jennifer, David, Stephen y Austin: los cuatro hijos que Dios nos dio para educarlos en Cristo. Ustedes fueron la motivación para el contenido de este libro. Estamos muy orgullosos de lo que están llegando a ser... ¡más y más como Jesús cada día!

Contenido

PARTE 3:
Ser como Jesús
¿Quién estoy llegando a ser?

PARTE 4:
Transformación

La confesión de incredulidad

Tengo recuerdos increíbles de mi mamá. Ella provenía de una familia muy pobre en el sur de Pennsylvania y se casó con mi padre a los dieciocho años. Cuando yo tenía tres años, se mudaron a Cleveland, Ohio, donde mi padre se aseguró un empleo con Caterpillar, ensamblando montacargas.

Durante mi niñez, mi madre nos quiso y se sacrificó mucho por mis tres hermanos y por mí. Empleaba todo su dinero, tiempo y energía en nosotros. Recuerdo que en raras ocasiones hacía algo para ella misma. Por lo tanto, hace varios años, cuando había llegado a un momento en mi vida en el que tenía cierto margen económico, llamé a mi madre para decirle que los iba a llevar a ella y mi papá a un viaje con todos los gastos pagados junto a nuestra familia a las magníficas cataratas del Niágara el día después de Navidad. Reservé habitaciones en un hotel magnífico y opulento en el lado canadiense, con vistas a las cataratas. Ella iba a sentirse muy avergonzada e incómoda creyendo que no pertenecía a un lugar como ese, pero yo quería que tuviera una experiencia inolvidable.

Cuando llamé a mamá unos meses antes de la fecha del viaje, me dijo que no se sentía bien. Al inicio pensé que tan solo intentaba zafarse de la invitación. Sin embargo, a medida que pasaron los meses siguientes su enfermedad empeoró y comencé de verdad a preocuparme. Decidí volar hasta el hogar de mis padres unos días antes de la fecha programada para llegar allí, y solamente una semana antes de nuestras grandes vacaciones.

Tres días después, mi madre murió de un cáncer de páncreas avanzado a la edad de sesenta y dos años. El viaje fue cancelado solo setenta y dos horas antes de irnos. Finalmente estaba en posición de hacer algo por mi madre y me lo perdí para siempre por tres días. ¡Tres días! Quedé devastado en muchos aspectos. Algo cambió en mi interior, quizá fue más bien un despertar de lo que había estado allí todo el tiempo. Mi alma se hallaba en crisis, y me fui deslizando a un lugar de desesperanza. Lo que más extraño de estar con mi mamá es reposar mi cabeza entre la suya y sus hombros. Era el lugar más seguro y dulce de la tierra. Los dos últimos días de la vida de mi mamá, cuando no había nadie más en la habitación, me metía en su cama con ella y ponía mi cabeza en ese punto cálido lleno de intenso amor. Las lágrimas caían por mis mejillas. Yo pensaba que tendríamos más tiempo. Intentaba empaparme de toda una vida en solo unas cuantas horas fugaces.

Ser como Jesús: VIRTUDES

Al mirar atrás, ahora entiendo el increíble sentido de la oportunidad que tiene Dios. Durante ese período en torno a la enfermedad y la muerte de mi madre, tres gigantes espirituales eran mis mentores. Cada uno individualmente me «enseñaba» justo sobre el trabajo que ahora está cristalizándose quince años después en este libro y la experiencia de interacción de la Biblia *Creer*. Sin embargo, antes de que estos recursos pudieran salir para ayudar a otros, Dios había decidido hacer antes cierto trabajo *en mí*. La palabra bíblica que define esto es *poda*: el proceso en el cual Dios quiere trabajar *por medio de* nosotros, pero antes tiene que trabajar *en* nosotros. Una obra más profunda tiene lugar en el individuo para que la obra mayor salga al mundo; algo similar a un jardinero que poda los árboles para obtener la mejor cosecha. (ver Juan 15.2).

Mis tres mentores espirituales fueron J. I. Packer,[1] Dallas Willard[2] y George Gallup Jr.[3]

He aquí lo que mis mentores me enseñaron: la vida cristiana no es primordialmente una búsqueda intelectual; tampoco se trata simplemente de hacer el bien o participar en la actividad espiritual. La vida cristiana se trata de en quién llegamos a convertirnos por causa de los demás. Desde que Jesús vino del cielo a fin de representarnos, también modeló ante nosotros la vida que fuimos creados para vivir.

Por lo tanto, *el objetivo supremo de la vida según el diseño de Dios es que nosotros seamos como Jesús.*

La pasión de Dios es que las virtudes de Jesús aparezcan en nuestra vida. La Biblia llama «fruto» a esas virtudes. El fruto es externo en un árbol; todos lo ven y probarlo está al alcance de todos. Cuando aparece un fruto delicioso en los extremos de nuestras ramas, esto da evidencia de la salud que hay en el interior. Sin embargo, en última instancia, el valor del fruto es para beneficio de otros, aquellos que agarran el fruto de nuestras vidas y lo prueban. ¿Está maduro, dulce y delicioso, o está verde y podrido, o posiblemente es incluso artificial?

Pablo les llamó a estas virtudes «el fruto del Espíritu». La uva probablemente fuese el primer fruto que vendría a la mente de los primeros cristianos, los cuales podrían haber recordado la enseñanza de Jesús acerca de la vid y las ramas.

Recientemente vi *Somm*, un documental sobre un grupo de hombres que intentaba obtener el nivel de maestro sommelier: el nivel más elevado que un experto en vinos puede alcanzar. Fueron situados cinco vinos delante de los aspirantes. Ellos movían la copa de cristal, metían su nariz en el interior de ella, e inhalaban profundamente. Luego daban un sorbo, movían el vino en el interior de su boca y lo escupían en un recipiente. Con ese ejercicio eran capaces de declarar la región, la variedad, la fecha, el cuerpo y el tanino del vino. Me resultó fascinante la descripción del sabor. La palabra con mayor frecuencia utilizada era *toque*. Un candidato decía, por ejemplo: «Este vino tiene un toque de canela, un toque de roble, un toque de regaliz, un toque de arándano y un toque de tierra».

Puede que eso fuera lo que Pablo tenía en mente cuando nos dio la famosa lista del fruto del Espíritu en Gálatas 5.22–23. Las virtudes de nuestras vidas están contenidas en una copa, por así decirlo. El prójimo, la esposa o el amigo agarra la copa y la mueve, mete la nariz en su interior e inhala, y luego da un sorbo, saboreándolo para después declarar: «Este vino tiene toques de amor, gozo, paz, paciencia, amabilidad, bondad, fidelidad, mansedumbre y dominio propio. También detecto toques de esperanza y humildad».

El «toque de la esperanza» faltaba en mi vida. Y un ser humano no puede vivir sin esperanza. Esto explicaba mi estado de depresión. Hasta ese momento de mi existencia había estado viviendo con un falso sentimiento de esperanza. Yo, al igual que muchas personas, «esperaba» que la vida aquí sería buena y se mantendría coherente, lo cual se traducía en una ausencia de crisis en las relaciones, no divorcios, no tormentas, no pérdidas de trabajo, dinero en el banco y sin duda no muertes de nadie a quien quisiera mucho. Mientras que tal «esperanza» puede que se sostenga durante un tiempo, finalmente nos defraudará y fallará.

Dios quiere darnos una esperanza verdadera, que se eleva por encima de todos los asuntos terrenales y nos hace atravesar todos nuestros problemas. Claramente, yo no tenía ese tipo de fruto en los extremos de mis ramas. Y la muerte de mi madre sacó a la luz mi necesidad.

Hay un hecho bastante interesante que aprendí en medio de todo eso: no podemos crecer en la virtud de la esperanza meramente intentando sentirnos más esperanzados. Lo mismo es cierto de todos los otros frutos: *Bueno, ya estaré más gozoso mañana.* Aunque en verdad es esencial tener una visión de cambio y crecimiento, estos no llegarán a nuestras vidas simplemente por desear que se cumplan.

Pensar como Jesús: CREENCIAS

A fin de encontrar la solución para *ser como Jesús*, regresé a mis mentores. Descubrí que llegar a ser más como Jesús requiere *pensar como Jesús*. Lograr esto es mucho más difícil de lo que pudiera parecer. Los tres hombres me dijeron lo mismo, de manera independiente el uno del otro: *no es suficiente con creer que algo es la respuesta correcta; debes considerarlo como un modo de vida.*

El viaje de la creencia comienza en la cabeza, pero debe emigrar treinta centímetros más abajo hasta el corazón para producir un cambio en nuestra vida. ¿Por qué? Porque vivimos a partir del corazón. Vivimos en coherencia con las creencias aceptadas en nuestros corazones.[4]

«Porque cual es su pensamiento en su corazón, tal es él» (Proverbios 23.7, RVR60).

El escritor no dijo: «Como piensa en su *mente*», sino más bien: «Como piensa en su *corazón*». Hay una vasta diferencia. Consideremos el contexto de este versículo:

> *No comas pan con el avaro,*
> *Ni codicies sus manjares;*
> *Porque cual es su pensamiento en su corazón, tal es él.*
> *Come y bebe, te dirá;*
> *Mas su corazón no está contigo.*
> *Vomitarás la parte que comiste,*
> *Y perderás tus suaves palabras.*
> (Proverbios 23.6–8, énfasis añadido)

Supongamos que pasas la noche en casa de una persona a la que no conoces bien. Antes de que esa persona se vaya en la mañana al trabajo, te dice que te sirvas cualquier cosa que haya en el refrigerador. Así que tú lo haces. Cuando regresa a casa, te trata con frialdad. Tú le preguntas si ha pasado algo, pero te responde: «No». Más adelante durante la semana te enteras mediante la cadena de chismes de los amigos que en realidad está enojado contigo porque arrasaste su refrigerador. Tú les respondes a tus amigos: «No puede ser. Me dijo que podía hacerlo». Después que tus amigos se rían un poco, alguien dice. «No importa lo que *diga*; todos saben que es un tacaño. No puede evitarlo».

Tu anfitrión sabe que lo correcto es ofrecerte el contenido de su refrigerador; sin embargo, cuando se trata de la verdad, en realidad no acepta esa idea, porque en su corazón es un tacaño. Vive de modo consistente con los valores y principios de un anfitrión receloso. No puede evitarlo. ¿Por qué? Porque la creencia reside en su corazón.

Jesús reforzó este axioma cuando dijo: «Porque donde esté tu tesoro, allí estará también tu corazón» (Mateo 6.21).

Si Jesús nos estuviera hablando en la actualidad, podría decir: «Muéstrame tu chequera o el informe de la tarjeta de crédito y te diré lo que en verdad crees». Tu dinero sigue las creencias centrales de tu corazón. Puedes asistir a un seminario de administración financiera y entender todos los principios en tu cabeza, pero lo que creas en tu corazón es lo que cuenta y lo que finalmente determina tus gastos, ahorros y hábitos de inversión.

Si batallas para poner en práctica tus creencias, en realidad no las crees. Podrías entender; tal vez sea un requisito hacer un acuerdo intelectual en la comunidad en la que te mueves. Sin embargo, la creencia aún no reside en tu corazón.

Claude Harmon, ganador del Masters Tournament de 1948, en el cual el premio era de dos mil quinientos dólares, entrenó a sus cuatro hijos para que llegaran a ser los mejores instructores de golf del mundo. Mi vecino que vive en la casa contigua juega en el tour de la PGA y el año pasado comenzó con Butch Harmon. Ya ha ganado tres torneos esta temporada, con ganancias que se acercan a los cuatro millones de dólares, antes de los patrocinios. Claude una vez les dijo a sus hijos: «Un *buen* instructor de golf puede detectar las diez cosas erróneas en el swing de un golfista; un *gran* instructor de golf puede identificar lo que causa las otras nueve».

Lo mismo es cierto en la vida cristiana. Un buen mentor espiritual podría ser capaz de detectar las diez cosas erróneas en el modo en que enfoco la vida, e incluso mi ausencia de esperanza; un gran mentor espiritual puede detectar aquello que causa las otras nueve.

Esa única cosa es casi siempre una creencia: algo que no entiendo o que nunca me han enseñado acerca de la vida cristiana, lo cual es sin duda un problema sistémico entre los creyentes en la actualidad. O hay algo que creo en mi cabeza que es verdad o correcto, sin embargo no reside en mi corazón, lo cual mina mi experiencia de la esperanza.

El viaje de la creencia comienza con la confesión de la incredulidad.

Esta afirmación es de lo que hablaban mis mentores. Tenemos que ayudar a las personas a descubrir esta verdad, y entonces ellos deben confesársela a sí mismos y algunas otras personas importantes si alguna vez quieren vivir verdaderamente la vida cristiana. Sé que sin duda tuve que hacerlo.

Así que me hice la pregunta: «¿Qué *no* creo? ¿Cuál es la causa de esta desesperanza?».

Como resultado de mi trabajo con mis mentores he llegado a ver que hay, y siempre ha habido, diez creencias esenciales del cristianismo ortodoxo. ¿Cuál de esas diez era una importante lucha para mí, obstaculizando así mi experiencia de la esperanza?

El doctor J. I. Packer (mi «Butch Harmon», mi «maestro somelier») tenía una buena perspectiva. Dos creencias principales impulsan la esperanza bíblica. La primera es la creencia clave sobre la promesa para el futuro de todos los creyentes. Le llamaré a esta creencia *eternidad.* La segunda clave se encuentra en aquel que está haciendo la promesa. Simplemente le llamaré a esta nuestra creencia en *Dios.* Packer sugirió que yo o bien (1) no entendía o aceptaba en verdad lo que Cristo enseñó sobre la eternidad, o (2) no entendía realmente ni confiaba en aquel que hace la promesa, es decir, Jesús.

No fue necesario mucho tiempo para precisar mi respuesta. Sin embargo, lo que sí llevó un tiempo fue admitir la realidad ante mí mismo, pero finalmente lo hice. Recuerdo la primera vez que dije en voz alta para mí mismo. *«No creo en el cielo».*

Ahora bien, por favor, lee esta siguiente sección con atención antes de que me catalogues de infiel. He oficiado cientos de funerales y dado decenas de sermones sobre el dulce tema del cielo, creyendo en mi cabeza que esta es la respuesta correcta, pero no me había apoderado de la verdad en mi corazón. Quería hacerlo; tan solo no lo hice realmente. Por favor, debes saber que esta es una sinceridad cruda, pero necesaria para dar a conocer esta premisa a todos nosotros.

La idea de que en el momento de su muerte el espíritu de mi madre abandonara su cuerpo enfermo y subiera al cielo para residir con Jesús, junto con todos aquellos que habían ido delante... era sencillamente una idea demasiado fantástica para mí. No tengo ningún precedente mental para tal suceso. Sin duda ayudaría si algunas personas regresaran e hicieran una reunión alrededor de una fogata con preguntas y respuestas sobre el tema. Estoy hablando no acerca de experiencias cercanas a la muerte, sino de personas que se hayan ido durante algunos años y después regresaran para mantener una seria conversación o dar una presentación acerca de su experiencia. Y ya que estoy siendo completamente transparente en esto, vivir como un espíritu sin cuerpo (posiblemente con alas y cantando cantos de adoración las veinticuatro horas del día para siempre) no son ideas muy atractivas para mí.

La verdad es que si me dieran tres opciones, como...

1. Ir al cielo
2. Ir al infierno
3. Quedarme en la tierra y seguir viviendo la vida como la experimento actualmente

...¡escogería la número 3 sin pensarlo! Elegiría el cielo en segundo lugar. Porque cantar «Kumbayá» por la eternidad es solo un poco más atractivo que arder en el fuego.

Muy bien, lo dije. Admití mi batalla con la esperanza eterna. ¿Y ahora qué? Debido a que era el pastor principal de una iglesia grande, sentía que debía compartir esto con mi congregación. Mala idea.

Descubrí que la iglesia es un buen lugar para confesar lo que uno *cree*, pero no un buen lugar para confesar la *incredulidad*. Una mujer, una líder de la comunidad y miembro de otra iglesia, acudió a los ancianos y sugirió que yo debía renunciar o tomarme un largo tiempo de descanso. Lo cierto es que nunca me sentí más vivo espiritualmente. Hay algo bastante liberador en cuanto a entrar en un diálogo crudo y sincero con Dios, como lo hacía el salmista. Dios no solo puede manejarlo. ¡Él nos invita a hacerlo! La mayoría de las iglesias... bueno, no tanto.

Necesitamos darles a los cristianos hoy en día la misma oportunidad que Jesús le dio al centurión que dijo: «Creo algunas cosas; ayúdame con lo que no creo» (Marcos 9.24, mi paráfrasis).Yo no pienso que lleguemos a ver nunca un vibrante avivamiento en el cristianismo hasta que creemos espacios seguros para que los cristianos confiesen su incredulidad, porque la verdadera confesión desde el corazón de lo que no creemos es el único camino para la creencia verdadera en nuestros corazones.

Muchos que crecen en la iglesia llegan a una crisis de incredulidad en sus años de adolescencia. Debido a que muchos de los padres cristianos y líderes de la iglesia no pueden soportar escuchar que la duda anda alrededor de las mentes de sus hijos, con demasiada frecuencia los jóvenes se guardan sus dudas para sí mismos. Este dilema de fe también puede llegar a agrandarse durante sus primeros años de vida en la universidad. En el silencio, poco a poco, los perdemos. Las luchas no expresadas se convierten en razones para ya no creer. El patrón es que cuando abandonan el hogar, finalmente abandonan su fe.

En cambio, deberíamos invitar a esta confesión de incredulidad. En mi experiencia, el viaje de la creencia desde la cabeza hasta el corazón está casi siempre unido y es alimentado por un período de dudas en el cual un joven adulto está tomando una decisión de aceptar o rechazar la fe de sus padres. Necesitamos crear un ambiente en el hogar y la iglesia donde se les aliente a expresar sus dudas en voz alta. Cuando lo hagan, nuestra respuesta debería ser: «¡Estupendo! Estábamos esperando este día». Debido a que la boca está a mitad de camino entre la cabeza y el corazón, la confesión de su incredulidad o dudas significa que el adolescente o joven adulto se halla también a mitad de camino para apoderarse verdaderamente de su fe personal.

Actuar como Jesús: PRÁCTICAS

Ahora bien, ¿qué debería hacer yo? No puedo quedarme atascado aquí. Es momento para *actuar como Jesús*. Aquí es donde entran en juego las disciplinas y *prácticas espirituales*, como la adoración, la oración, el estudio de la Biblia, la participación en la comunidad, el ofrecimiento de mis recursos y la proclamación mi fe.

En su libro *El espíritu de las disciplinas*, Dallas Willard me presentó un importante principio: *las prácticas espirituales son los ejercicios en los que se participa con el Espíritu, mediante las cuales lentamente llevamos una verdad de Dios desde nuestra cabeza hasta nuestro corazón*.[5] Incluso las disciplinas espirituales diseñadas para servir a otros se dan media vuelta y nos ministran a nosotros. El acto perpetuo refuerza la validez de una creencia bíblica y nos da una experiencia con el poder de la verdad, no solo con conocimiento teórico.

La investigación reciente revela que la práctica cristiana número uno para catalizar el crecimiento espiritual es la *interacción con la Biblia*, sin que haya ninguna otra que se le compare.[6] Es aquí donde comenzó mi búsqueda de la esperanza.

Abrí la Biblia con una nueva perspectiva de descubrir la visión de Dios para la eternidad, para el futuro sobre el cual uno edifica la esperanza. No había ningún interés denominacional y ningún sermón que preparar. Esto era profundamente personal. Me encontraba en una búsqueda para descubrir y experimentar la esperanza duradera que estaba a mi disposición por medio de Cristo.

Cinco nuevos descubrimientos resultaron. Ya que tengo una licenciatura en teología y otra en estudios bíblicos, podrías pensar que esto ya me lo sabía de memoria, pero no era así. Conocía al respecto, pero su realidad colectiva aún no había calado en mí.

Descubrimiento 1: Dios no ha terminado cuando morimos. Él nos cuida y está a nuestro lado, pero aún queda más por venir. Todo lo realmente bueno comienza a desplegarse en el regreso de Cristo. Ahora tiene sentido que Juan terminara el último libro de la Biblia con la frase: «Ven, Señor Jesús»(Apocalipsis 22.20). A Juan se le había otorgado un encuentro audiovisual en IMAX 3D con lo que ha de venir, y quería apresurarse y llegar ahí. Quizá si yo hubiera visto lo que él vio, habría expresado la misma oración.

Descubrimiento 2: El lugar final no es *allá arriba*, sino *aquí abajo*. Dios va a hacer lo que hizo en Génesis 1—2 otra vez. Los dos primeros capítulos de la Biblia tienen una sorprendente similitud con sus dos últimos capítulos. Dios va a crear «un cielo nuevo y una tierra nueva» (Apocalipsis 21.1). Viviremos en la tierra nueva, un lugar muy real. Ahora tengo un modelo mental para este paradigma. Mientras estoy escribiendo este capítulo, me encuentro en un crucero navegando desde Belice de regreso a Houston. Brilla el sol; el agua es azul; y la brisa es suave. Precisamente ayer estaba con mi esposa, mi hijo y mi nuera en un magnífico bosque tropical en la isla de Roatán en Honduras. Nos estamos dirigiendo a casa en la hermosa campiña al norte de San Antonio, Texas, donde Dios hizo parte de su trabajo más estupendo. Aunque me encanta la vida en la tierra, creo que Dios puede volver a hacer lo que hizo una vez —quitar todas las cosas malas— y estoy preparado para dar el salto justo en este momento. ¡Ven pronto, Señor Jesús!

Descubrimiento 3: Dios no se va a quedar *allá arriba*, sino que va a bajar *aquí abajo* a fin de estar con nosotros, como lo hizo con Adán y Eva, para dar paseos en el frescor del día (ver Génesis 3.8). Siento la presencia de Dios en mi vida; en realidad la siento. Oro casi constantemente. Sin embargo, tener en realidad a Dios aquí con nosotros es una mejora dramática, en caso de que me lo preguntes,

Descubrimiento 4: Vamos a recibir nuevos cuerpos: cuerpos imperecederos. Ya no habrá más enfermedad, ni más muerte. No sé tú, pero yo también estoy esperando algunas otras modificaciones, un poco de «bisturí» divino aquí y allá.

Descubrimiento 5: El jardín, del cual Adán y Eva fueron expulsados, está en el centro de una grandiosa y nueva ciudad. Sin embargo, este ha sido ampliado para acomodar al número de residentes. Permite que comparta la descripción de la visión de Juan:

> *Después vi un cielo nuevo y una tierra nueva, porque el primer cielo y la primera tierra habían dejado de existir, lo mismo que el mar. Vi además la ciudad santa, la nueva Jerusalén, que bajaba del cielo, procedente de Dios, preparada como una novia hermosamente vestida para su prometido. Oí una potente voz que provenía del trono y decía: «¡Aquí, entre los seres humanos, está la morada de Dios! Él acampará en medio de ellos, y ellos serán su pueblo; Dios mismo estará con ellos y será su Dios. Él les enjugará toda lágrima de los ojos. Ya no habrá muerte, ni llanto,*

ni lamento ni dolor, porque las primeras cosas han dejado de existir». El que estaba sentado en el trono dijo: «¡Yo hago nuevas todas las cosas!». (Apocalipsis 21.1–5)

Sigamos leyendo un poco más:

Luego el ángel me mostró un río de agua de vida, claro como el cristal, que salía del trono de Dios y del Cordero, y corría por el centro de la calle principal de la ciudad. A cada lado del río estaba el árbol de la vida, que produce doce cosechas al año, una por mes; y las hojas del árbol son para la salud de las naciones. Ya no habrá maldición. El trono de Dios y del Cordero estará en la ciudad. Sus siervos lo adorarán; lo verán cara a cara, y llevarán su nombre en la frente. Ya no habrá noche; no necesitarán luz de lámpara ni de sol, porque el Señor Dios los alumbrará. Y reinarán por los siglos de los siglos. (Apocalipsis 22.1–5)

Un río que tiene no solo agua, sino el agua de la vida, clara y cristalina, que fluye desde el trono de Dios. ¡Ahora bien, esta podría ser una grandiosa escena que ver! Este río pasa por el medio de la calle. A cada lado del agua hay un árbol, no solo cualquier variedad de árbol, te lo advierto, sino el árbol de la vida del jardín del Edén original, que da un fruto que ofrece vida eterna. Esto podría ser magnífico y bastante útil: libre e ilimitado acceso al fruto del árbol que Adán y Eva ignoraron. Le damos un bocado y tiene un gusto increíble. Observamos un *toque* de eternidad en cada bocado.

El árbol del conocimiento del bien y del mal no se encuentra por ninguna parte. Tomamos nuestra decisión en la vieja tierra, y ahora este árbol no tiene ningún propósito. La serpiente ha sido encadenada para siempre y ya no tiene acceso al jardín. ¡Sí, Dios!

Y entonces lo entendí. Este gran río que fluye desde el trono de Dios ciertamente será rival de las cataratas del Niágara. Así que resulta que el viaje con mi madre no ha sido cancelado después de todo, sino sencillamente retrasado. Y el viaje está pagado por completo, no por su hijo, sino por el Hijo de Dios. Y mi madre esta vez no podrá zafarse de este viaje debido a la muerte. La muerte ha sido lanzada al lago de fuego para no volver a molestarnos nunca más.

En realidad, no hay espíritus sin cuerpos flotando en las nubes, consiguiendo alas de ángeles o trabajando para ganárselas, como Clarence en *La vida es bella*. No obstante, sí tengo esta visión y ahora también la quiero. Realmente pienso, desde el fondo de mi corazón, que Jesús nos estaba diciendo la verdad acerca de esta eternidad, esta esperanza del cielo.

Creo... ¡creo!

Creo desde mi corazón que la visión es cierta, porque creo que aquel que hace la promesa es digno de confianza. Él ha ido primero a fin de preparar un lugar para nosotros; no unos cuantos días en una habitación de hotel rentada con vistas a las cataratas, sino un lugar permanente al lado del río de la vida.

Por lo tanto, mientras esperamos con esperanza a la vez que él prepara un lugar para nosotros, también nos *está preparando a nosotros para ese lugar*. Nos está podando, trabajando en nosotros y nuestro interior, y estoy agradecido de que lo esté haciendo.

Mira, Dios quiere podarte a ti también si tan solo tú lo permites. Él quiere obrar en tu interior para crear una obra más profunda. Dios no hace esto para molestarte o castigarte por haber sido malo. Él tiene la visión de que tú seas como Jesús. Esta es verdaderamente la mejor manera de aprovechar al máximo esta vida. Nuestro buen Dios quiere eso para ti y para mí. ¿Por causa de nosotros? Seguro. Sin embargo, la motivación real de una vida de amor es «por causa de los demás». Tu familia y tus amigos se beneficiarán mucho al probar el fruto que el Espíritu ha producido en tu vida. Un ramillete de amor, gozo y paz; un aroma de paciencia, amabilidad, bondad y fidelidad; un toque de mansedumbre, dominio propio, esperanza y humildad.

He descubierto en mis cuarenta años de seguir a Cristo que con frecuencia estoy dispuesto a engañarme a mí mismo cuando se trata de experimentar lo mejor que él me ofrece. Quizá no sienta que me lo merezco. Quizá me parezca bien conformarme con el status quo. Sin embargo, cuando se trata de ser como Jesús para beneficio de mi esposa, mis cuatro hijos, nietos, vecinos y otros, encuentro una gran motivación. Quiero hacer mi parte a fin de proveer el tipo de comunidad que Dios imaginó para nosotros cuando nos creó en un principio. Quiero devolverle lo que él me ha dado primero. Quiero amar porque él me amó primero (ver 1 Juan 4.19).

Si tienes cualquier interés en este tipo de vida, este libro es para ti. Cuando le des la vuelta a la página para pasar a la parte 1, comenzarás tu viaje a través de las diez creencias clave de *pensar como Jesús*. La meta es renovar tu mente en cuanto a estas verdades clave que se encuentran a lo largo de las páginas de la Biblia.

En la parte 2 examinaremos las diez prácticas clave de la vida cristiana. Aquí serás invitado a la aventura de *actuar como Jesús*. Participar en las disciplinas espirituales no solo nos ayuda a expresarle devoción a Dios y amor a nuestro prójimo; también nos ayuda a llevar las creencias clave desde nuestra cabeza hasta nuestro corazón.

Después, en la parte 3, veremos más de cerca cada una de las diez virtudes clave. Poseer estas cualidades en creciente medida, tal como Pedro nos invita a buscarlas, nos hará avanzar centímetro a centímetro, día a día, hacia *ser como Jesús* (2 Pedro 1.8).Y vivir como Jesús es absolutamente la mejor manera de vivir, ahora y para siempre.

En la parte 4 la atención se dirige hacia ti. Mi sincero deseo es que un día cuentes tu propia historia, al igual que yo lo he hecho en esta introducción. Cuando las personas «lean tu historia», en su mayor parte revelada en la manera en que vives de forma diferente en su presencia, ellas también querrán pensar, actuar y ser como Jesús. Esa es la meta de este libro y la vida cristiana. Nada más; nada menos.

Si nunca llegamos a encontrarnos en esta vida, espero verte en la siguiente. Podrás encontrarme al lado del gran río. Detente allí. Me encantaría presentarte a mi mamá.

PARTE 1

Pensar como Jesús
¿Qué creo?

Por eso, de la manera que recibieron a Cristo Jesús como Señor, vivan ahora en él, arraigados y edificados en él, confirmados en la fe como se les enseñó, y llenos de gratitud. Cuídense de que nadie los cautive con la vana y engañosa filosofía que sigue tradiciones humanas, la que va de acuerdo con los principios de este mundo y no conforme a Cristo.

COLOSENSES 2.6–8

Cuando Cristo nos salva y somos injertados en su vid e introducidos en su reino, el Espíritu de Dios, la presencia de Dios, llega a vivir en nuestros corazones. Él es ahora el centro de nuestra vida. Cristo es, por así decirlo, el eje de la rueda, creando ahora movimiento en nosotros para él.

Cada pensamiento, acción y virtud producidos desde nuestra mente y corazón renovados y redimidos nace y es capacitado por la presencia misma de Dios. Él es el origen y el catalizador para este potente ímpetu que está disponible en nuestras vidas.

Comenzamos esta revolución espiritual, esta rotación espiritual, pensando como Jesús, creyendo como Jesús.

Por lo tanto, debemos comenzar con la pregunta: «¿Cuáles son las creencias clave del cristianismo que, cuando se aceptan en la mente y el corazón, crean un verdadero cambio en nuestras vidas individuales, la iglesia y el mundo?».

A lo largo de la historia de la iglesia, estudiosos analíticos de las Escrituras han identificado las mayores ideas. Estas creencias centrales han unificado y capacitado a la iglesia a lo largo de los siglos. Aunque existen múltiples perspectivas dentro de cada uno de estos temas, hay una verdad que todos los cristianos aceptan. Este contenido unificador reúne a los seguidores de Jesús de todas las épocas, todas las edades y todos los lugares en nuestro planeta.

En el curso de los días y los siguientes capítulos, nos enfocaremos en las diez creencias clave principales de la vida cristiana.[7] Aunque en la Biblia se presentan una multitud de creencias y verdades, estas creencias son en mi opinión (y basándome en mi trabajo antes mencionado con Packer, Willard y Gallup) los diez temas principales que afectan nuestro desarrollo espiritual. Dentro de cada tema hablaremos de tres áreas:

1. **PREGUNTA CLAVE:** ¿qué pregunta de la vida responde esta creencia?
2. **IDEA CLAVE:** ¿cuál es el concepto unificador de esta creencia que la mayoría de los cristianos acepta?[8]
3. **APLICACIÓN CLAVE:** ¿qué cambio produce esto en mi modo de vivir?

Tu primera meta es leer cada creencia para *entenderla*. Cuando lo hagas, necesitas preguntarte sinceramente si tú también *crees*. ¿Crees tal verdad lo suficiente para llevarla a lo profundo de tu corazón? Si la respuesta es sí, el paso restante es simplemente *vivirla* haciendo uso de la fuente de poder de la presencia de Dios en tu vida.

Dios

Que la gracia del Señor Jesucristo, el amor de Dios y la
comunión del Espíritu Santo sean con todos ustedes.

2 CORINTIOS 13.14

Una niñita de preescolar estaba haciendo un dibujo cuando su maestra
se acercó a su pupitre para echarle un vistazo. Ella le preguntó a la niña:
«¿Qué estás dibujando?». La niña, con sus ojos brillantes, respondió rápidamente: «A Dios». La maestra sonrió y entonces dijo: «Bueno, cariño,
nadie sabe realmente cómo es Dios». La niña levantó la vista de su trabajo y respondió con confianza: «¡Bueno, están a punto de saberlo!».

Esta niñita no tenía duda alguna en cuanto a si Dios existe; más bien,
ahora iba a mostrarle al mundo cómo lo veía ella. Ahí es exactamente
donde debemos comenzar en el examen de nuestra creencia en Dios;
no con la pregunta: «¿Existe Dios?», sino con la interrogante: «¿Quién
es él?».

El teólogo A. W. Tozer escribió: «Lo que viene a nuestra mente cuando pensamos en Dios es lo más importante acerca de nosotros».[9] ¿Por
qué? Porque esa mentalidad, o la ausencia de ella, dirigirá todo lo que
somos y todo lo que hacemos.

PREGUNTA CLAVE: ¿Quién es Dios?

Cualquier discusión o enseñanza con respecto a esta gran idea tendrá
que comenzar con la pregunta: «¿Quién es Dios?». Las primeras palabras
de la Biblia son: «Dios, en el principio...» (Génesis 1.1). Nuestras propias
vidas, como parte de esta historia de la creación, también comienzan
con Dios, nuestro Creador.

La historia del comienzo del mundo no tiene ninguna indicación de defensa. No hay ningún juego del lenguaje con un deseo de probarla. Ningún intento de permitir alguna otra cosa que esta verdad general como cierta. La Biblia entera, desde Génesis hasta Apocalipsis, está escrita basada en la aceptación de que hay un Dios: el constante personaje central de cada historia.

El apóstol Pablo escribe: «Porque desde la creación del mundo las cualidades invisibles de Dios, es decir, su eterno poder y su naturaleza divina, se perciben claramente a través de lo que él creó, de modo que nadie tiene excusa» (Romanos 1.20).

Desde la primera encuesta de Gallup en 1944 hasta su encuesta en el año 2011, los estadounidenses que creen en Dios han permanecido dentro del rango del noventa por ciento. Aunque en cierta manera ha sido descendente, la respuesta afirmativa ha permanecido fuerte como una mayoría abrumadora.[10]

Por lo tanto, nuestra pregunta central aquí no es: «¿Hay un Dios?», sino: «¿Quién es el único y verdadero Dios?».

Josué 24 describe un poderoso momento cuando el líder de Israel convoca a las tribus a reunirse. Josué está llegando al final de su vida y quiere desafiar al pueblo a permanecer fiel al Dios de Abraham, Isaac y Jacob. Después de recordar la poderosa intervención de Dios a favor de ellos y su protección, les ofrece este desafío:

> *«Por lo tanto, ahora ustedes entréguense al SEÑOR y sírvanle fielmente. Desháganse de los dioses que sus antepasados adoraron al otro lado del río Éufrates y en Egipto, y sirvan sólo al SEÑOR. Pero si a ustedes les parece mal servir al SEÑOR, elijan ustedes mismos a quiénes van a servir: a los dioses que sirvieron sus antepasados al otro lado del río Éufrates, o a los dioses de los amorreos, en cuya tierra ustedes ahora habitan. Por mi parte, mi familia y yo serviremos al SEÑOR».* (Josué 24.15–15)

La Escritura deja claro que siempre ha habido, y siempre habrá, otros dioses que las personas decidan seguir. Dios habla libremente sobre su competición, por así decirlo, por nuestra atención. Él nos permite la decisión.

IDEA CLAVE: **Creo que el Dios de la Biblia es el único Dios verdadero: Padre, Hijo y Espíritu Santo.**

A lo largo del Antiguo Testamento, el llamado es a creer que Dios es único. El *Shema* (término hebreo para «escuchar») le da forma a la creencia sin ahorrar palabras: «Escucha, Israel: El Señor nuestro Dios es el único Señor» (Deuteronomio 6.4). El judaísmo y la fe cristiana están arraigados en el monoteísmo: un Dios. Esta idea estaba en contraste radical con todas las otras religiones de la época. Los vecinos de Israel habían llegado a aceptar una multitud de dioses, cada uno con su propia influencia, limitaciones e intereses personales insignificantes.

Sin embargo, cuando pasamos las páginas hasta el Nuevo Testamento, surgen los nombres de lo que parecen ser tres deidades, cada una declarando ser Dios: Dios Padre, Dios Hijo y Dios Espíritu Santo. Los tres son mencionados y aparecen a lo largo de la era del Antiguo Testamento, pero su identidad y presencia distintivas invaden la vida y los tiempos del Nuevo Testamento.

En 2 Corintios 13.14, Pablo habla de las tres personas en una frase: «Que la gracia del Señor Jesucristo, el amor de Dios y la comunión del Espíritu Santo sean con todos ustedes».

En el bautismo de Jesús, vemos a los tres presentes simultáneamente, desempeñando un papel en la obra de la redención.

> *Tan pronto como Jesús fue bautizado, subió del agua. En ese momento se abrió el cielo, y él vio al Espíritu de Dios bajar como una paloma y posarse sobre él. Y una voz del cielo decía: «Éste es mi Hijo amado; estoy muy complacido con él». (Mateo 3.16–17)*

¿Cómo reconciliamos esta ecuación matemática de 3 = 1? A lo largo de la historia de la iglesia se desarrolló cierta claridad sobre lo que esto no significaba:

- Dios no es tres dioses separados (triteísmo; mormonismo actual)
- Dios no es el Dios que se manifiesta en diferentes roles o modos (modalismo; pentecostalismo de unidad)

• Jesús no está subordinado a Dios Padre (subordinacionismo;
   Testigos de Jehová en la actualidad)

Sin embargo, hay algo acerca de la naturaleza de Dios que estamos pasando por alto. Los teólogos inventaron la palabra *Trinidad* (una palabra que no se utiliza en la Biblia) para captar la esencia de Dios: tres personas que comparten un ser o naturaleza fundamental. A lo largo de los siglos, los estudiantes de la Biblia han ideado analogías para llegar al corazón de la naturaleza de Dios como una Trinidad y hacer que sea un concepto más accesible y práctico. La siguiente analogía me ha ayudado a desarrollar un concepto práctico para la naturaleza de Dios y a entender lo que significa ser creado a la imagen divina. Desde luego, todas las analogías con respecto a la Trinidad fallan o se desmoronan en cierto nivel, así que tomemos esta a la ligera. No obstante, espero que te ofrezca una fuerte imagen visual, como lo ha hecho para mí.

Los cristianos aceptan la doctrina de la Trinidad como fundamental para nuestra fe; sin embargo, no todos los cristianos tienen un entendimiento común. Sé que no todos los pensadores cristianos aceptarán mi analogía, y eso está bien. La incluyo porque me ha ayudado inmensamente a ver el poder y lo práctico de esta doctrina elusiva en mi vida diaria. Permíteme tener la oportunidad de explicarme.

Puede que pienses que estoy siendo muy quisquilloso desde el punto de vista teológico, pero reflexionar en esto es importante en muchos niveles. Por una parte, la Biblia nos dice que fuimos creados a imagen de Dios como una comunidad. Y Dios dijo: «Hagamos al ser humano a nuestra imagen y semejanza [...] Y Dios creó al ser humano a su imagen; lo creó a imagen de Dios. Hombre y mujer los creó» (Génesis 1.26–27).

El Dios único y verdadero —Padre, Hijo y Espíritu Santo— creó a los seres humanos a su imagen como una comunidad. Leamos de nuevo los versículos anteriores. La imagen de Dios está en Adán y Eva conjuntamente. Ellos no son dos seres separados, Eva salió de Adán, y sin embargo son personas distintas a las que uno se puede dirigir individualmente. Y se nos dice que los dos se han hecho uno (ver Génesis 2.24). Nuestra verdadera naturaleza es como la de Dios. No solo fuimos creados para la comunidad; en nuestro diseño original somos una comunidad. Somos; luego soy.

Desde luego, nuestra unidad como una comunidad fue fatalmente dañada cuando Adán y Eva pecaron. Ahora reina en nuestra carne el egoísmo contrariamente a la conciencia del otro, haciendo que nos resulte difícil entender la naturaleza que debíamos tener. Esto es lo que Cristo vino a restaurar (ver Juan 17.20–26). Cuando establecemos una relación con Dios por medio de Jesús, somos situados en el cuerpo de Cristo (ver 1 Corintios 12.27). Aunque somos muchos, llegamos a ser uno (ver Romanos 12.4–5). Imagina a todo aquel que confía en Cristo metido dentro de un inmenso aro de Hula-Hop. Este no es el mismo Hula-Hop que el de Dios, sino la reconstrucción del Hula-Hop de Adán y Eva perdido en el jardín. Cristo está restaurando nuestro reflejo de la naturaleza de Dios que quedó perdida en el jardín del Edén. Ahora puedes entender por qué las relaciones son tan importantes para Dios. Todos los principios de la Biblia, dijo Jesús, pueden ser situados bajo «amar a Dios» o «amar al prójimo». ¡Todo se trata de una relación! Te invito a que vuelvas a pensar en la frase «ama a tu prójimo como a ti mismo». Quizá en el diseño de Dios esto signifique que tu prójimo es una parte de lo que constituye tu yo completo.

APLICACIÓN CLAVE: ¿Qué cambio produce esto en mi modo de vivir?

Si realmente creemos esta verdad sobre Dios no solo en nuestra cabeza (entendimiento), sino también en nuestro corazón, ¿cómo puede guiar el modo en que vivimos?

Si aceptamos al Dios de la Biblia como el único y verdadero Dios, estos principios nos dirigirán:

Porque Dios es Dios...

- yo no lo soy.
- puedo estar seguro de que él está a cargo y tiene el control.
- quiero conocer y seguir su voluntad para mi vida.

Si aceptamos la Trinidad de Dios como Padre, Hijo y Espíritu Santo, observaremos el modo en que se tratan el uno al otro y buscaremos emular estos principios en nuestras relaciones con los demás.[11]

Porque fui creado a imagen de Dios como comunidad y para la comunidad...

- reconozco la persona plena de los demás y respeto los límites.
- tengo en cuenta los derechos, preferencias y comodidades de los demás.
- valoro y disfruto a los otros.

Para cualquier situación, relación o decisión que tengamos que afrontar, podemos aplicar con resolución estos principios a fin de guiarnos. Los resultados, con el tiempo, conducirán a la bendición en nuestras propias almas en forma de un fruto como gozo y paz, y expresaremos nuestras acciones exteriormente para que otros las disfruten en forma de un fruto como amor y bondad.

Durante casi cuatro décadas este único y verdadero Dios ha guiado mi vida. No tengo ningún plan de respaldo; para mí, todo está en Jesús. Hasta el grado en que he estado dispuesto a aprender sobre Dios, a llegar a conocerle y confiar en él, me ha guiado fielmente en este mismo camino de bendición. Aunque sin duda he soportado muchas circunstancias difíciles a lo largo de mi vida, él ha sido mi consuelo y mi fortaleza, mi Salvador y guía, en todas las cosas.

Por lo tanto, ¿qué crees tú? ¿Quién es el único Dios verdadero? Nuestro conocimiento de Dios afecta todo lo demás en nuestra vida, incluso la manera en cómo nos vemos a nosotros mismos y cómo tratamos a otros.

Dios personal

A las montañas levanto mis ojos;
¿de dónde ha de venir mi ayuda?
Mi ayuda proviene del SEÑOR,
creador del cielo y de la tierra.

SALMOS 121.1–2

Cuando declaras que el Dios de la Biblia es el único y verdadero Dios —Padre, Hijo y Espíritu Santo— tu siguiente pregunta cuando miras el mundo será: ¿Es él bueno?

PREGUNTA CLAVE: ¿Es bueno Dios?

Contrariamente a la opinión de algunos, Dios no tiene que ser bueno para existir. Después de ser testigos de una tragedia humana, algunos han llegado a la conclusión: «No creo que exista un Dios. Ningún Dios permitiría que cosas malas les sucedan a las personas buenas». Los griegos y los romanos aceptaban la religión del paganismo. Los dioses paganos de ninguna manera se sentían obligados a ser buenos. Si resultara cierto que estos dioses fueran verdaderos, sería poco sabio negar su existencia. Sus seguidores adoraban a esos dioses paganos en un intento por apaciguarlos con la esperanza de que ellos no los castigaran.

El único y verdadero Dios revelado en la Biblia no *tiene* que ser bueno, pero resulta que lo es. Y no solo es bueno; también desea tener una relación personal con nosotros.

Hay al menos dos cosas que Dios no hace:

1. Involucrarse en la creación sin ningún plan (fatalismo). Esta línea de razonamiento sugiere que las cosas malas suceden

en nuestro mundo porque no existe un Dios y no hay ningún plan. O si Dios existe, él ha establecido el mundo de tal manera que nuestras decisiones y acciones de todos modos resultan irrelevantes. «Lo que será, será». Esta es la misma filosofía que está detrás de la famosa pegatina para autos de la década de 1980: «Las cosas suceden» (ligeramente editada para el consumo religioso).

2. Involucrarse en la creación, pero no involucrarse en nuestras vidas (deísmo). Los seguidores de este modo de pensar sugieren que suceden cosas malas en nuestro mundo porque Dios creó el universo para que fuera como un reloj cósmico, lo puso en marcha y después lo dejó a merced de las leyes naturales que estableció.

Por el contrario, cuando leemos la Biblia de principio a fin, esta es la declaración que Dios nos invita a hacer:

IDEA CLAVE: **Creo que Dios está involucrado en mi vida cotidiana y se interesa por ella.**

El salmista escribe en Salmos 121.1–2:

> *A las montañas levanto mis ojos;*
> *¿de dónde ha de venir mi ayuda?*
> *Mi ayuda proviene del Señor,*
> *creador del cielo y de la tierra.*

El escritor se encuentra en un profundo valle y tiene necesidad de ayuda. ¿A dónde mira esta persona? ¿Quién lo ayudará? El salmista dice que mirará hacia arriba, mirará al creador de las majestuosas montañas, quien entonces sin duda debe tener la capacidad de levantarlo y llevarlo por encima de ese lugar en el que ahora se encuentra.

Considera estos conceptos clave de las cualidades de Dios:

Dios está por encima de nosotros (es trascendente)

Dios es grande; está por encima de todo y no se encuentra limitado por ninguna de las circunstancias y acontecimientos que nos controlan a nosotros. Él ha creado todo, y por lo tanto tiene completa autoridad y posee el control total. Así que, ¿por qué se interesa por mí un Dios que lo tiene todo? ¿Por qué se interesa por ti? Esta es la misma pregunta que se planteó el salmista:

> *Cuando contemplo tus cielos,*
> *obra de tus dedos,*
> *la luna y las estrellas que allí fijaste,*
> *me pregunto:*
> *«¿Qué es el hombre, para que en él pienses?*
> *¿Qué es el ser humano, para que lo tomes en cuenta?»*
> *Pues lo hiciste poco menos que un dios,*
> *y lo coronaste de gloria y de honra:*
> *lo entronizaste sobre la obra de tus manos,*
> *todo lo sometiste a su dominio.* (Salmos 8.3–6)

Por difícil que resulte de entender, la respuesta es bastante sencilla: él se interesa por nosotros porque decide hacerlo.

Dios está cerca (es inmanente)

Aunque Dios está por encima de las luchas de la vida que nos abruman, también decide acercarse a nosotros. Él desciende y se sitúa a nuestro nivel para encontrarse con nosotros donde estamos. Nuestro gran Dios puede acercarse a nosotros, interesarse y amar con una profundidad que batallamos para entender. El escritor de Salmos 121 continúa:

> *No permitirá que tu pie resbale;*
> *jamás duerme el que te cuida.*
> *Jamás duerme ni se adormece*
> *el que cuida de Israel.*

El Señor es quien te cuida,
el Señor es tu sombra protectora.
De día el sol no te hará daño,
ni la luna de noche.

El Señor te protegerá;
de todo mal protegerá tu vida.
El Señor te cuidará en el hogar y en el camino,
desde ahora y para siempre. (Salmos 121.3–8)

Cuando aceptamos el hecho de que Dios quiere cuidar de nosotros, aún nos queda por reflexionar en cómo tiene la capacidad de hacerlo. Me gusta correr y lo he estado haciendo durante algún tiempo. Hace varios años mi hija me presentó una aplicación para teléfonos inteligentes llamada RunKeeper. Esta aplicación me dice lo lejos que he corrido, mi tiempo promedio por kilómetro y mis tiempos totales, y también muestra un mapa general del lugar exacto donde he corrido. Si recorrieras mi historial en esta aplicación, encontrarías mapas de playas, montañas, y todo tipo de ubicaciones y terrenos. Lo que resulta aún más sorprendente es que RunKeeper no solo rastrea y registra *mis* ubicaciones, sino que hace lo mismo para otros *diez millones* de corredores. Si los seres humanos pueden inventar una tecnología a fin de registrar los pasos de diez millones de personas simultáneamente, ¿es realmente mucho esfuerzo creer que un Dios trascendente e inmanente es capaz de rastrear a siete mil millones de nosotros? Sin embargo, nuestro Dios da un paso más. La aplicación no se interesa por mí; ¡Dios sí lo hace!

Dios tiene un plan (es previsor)

Dios no solo está cerca de nosotros, sino tiene un plan para nuestra vida desde el momento de la creación. El salmista escribe en Salmos 139.16:

Tus ojos vieron mi cuerpo en gestación:
todo estaba ya escrito en tu libro;
todos mis días se estaban diseñando,
aunque no existía uno solo de ellos.

Y el plan que Dios está llevando a cabo para aquellos que confían en él y lo siguen es bueno. El apóstol Pablo les aseguró a los primeros creyentes acerca del gran cuidado de Dios sobre sus vidas:

> *Estoy convencido de esto: el que comenzó tan buena obra en ustedes la irá perfeccionando hasta el día de Cristo Jesús.* (Filipenses 1.6)

> *Ahora bien, sabemos que Dios dispone todas las cosas para el bien de quienes lo aman, los que han sido llamados de acuerdo con su propósito.* (Romanos 8.28)

Estos versículos son igual de ciertos para ti y para mí. El plan, la obra y el llamado de Dios se aplican a todos aquellos que le siguen hoy.

APLICACIÓN CLAVE: ¿Qué cambio produce esto en mi modo de vivir?

¿Cómo puede el hecho de creer esta verdad sobre Dios como un Dios personal y bueno —no solo en nuestra mente (entendimiento), sino también en nuestro corazón— guiar el modo en que vivimos?

Los caminos de Dios son más altos que nuestros caminos.

En el libro de Isaías encontramos una comparación de Dios en cuanto a su perspectiva contrariamente a la nuestra. Él utiliza la distancia que hay entre el cielo y la tierra para mostrar la amplitud y profundidad de su ser:

> *Porque mis pensamientos no son los de ustedes,*
> *ni sus caminos son los míos*
> —afirma el SENOR—.
> *Mis caminos y mis pensamientos son más altos que los de ustedes.* (Isaías 55.8–9)

Somos tentados a tomar decisiones frenéticas porque no podemos ver nuestro camino. No podemos ver más allá de la siguiente curva de la carretera. Los caminos de Dios son más altos que nuestros caminos, ya que él está sentado arriba en su trono. Cuando sintamos que no entendemos la instrucción de Dios a través de su Palabra, debemos recordar que él ve las cosas desde lo alto y nosotros no.

Dios, que controla la naturaleza y la historia, nos conoce y se interesa por nosotros.

A lo largo de los Evangelios, Jesús comunicó el cuidado que Dios muestra por sus hijos. En Mateo 6, nos alienta de forma profunda a vivir una vida libre de preocupación y temor, apoyándonos plenamente en nuestra fe:

«*Por eso les digo: No se preocupen por su vida, qué comerán o beberán; ni por su cuerpo, cómo se vestirán. ¿No tiene la vida más valor que la comida, y el cuerpo más que la ropa? Fíjense en las aves del cielo: no siembran ni cosechan ni almacenan en graneros; sin embargo, el Padre celestial las alimenta. ¿No valen ustedes mucho más que ellas? ¿Quién de ustedes, por mucho que se preocupe, puede añadir una sola hora al curso de su vida?*

»*¿Y por qué se preocupan por la ropa? Observen cómo crecen los lirios del campo. No trabajan ni hilan; sin embargo, les digo que ni siquiera Salomón, con todo su esplendor, se vestía como uno de ellos. Si así viste Dios a la hierba que hoy está en el campo y mañana es arrojada al horno, ¿no hará mucho más por ustedes, gente de poca fe? Así que no se preocupen diciendo: "¿Qué comeremos?" o "¿Qué beberemos?" o "¿Con qué nos vestiremos?". Porque los paganos andan tras todas estas cosas, y el Padre celestial sabe que ustedes las necesitan*». (Mateo 6.25–32)

Estas palabras sobre un Padre amoroso ofrecen una imagen gráfica de un Dios que no se propone perseguirnos, sino más bien redimirnos. Él no se propone destruirnos, sino más bien restaurarnos.

Dios está llevando a cabo su buen plan para nuestras vidas.

Recuerda estas palabras de aliento de las Escrituras: «El que comenzó tan buena obra en ustedes la irá perfeccionando hasta el día de Cristo Jesús» (Filipenses 1.6).

Si creemos verdaderamente que Dios se involucra en nuestra vida cotidiana y se interesa por ella, podemos saber cada mañana cuando nos despertamos que su deseo es mostrarnos su plan, incluirnos en su cuadro general. También podemos saber que en los momentos difíciles Dios estará con nosotros y nos acercará incluso más a él. Su anhelo es mantenernos a su lado, sin importar cuáles sean las circunstancias que podamos estar atravesando.

Por lo tanto, ¿qué crees? ¿Crees que Dios es bueno? ¿Crees que se involucra en tu vida cotidiana y se interesa por ella? Si la respuesta es sí, vive cada día como si eso fuese verdad. Medita en el cambio que esto puede producir en tu vida.

Salvación

Porque por gracia ustedes han sido salvados mediante la
fe; esto no procede de ustedes, sino que es el regalo de
Dios, no por obras, para que nadie se jacte.

EFESIOS 2.8–9

En la introducción hablé sobre la inesperada enfermedad y muerte de
mi madre. Al adentrarnos en la creencia específica de la salvación, comienzo hablando acerca de un encuentro que tuve con ella de camino al
hospital. Como resultado de esta breve conversación, me lancé al estudio
de las Escrituras sobre este punto de fe fundamental. Hablaré con más
detalle aquí del examen del alma que detallé en la introducción.

Cuando supe que tenía que volar hasta la casa de mis padres en Ohio
para ayudar con mi mamá, moví algunos hilos para que ella pudiera ver
enseguida a uno de los mejores oncólogos de la plantilla del Cleveland
Clinic Hospital. En la mañana de la cita, tuve que sacar a mi mamá de
la casa sobre mi espalda, porque el dolor en la parte baja de su espalda
era muy severo. Mientras mi papá conducía, yo iba sentado en la parte
trasera de su camioneta donde mi mamá se hallaba tumbada.

Rompiendo el silencio, ella me hizo una pregunta: «Randy, ¿recuerdas cuando fui a ver a tu pastor de jóvenes a la iglesia para que me ayu-
dara con algunos problemas difíciles que estaba afrontando? ¿Recuerdas
cuando llegaste a casa de la escuela aquel día y te dije que él me había
guiado en una oración para aceptar a Jesús como mi Salvador?». Yo respondí: «¿Si lo recuerdo? Mamá, ese fue uno de los mejores días de mi
vida».

Entonces ella me hizo la siguiente pregunta. «Hijo, ¿fue aquello suficiente?». Al ser el ministro de la familia, sabía que mi madre me estaba
preguntando si la sencilla oración que ella hizo a fin de aceptar a Cristo
era suficiente para proporcionarle una relación con Dios y la entrada al

cielo. Mi rápida respuesta fue: «Claro que lo fue, mamá». Sin embargo, más adelante un pensamiento me sobrecogió. No se trataba simplemente de alguien que moría, y tampoco se trataba de la eternidad de cualquiera. Era *mi madre*; era *su eternidad*. Necesitaba darle una ojeada de nuevo a las Escrituras. Si había algo más que mi mamá tenía que hacer, precisaba hacérselo saber... ¡y hacérselo saber en aquel preciso momento!

Por lo tanto, sin tener que defender ninguna perspectiva denominacional, sin que me importara lo que me habían enseñado en el pasado, sin que me preocupara lo que cualquiera pensaría sobre mis preguntas, abrí mi Biblia y comencé con ojos nuevos la búsqueda más importante de la vida.

PREGUNTA CLAVE: ¿Cómo obtengo una relación con Dios?

Mi enfoque se centró en cinco pasajes particulares de las Escrituras. Cada uno de los cuales responde a la pregunta de manera explícita.

Pasaje 1: Haz buenas obras

Marcos escribe en su Evangelio acerca del encuentro que tuvo Jesús con un hombre rico:

> *Cuando Jesús estaba ya para irse, un hombre llegó corriendo y se postró delante de él.*
>
> *—Maestro bueno —le preguntó—, ¿qué debo hacer para heredar la vida eterna?*
>
> *—¿Por qué me llamas bueno? —respondió Jesús—. Nadie es bueno sino sólo Dios. Ya sabes los mandamientos: «No mates, no cometas adulterio, no robes, no presentes falso testimonio, no defraudes, honra a tu padre y a tu madre».*
>
> *—Maestro —dijo el hombre—, todo eso lo he cumplido desde que era joven.*
>
> *Jesús lo miró con amor y añadió:*
>
> *—Una sola cosa te falta: anda, vende todo lo que tienes y dáselo a los pobres, y tendrás tesoro en el cielo. Luego ven y sígueme.*

Al oír esto, el hombre se desanimó y se fue triste porque tenía muchas riquezas. (Marcos 10.17–22)

Aquí encontramos nuestra pregunta original: *¿Qué debo hacer para heredar la vida eterna?* También vemos que «Jesús lo miró con amor». No estaba pretendiendo engañar o menospreciar al hombre, sino más bien intentaba guiarlo a la verdad. Aunque con frecuencia el enfoque está en el hombre rico que se va triste, no deberíamos pasar por alto el hecho de que Jesús lo invita a seguirle.

Tomando este pasaje al pie de la letra, concluimos: si queremos tener una relación con Dios y obtener la vida eterna, dice Jesús, necesitamos *hacer buenas obras.*

Volveremos a hablar de esta afirmación, pero que nadie se preocupe de que estemos haciendo hincapié en la salvación por obras. Estamos construyendo una progresión de pensamiento espiritual, así que sigue leyendo, por favor.

Pasaje 2: Cree

Juan en su Evangelio nos habla del encuentro de Jesús con Nicodemo:

Había entre los fariseos un dirigente de los judíos llamado Nicodemo. Éste fue de noche a visitar a Jesús.

—Rabí —le dijo—, sabemos que eres un maestro que ha venido de parte de Dios [...]

—De veras te aseguro que quien no nazca de nuevo no puede ver el reino de Dios —dijo Jesús.

—¿Cómo puede uno nacer de nuevo siendo ya viejo? —preguntó Nicodemo—. ¿Acaso puede entrar por segunda vez en el vientre de su madre y volver a nacer?

—Yo te aseguro que quien no nazca de agua y del Espíritu, no puede entrar en el reino de Dios —respondió Jesús—. Lo que nace del cuerpo es cuerpo; lo que nace del Espíritu es espíritu. No te sorprendas de que te haya dicho: «Tienen que nacer de nuevo»[...]

Nicodemo replicó:

—¿Cómo es posible que esto suceda?[...]

Porque tanto amó Dios al mundo, que dio a su Hijo unigénito, para que todo el que cree en él no se pierda, sino que tenga vida eterna. (Juan 3.1–7, 9, 16)

Jesús estaba describiendo el renacimiento espiritual que Dios requiere y vino a ofrecer, junto con la motivación de Dios para enviarlo: el amor. Por lo tanto, si queremos tener una relación con Dios y obtener la vida eterna, dice Jesús, debemos *creer* en él.

Pasaje 3: Arrepiéntete y bautízate

El día de Pentecostés había llegado y ciento veinte discípulos estaban reunidos, confundidos después que Jesús hubiera regresado al cielo. Como Jesús había prometido, el Espíritu Santo vino y los llenó; y así nació la iglesia.

Entonces Pedro, con los once, se puso de pie y dijo a voz en cuello: «Compatriotas judíos y todos ustedes que están en Jerusalén, déjenme explicarles lo que sucede; presten atención a lo que les voy a decir [...]

Y todo el que invoque el nombre del Señor
será salvo [...]».

Cuando oyeron esto, todos se sintieron profundamente conmovidos y les dijeron a Pedro y a los otros apóstoles:
—Hermanos, ¿qué debemos hacer?
—Arrepiéntase y bautícese cada uno de ustedes en el nombre de Jesucristo para perdón de sus pecados —les contestó Pedro—, y recibirán el don del Espíritu Santo. (Hechos 2.14, 21, 37–38)

Las personas oyeron este sorprendente mensaje que Pedro dio y, de modo parecido al joven rico al que Jesús encontró, preguntaron: «Muy bien, ¿y ahora qué hacemos?». Sin embargo, este día tres mil personas entendieron y aceptaron la verdad de Cristo. Se dieron media vuelta luego de estar alejados de Dios y se dirigieron hacia él. Eso es lo que significa arrepentirse, darse media vuelta e ir en dirección contraria, un giro de ciento ochenta grados de la mente y el corazón, el cual comienza el proceso tanto de transformación como de santificación.

Por lo tanto, si queremos tener una relación con Dios y obtener la vida eterna, dice Pedro, debemos clamar el nombre del Señor. ¿Cómo se hace eso? Arrepiéntete y después bautízate.

Pasaje 4: Cree y profesa

En su carta a los romanos, Pablo escribe:

> *Hermanos, el deseo de mi corazón, y mi oración a Dios por los israelitas, es que lleguen a ser salvos. Puedo declarar en favor de ellos que muestran celo por Dios, pero su celo no se basa en el conocimiento. No conociendo la justicia que proviene de Dios, y procurando establecer la suya propia, no se sometieron a la justicia de Dios. De hecho, Cristo es el fin de la ley, para que todo el que cree reciba la justicia.* (Romanos 10.1–4)

Los israelitas eran personas religiosas, pero tenían la estrategia equivocada. Intentaban desarrollar su propia justicia. Intentaban ser lo bastante buenos, por medio de sus obras, para merecer una relación con Dios. En esencia, Pablo dijo: «Las obras no funcionan». El único lo bastante bueno es Dios. Jesús es Dios. Jesús cumplió todos los requisitos de la ley perfectamente. Cuando creemos en él, la justicia de Cristo es transferida a nuestra cuenta. Esta es la única solución. Por lo tanto, ¿cómo realizamos esta transacción? Pablo nos dice en Romanos 10.9–10):

> *Si confiesas con tu boca que Jesús es el Señor, y crees en tu corazón que Dios lo levantó de entre los muertos, serás salvo. Porque con el corazón se cree para ser justificado, pero con la boca se confiesa para ser salvo.*

Cree con tu corazón; profesa en voz alta con tu boca. Este tipo de confesión tiene que salir del corazón (ver Lucas 6.45). Una decisión interna del corazón produce una demostración externa de confesión, un concepto muy similar a «arrepiéntete y sé bautizado».

Por lo tanto, si queremos tener una relación con Dios y obtener la vida eterna, dice Pablo, debemos *creer y profesar.*

Pasaje 5: Acude a la fe por gracia

Pablo escribió en su carta a los efesios:

> *Porque por gracia ustedes han sido salvados mediante la fe; esto no procede de ustedes, sino que es el regalo de Dios, no por obras, para que nadie se jacte.* (Efesios 2.8–9)

En realidad, «fe» no es una categoría separada de «creer». Ambos términos provienen de la misma palabra del idioma griego en el que se escribió el Nuevo Testamento. Sin embargo, aquí Pablo añade claramente perspectivas nuevas a la transacción de la salvación.

La palabra *gracia* significa que no merecemos la salvación. No tenemos derecho a ella, ni Dios está obligado a ofrecérsela a la humanidad. Sin embargo, él nos hace esta oferta de su justicia, la cual no podemos lograr por nosotros mismos. Para responder, debemos expresar fe en quién es Jesús y aceptar lo que él ha hecho por nosotros.

No obstante, notemos la frase «no por obras». ¿No es esto distinto a donde comenzamos, con las palabras de Jesús al joven rico acerca de hacer buenas obras? A primera vista, podría parecer que hay una discrepancia o conflicto entre las instrucciones de Pablo y las de Jesús, pero en realidad Jesús sabía que el joven nunca había guardado ni nunca podía guardar la ley perfectamente. ¡Jesús sencillamente intentaba hacer que él viera que no podía lograrlo! El reto de Jesús para el joven rico de vender toda su riqueza fue su manera de conducir amorosamente al joven a decir: «Pero, Jesús, no puedo. No he sido capaz de guardar la ley, y no sé cómo puedo hacerlo. Te necesito». Jesús esperaba ver que ese hombre expresara fe, lo cual está en consonancia con las palabras de Pablo: «por gracia [...] mediante la fe [...] no por obras». Si Pablo estuviera sentado con nosotros en una cafetería, intentando aclarar el asunto, quizá diría algo como esto: «Nuestras buenas obras no contribuyen en manera alguna a llegar a tener una relación con Dios, pero sí expresan y manifiestan que tenemos una relación con Dios por gracia mediante la fe en Jesucristo».

Las denominaciones dentro del cristianismo con frecuencia enfatizan uno de estos pasajes por encima de otro cuando los creyentes intentan llegar al corazón de este importante asunto. Algunos creen que Dios nos escoge o nos elige para tomar esta decisión. Otros lo ven como un asunto del libre albedrío por completo. Para algunos, el orden es diferente; para otros, el bautismo desempeña un papel más destacado y no negociable en esta transacción espiritual. De lo que estoy seguro es de esto: la salvación es solo por medio de Cristo, y nuestra aceptación de su regalo debe provenir genuinamente de una expresión de fe desde el corazón.

Todos estos pasajes juntos conforman esta verdad central:

IDEA CLAVE: Creo que una persona obtiene una buena relación con Dios por la gracia divina mediante la fe en Jesucristo.

He aquí la decisión que la persona debería tomar desde el corazón convertida en una oración de aceptación a Dios.

Amado Dios, yo no puedo, pero tú sí puedes.

Creo en Jesús, que es Dios. Creo que él murió y resucitó de la muerte. Deposito mi fe en Cristo para ponerme a cuentas contigo y que me des vida eterna. No tengo ningún otro plan, sino tener fe y confiar en ti.

Hoy estoy haciendo un giro de ciento ochenta grados y dirigiendo mi vida hacia ti. Ya no huiré de tu lado, sino caminaré hacia ti.

Entonces se produce una declaración externa al mundo, un modo de demostrar nuestra decisión de fe: «Te profeso con mi boca, en voz alta para que otros sepan lo que creo. Y públicamente expreso mi plena devoción a ti mediante el bautismo».

Aunque muchas cosas en la Biblia son difíciles de entender, la salvación no es una de ellas. Dios lo dijo de una forma muy clara y profundamente sencilla: «En ningún otro hay salvación, porque no hay bajo el cielo otro nombre dado a los hombres mediante el cual podamos ser salvos» (Hechos 4.12)

A lo largo de los siglos, los cristianos han estado unidos en cuanto a lo que la salvación en Cristo no es.

- **La salvación no es algo que podemos ganar o merecer.**
Cuando los creyentes judíos intentaron añadir la circuncisión a
la ecuación, los apóstoles se reunieron en un concilio e hicieron
esta declaración unida: «¡No puede ser! Más bien, como ellos,
creemos que somos salvos por la gracia de nuestro Señor Jesús»
(Hechos 15.11).
- **La salvación no es uno de muchos caminos.** El apóstol Juan
registra estas palabras de Jesús: «Yo soy el camino, la verdad y la
vida [...] Nadie llega al Padre sino por mí» (Juan 14.6).
- **La salvación no es una reconciliación incondicional para
todos los humanos (universalismo).** Al final del tiempo en
el juicio final, aunque es un bonito pensamiento, no todos
entrarán al reino eterno de Dios (ver Apocalipsis 20.11–15).

APLICACIÓN CLAVE: **¿Qué cambio produce esto en
mi modo de vivir?**

- **Buscamos agradar a Dios debido a lo que ha hecho por
nosotros, no para ganarnos una relación con él.** El apóstol
Pablo escribe: «He sido crucificado con Cristo, y ya no vivo
yo sino que Cristo vive en mí. Lo que ahora vivo en el cuerpo,
lo vivo por la fe en el Hijo de Dios, quien me amó y dio su
vida por mí» (Gálatas 2.20). A pesar de los problemas que
afronte en esta vida, ellos palidecen en comparación con mi
salvación por toda la eternidad. Pablo nos recuerda que no
debemos perder el ánimo: «Aunque por fuera nos vamos
desgastando, por dentro nos vamos renovando día tras día.
Pues los sufrimientos ligeros y efímeros que ahora padecemos
producen una gloria eterna que vale muchísimo más que todo
sufrimiento» (2 Corintios 4.16–17).
- **Andamos en gracia.** En su carta a los gálatas, Pablo escribe:
«¿Quién los ha hechizado a ustedes, ante quienes Jesucristo
crucificado ha sido presentado tan claramente? Solo quiero
que me respondan a esto: ¿Recibieron el Espíritu por las obras
que demanda la ley, o por la fe con que aceptaron el mensaje?
¿Tan torpes son? Después de haber comenzado con el Espíritu,

¿pretenden ahora perfeccionarse con esfuerzos humanos?»
(Gálatas 3.1–3).

- **Les ofrecemos gracia a otros.** No olvidemos la parábola de
  Jesús del siervo ingrato registrada en Mateo 18.21–35. Sería
  equivocado e incoherente que nos negáramos a ofrecerle gracia
  y perdón a otra persona a la luz de la gracia y el perdón que
  Dios nos ha concedido a nosotros.

Tenía razón cuando le dije a mi madre que su oración de fe a Jesús
había sido suficiente para salvarla. ¡Él es sin duda suficiente! ¿Y qué hay
de ti? ¿Crees en esta oferta de Jesús? ¿La has recibido para ti mismo?
Ninguno de los otros capítulos importará mucho a menos que aceptes
las verdades que se encuentran en este.

La Biblia

Toda la Escritura es inspirada por Dios y útil para enseñar, para reprender, para corregir y para instruir en la justicia, a fin de que el siervo de Dios esté enteramente capacitado para toda buena obra.

2 TIMOTEO 3.16–17

Se cuenta la historia de la noche en que los Green Bay Packers perdieron un partido fuera de casa que ellos esperaban ganar. Después que el equipo recorriera el largo camino de regreso a casa, el legendario entrenador Vince Lombardi hizo que los jugadores volvieran a ponerse sus uniformes sudados y marcharan al campo Lambeau. El entrenador los reunió, levantó un objeto de cuero con forma de huevo, y dijo: «¡Caballeros, esto es una pelota de fútbol!».

Vince Lombardi sabía que uno de los fundamentos para ganar un partido de fútbol consiste en entender firmemente lo básico. Lo mismo es cierto de la vida cristiana. Por lo tanto, con el mismo espíritu de una inolvidable noche en el frío Wisconsin, levanto un libro con tapas de cuero y páginas finas como las capas de una cebolla y digo: «¡Damas y caballeros, esto es una Biblia!».

¿Por qué es esto tan importante? ¿Por qué resulta tan esencial?

PREGUNTA CLAVE: ¿Cómo conozco a Dios y su plan para mi vida?

Saber con confianza que este libro es la Palabra de Dios que contiene la verdad y la voluntad divinas para nuestras vidas, y saber cómo leerla y entenderla por nosotros mismos, es tan básico para la vida cristiana como una pelota lo es para el deporte del fútbol.

Cómo conocer asuntos de la vida tan importantes como:

* quién es el único Dios verdadero
* el amor de Dios por nosotros
* nuestro nacimiento al pecado y la separación de Dios
* el pago de Jesús por nuestro pecado para restaurarnos
* la mejor manera de vivir una vida exitosa y productiva
* la verdad sobre el futuro y la redención final del hombre por parte de Dios

La Biblia no solo afirma dar respuestas a estas preguntas, sino también nos invita a creer y aceptar mucho más.

IDEA CLAVE: **Creo que la Biblia es la Palabra de Dios inspirada y tiene derecho a dictar mi creencia y conducta.**

Solo querríamos concederle a este libro el derecho a guiar nuestra vida si en verdad creyéramos que proviene de Dios. Es por aquí que necesitamos comenzar nuestro descubrimiento. Existen tres grandes conceptos que precisamos entender, y entonces podemos decidir por nosotros mismos si pensamos que este libro proviene de Dios.

1. La Biblia es inspirada: soplada por Dios mismo

La Biblia hace explícitamente esta afirmación: «Toda la Escritura es inspirada por Dios» (2 Timoteo 3.16).[12]

La palabra griega compuesta que el autor usó para «inspirada» es *theopneustos*, la misma palabra empleada para traducir la palabra hebrea original al griego en Génesis 2.7, donde Dios *sopló* vida en las narices de Adán. El escritor de Hebreos confirma la afirmación: «La palabra de Dios es viva y poderosa» (Hebreos 4.12).

Muchos libros que leemos son verdaderamente inspiradores. Avivan algo especial en nosotros. La Biblia ciertamente ha demostrado ser así en lo que a eso se refiere, pero decir que la Biblia es inspirada significa afirmar que es mucho más. ¡Este libro proviene de Dios! Está vivo; es un organismo viviente.

¿Qué significa esto exactamente y cómo se formó la Biblia? ¡Al contrario de lo que algunos puedan pensar, la Biblia no cayó del cielo con una tapa de cuero! Más bien llegó a nosotros a lo largo de mucho tiempo mediante la supervisión de Dios en cuatro fases.

FASE 1: *Revelación*

Esta fase simplemente se refiere a la continuada decisión de Dios de revelarse a nosotros. La carta de Pablo a los romanos nos dice que Dios se revela a todas las personas *externamente mediante la naturaleza*. Esto se denomina revelación general. «Porque desde la creación del mundo las cualidades invisibles de Dios, es decir, su eterno poder y su naturaleza divina, se perciben claramente a través de lo que él creó, de modo que nadie tiene excusa» (Romanos 1.20).

Dios también se revela a sí mismo a todos *internamente mediante nuestra conciencia*:

> *De hecho, cuando los gentiles, que no tienen la ley, cumplen por naturaleza lo que la ley exige, ellos son ley para sí mismos, aunque no tengan la ley. Éstos muestran que llevan escrito en el corazón lo que la ley exige, como lo atestigua su conciencia, pues sus propios pensamientos algunas veces los acusan y otras veces los excusan.* (Romanos 2.14-15)

El sentido interior del bien y el mal, e incluso la existencia de Dios mismo, están escritos en el código de nuestra conciencia.

Dios también se revela *mediante una persona concreta en un momento concreto con un mensaje concreto* que comunicar de sí mismo. Ejemplos de esta revelación especial son los sueños y visitaciones de los ángeles, como vemos en las vidas de María y José, a quienes se les dieron esos mensajes directos de Dios. Mediante este modo especial de revelación, Dios les habló a los autores que escribieron los libros de la Biblia, lo cual nos conduce a la fase 2.

FASE 2: *Inspiración*

Dios reveló, o sopló, su mensaje a personas escogidas para ser escrito. En el Antiguo Testamento fue predominantemente a los profetas, mientras que en el Nuevo Testamento fue a los apóstoles. Se necesitaron cuarenta autores durante más de mil cuatrocientos años para escribir los sesenta y seis libros que llamamos la Biblia; todos ellos escritos originalmente sobre pergamino en grandes rollos.

En su segunda carta, el apóstol Pedro escribe:

> Ante todo, tengan muy presente que ninguna profecía de la Escritura surge de la interpretación particular de nadie. Porque la profecía no ha tenido su origen en la voluntad humana, sino que los profetas hablaron de parte de Dios, impulsados por el Espíritu Santo. (2 Pedro 1.20–21)

FASE 3: *Transmisión*

La transmisión se refiere a la ardua tarea mediante la cual los libros individuales fueron copiados a la escala y el detalle de las obras de arte clásicas. Aquellos que participaron en este proceso aplicaban tanto escrutinio para asegurar que se estaba manteniendo la autenticidad que una sola página a menudo necesitaba varios meses para ser completada. Por ejemplo, a fin de comprobar su exactitud, cuando una página era terminada, se identificaba la palabra del medio de la misma y se comprobaba su posición con el original. Si una palabra no coincidía con el punto exacto de la posición, la copia era quemada y el trabajo comenzaba de nuevo.

Hoy en día no tenemos ninguno de los rollos originales, pero sí tenemos miles de esas copias. Si comparamos las copias que tenemos del Nuevo Testamento con su libro más próximo de la antigüedad, la *Ilíada* de Homero, existen hoy día 643 copias de la *Ilíada*, mientras que se cuenta con 24.000 copias conocidas del Nuevo Testamento. La copia más antigua conocida de la *Ilíada* es 500 años más moderna que el original, mientras que la copia más antigua del Nuevo Testamento está a menos de 100 años de distancia del original.[13]

En el Nuevo Testamento, solo 400 palabras presentan alguna duda en cuanto a su escritura original, ninguna de ellas relacionada con la doctrina. Esto supone un índice de exactitud del 99,9 por ciento. El erudito Benjamin B. Warfield dijo lo siguiente después de años de estudio del desarrollo del Nuevo Testamento:

Si comparamos el presente estado del Nuevo Testamento con el de cualquier otro escrito antiguo, debemos [...] declarar que es maravillosamente correcto. Ha sido tal el cuidado con el que el Nuevo Testamento fue copiado —un cuidado que sin duda surgió de la verdadera reverencia por sus santas palabras—, ha sido tal la providencia de Dios al preservar para su iglesia en cada época un texto competentemente exacto de la Escritura, que no solo el Nuevo Testamento no tiene rival alguno entre los escritos antiguos en cuanto a la pureza de su texto tal como ha sido transmitido y mantenido en uso, sino tampoco en cuanto a la abundancia de testimonios que han llegado hasta nosotros para reprender sus comparativamente infrecuentes tachas.[14]

Está claro por estos datos históricos que Dios mismo supervisó el manejo y el cuidado de su Palabra de manera meticulosa. Añadamos los numerosos intentos de genocidio literario de la Biblia, y nuestra confianza en ella aumenta. Después de una increíble cantidad de pruebas, tiempo, energía y guía divina, en el año 400 A.D., casi 370 años después de la muerte de Cristo, los sesenta y seis libros tales como los conocemos en la actualidad oficialmente fueron unidos por primera vez bajo una misma cubierta.[15]

FASE 4: *Traducción*

La traducción se refiere al proceso por medio del cual la Biblia fue traducida de las copias en hebreo y griego originales a otros idiomas. Una de las primeras traducciones fue al latín, y se le llamó *Biblia Sacra Vulgata* de Jerónimo.

Actualmente tenemos varias traducciones y paráfrasis de la Biblia, con más en proceso incluso mientras escribo esto. Muchos ministerios están trabajando con pueblos en todo el mundo para llevarles la Biblia a los 180 millones que se calcula que no tienen las Escrituras en su propio idioma. Hasta la fecha, solo 513 de los más de 7.000 lenguajes en el mundo tienen la Biblia completa en su lengua natal.[16]

Después de investigar los orígenes y el proceso a lo largo de la historia sobre cómo llegó a nosotros este libro especial, millones de personas han llegado a creer que es la Palabra de Dios. Yo soy sin duda alguna una de esas personas. ¿Y tú?

2. La Biblia es autoritativa y tiene derecho a dirigir nuestras vidas

Debido a que es la Palabra de Dios, la Biblia tiene derecho a gobernar la vida del cristiano. Por lo tanto, no podemos tratarla como si fuera un buffet, donde escogemos lo que leer y obedecer, sino debemos tomar el libro entero como una obra total y aceptar cada palabra. Como juramos con nuestra mano izquierda situada sobre un ejemplar de la Biblia en un tribunal, esta es «la verdad, toda la verdad, y nada más que la verdad. Y que Dios me ayude».

El salmo más largo en la Biblia celebra la Palabra de Dios y su naturaleza autoritativa:

> *Dichosos los que van por caminos perfectos,*
> *los que andan conforme a la ley del SEÑOR.*
> *Dichosos los que guardan sus estatutos*
> *y de todo corazón lo buscan.*
> *Jamás hacen nada malo,*
> *sino que siguen los caminos de Dios.*
> *Tú has establecido tus preceptos,*
> *para que se cumplan fielmente.* (Salmos 119.1–4)

3. La Biblia es infalible, confiable en lo que respecta a lograr sus propósitos

El profeta Isaías escribe en Isaías 55.10–11:

> *Así como la lluvia y la nieve*
> *descienden del cielo,*
> *y no vuelven allá sin regar antes la tierra*
> *y hacerla fecundar y germinar*
> *para que dé semilla al que siembra*
> *y pan al que come,*
> *así es también la palabra que sale de mi boca:*
> *No volverá a mí vacía,*
> *sino que hará lo que yo deseo*
> *y cumplirá con mis propósitos.*

Lo que la Palabra de Dios afirma que sucederá, sucederá. Lo que la Palabra de Dios dice que hará en nuestra vida, *lo hará* en nuestra vida.

APLICACIÓN CLAVE: ¿Qué cambio produce esto en mi modo de vivir?

Si alguien realmente creyera esto sobre la Biblia con su corazón, ¿cómo viviría de modo diferente?

- **La Biblia es el lente con que vemos el mundo.** Cada uno de nosotros ve el mundo y cada día lo ve desarrollarse a través de unos lentes. Cuando miramos hacia atrás por encima del hombro, esos lentes forman una imagen del pasado en nuestra mente. Cuando entrecerramos los ojos para ver tan lejos como nos alcance la vista, esos lentes nos darán una visión del futuro. La Palabra de Dios informa lo que pensamos y sentimos con respecto a todo lo que encontramos. Vemos la intervención de Dios en la historia, nuestras vidas presentes y el futuro a medida que él sigue escribiendo su grandiosa historia.

- **Estamos obligados y motivados a estudiar la Biblia a fin de entender la voluntad de Dios para nuestras vidas.** El apóstol Pablo escribió: «No se amolden al mundo actual, sino sean transformados mediante la renovación de su mente. Así podrán comprobar cuál es la voluntad de Dios, buena, agradable y perfecta» (Romanos 12.2). La Biblia conforma el contenido de verdad en el que buscamos sumergir nuestra mente. Buscamos hacer lo que el salmista sugiere: «Todo el día medito en ella» (Salmos 119.97).

- **Los principios de la Biblia deben gobernar nuestras vidas, incluso cuando no entendamos plenamente o nos guste lo que nos enseñan.** En el libro de Proverbios encontramos este sabio mandato: «Confía en el SEÑOR de todo corazón, y no en tu propia inteligencia. Reconócelo en todos tus caminos, y él allanará tus sendas» (Proverbios 3.4–6).

El renombrado teólogo Søren Kierkegaard desafía nuestra falsa fachada: «La Biblia es muy fácil de entender, pero nosotros los cristianos somos un puñado de intrigantes timadores. Fingimos ser incapaces de entenderla porque sabemos muy bien que en el momento en que la entendamos, estamos obligados a actuar en consecuencia».[17]

El escritor de Hebreos nos dice que la Biblia es «más cortante que cualquier espada de dos filos. Penetra hasta lo más profundo del alma y del espíritu, hasta la médula de los huesos, y juzga los pensamientos y las intenciones del corazón» (Hebreos 4.12). Dicho de otra manera, sus palabras tienen su manera de calar hasta los huesos.

La Biblia no es un libro de sugerencias, sino más bien afirma ser la Palabra de Dios misma y te invita a permitir que gobierne y guíe cada aspecto de tu vida. Así que, ¿estás de acuerdo o no?

¿Crees que la Biblia es la Palabra de Dios y tiene derecho a ordenar tu creencia y conducta?

Identidad en Cristo

Mas a cuantos lo recibieron, a los que creen en su nombre,
les dio el derecho de ser hijos de Dios.

JUAN 1.12

A las 4:48 de la madrugada, el día 3 de octubre de 1987, Rozanne y yo
tuvimos nuestro segundo hijo. Había sido una larga noche de esfuerzo
y colaboración. Para colmo, yo tenía síntomas de gripe. Cuando David
finalmente hizo su aparición, el gozo me abrumó. Ya teníamos una niña,
y ahora nos llegaba un niño. *La vida es perfecta y completa,* pensaba yo.
Entonces bajé la vista y noté el brazo izquierdo de nuestro hijo... ¡faltaba
todo desde su codo hasta abajo!

Parece que me puse tan blanco como las sábanas, lo cual provocó
que las enfermeras me sacaran de la habitación. Ellas introdujeron mi
cabeza en un fregadero de acero inoxidable para que pudiera vomitar.
Nunca lo hice, pero sí tenía muchas preguntas y pensamientos dando
vueltas en mi cabeza.

¿Cómo podría jugar al béisbol con mi hijo?

¿Qué decir acerca del dolor durante su primer día en la guardería y
los dolorosos sentimientos que causaría?

¿Qué de los chicos malos en la secundaria que se aprovecharían de los
débiles para enaltecerse ellos? ¿Qué ocurriría el día de su boda cuando el
ministro, probablemente yo mismo, le pidiera a su novia que le repitiera sus
votos a mi hijo mientras le pone el anillo en el dedo? *Él no tiene dedo. No
importará; ¿qué muchacha querrá a un muchacho al que le falta una mano?*

La pregunta final vino a mi mente de un modo involuntario: «¿Lo
amaré yo?». *Quería y esperaba un resultado diferente. ¿Seré capaz de
aceptar a mi hijo del mismo modo en que lo hago con mi hija?*

No estoy seguro de cuánto tiempo pasó mientras las preguntas
inundaban mi mente, pero finalmente la enfermera llegó a buscarme.

Cuando entré a la sala de partos, otra enfermera sostenía a mi hijo, que estaba envuelto en una cálida manta. Me entregó a David y yo lo sostuve. ¡Lo quería! Él era mi hijo. De repente, resultaba así de sencillo.

Uno de los indicadores más importantes de tu felicidad y calidad de vida provendrá de la respuesta a esta pregunta clave.

PREGUNTA CLAVE: ¿Quién soy yo?

Si te gusta tu respuesta a esta pregunta, tienes un buen fundamento sobre el que edificar tu vida. Si aborreces tu respuesta a esta pregunta, no te va a ir bien. Si aún no estás seguro, esto te ayudará.

Aquí está la respuesta de Jesús a ti y para ti...

IDEA CLAVE: Creo que soy importante por mi posición como hijo de Dios.

La psicología nos dice que algunos de los factores importantes y necesarios para tener una autoestima saludable son:

* sentirse querido
* tener un sentido de propósito
* sentirse seguro
* sentirse importante
* tener un sentimiento de pertenencia

Si creemos que Dios es quien afirma ser, entonces es seguro decir que él es «el alguien supremo». Junto con lo que hemos declarado hasta aquí en este capítulo, también podemos creer que hemos sido aceptados y adoptados por «el Alguien supremo» y ahora obtener nuestra identidad, amor, propósito, seguridad, importancia y pertenencia en él y por medio de él.

Las palabras de las Escrituras nos recuerdan que somos bienvenidos a la familia de Dios como sus hijos:

> *Mas a cuantos lo recibieron, a los que creen en su nombre, les dio el derecho de ser hijos de Dios.* (Juan 1.12)

¡Fíjense qué gran amor nos ha dado el Padre, que se nos llame hijos de Dios! ¡Y lo somos! (Juan 3.1)

Si mi amor por mi hijo David puede ser tan verdadero y profundo, ¿cuánto más es esto cierto con respecto al amor de Dios por nosotros sus hijos?

Una segunda pregunta importante que hacer es: «¿De quién es la voz que estoy escuchando?». La respuesta a esta pregunta influencia significativamente nuestra perspectiva de quiénes somos.

Con frecuencia, la voz que se escucha hoy resuena desde nuestro pasado, posiblemente desde hace décadas. Quizás sean las palabras de...

- una madre o un padre abusivo
- un jefe beligerante
- un excónyuge amargado
- un novio o novia despreciativos
- un entrenador déspota
- un chisme en un pequeño pueblo
- una carta de rechazo
- un comentario en línea

O quizá la voz que oyes no sea humana, sino un grito inaudible de una escena que sigues repitiendo en tu mente. Quizá se trate de...

- la portada de la revista *Success*
- la dirección en la calle más abajo donde viven los vecinos
- la imagen en la computadora o la pantalla de televisión
- el reflejo en el espejo cada mañana

Debemos identificar la voz (o las voces) que nos dicen quiénes somos. La estupenda noticia es que a pesar de a quién hayamos escuchado, o por cuánto tiempo, Dios quiere decirnos exactamente quiénes somos. En el momento en que profesamos nuestra fe en él, recibimos una nueva identidad. Cada día, la voz de Dios no solo nos susurrará que somos suyos, sino también silenciará las voces que por demasiado tiempo nos han mentido acerca de quiénes somos. Al igual que muchos de nosotros hemos repetido las mentiras que finalmente llegamos a creer, podemos comenzar a escuchar continuamente a Dios y repetir quiénes somos en él a fin de creer su verdad y actuar en consonancia.

Como creyente en Jesucristo, eres un hijo de Dios y heredero de su reino.

> *Y si somos hijos, somos herederos; herederos de Dios y cohe-rederos con Cristo, pues si ahora sufrimos con él, también tendre-mos parte con él en su gloria.* (Romanos 8.17)

Debemos pasar nuestro tiempo en la tierra amando a nuestro Padre y edificando su reino, el cual comparte libremente con nosotros, ahora y en la eternidad. Dios nos ha dado pleno acceso a él mismo, su carácter, sus dones y cualidades.

Como creyente en Jesucristo, eres un templo para la morada de Dios.

> *¿No saben que ustedes son templo de Dios y que el Espíritu de Dios habita en ustedes?* (1 Corintios 3.16)

Ser un templo para que Dios lo habite arroja una luz y una respon-sabilidad totalmente nuevas sobre el acto de cuidar de nuestro cuerpo, mente y espíritu. Nuestro nuevo motivo para el cuidado de nosotros mismos no es ser queridos y aceptados por las personas que se hallan en el exterior, sino más bien cuidar de nosotros mismos a causa de Dios, que vive en el interior. Esto también nos reta y nos inspira en nuestra conducta diaria, porque ahora llevamos a Dios con nosotros a donde-quiera que vamos.

Como creyente en Jesucristo, eres una nueva creación.

> *Por lo tanto, si alguno está en Cristo, es una nueva creación. ¡Lo viejo ha pasado, ha llegado ya lo nuevo!* (2 Corintios 5.17)

Dios nos ve como seres totalmente diferentes —nuevas creacio-nes— debido a su Hijo, que ahora reside en nuestra alma. Un día, tal como se promete en el libro de Apocalipsis, Dios comenzará de nuevo con un nuevo cielo y una nueva tierra... ¡y todo lo que veremos y conoceremos será lo nuevo! Hasta entonces, comencemos a vernos como Dios nos ve y a estar a la altura de su visión para nosotros, comenzando a partir de hoy.

Como creyente en Jesucristo, eres un miembro del cuerpo de Cristo.

> *Ahora bien, ustedes son el cuerpo de Cristo, y cada uno es miembro de ese cuerpo.* (1 Corintios 12.27)

Como miembro del cuerpo de Cristo, ahora perteneces a la familia más grande que existe. Tienes un asiento a la mesa de Dios, y un día te sentarás a esa mesa viendo plenamente a Cristo mismo. Esta gran familia, dirigida por nuestro Padre, nos ofrece un sentido único de propósito y llamado eterno. Nuestros talentos y dones adoptan significados importantes para las personas que nos rodean, al igual que para el reino en conjunto. No hay mayor propósito que el de estar relacionado con los propósitos de Dios mediante su cuerpo, su familia. Pablo compara este concepto con un cuerpo físico que crece y madura:

> *Más bien, al vivir la verdad con amor, creceremos hasta ser en todo como aquel que es la cabeza, es decir, Cristo. Por su acción todo el cuerpo crece y se edifica en amor, sostenido y ajustado por todos los ligamentos, según la actividad propia de cada miembro.* (Efesios 4.15–16)

Como creyente en Jesucristo, eres un ciudadano del cielo.

> *En cambio, nosotros somos ciudadanos del cielo, de donde anhelamos recibir al Salvador, el Señor Jesucristo.* (Filipenses 3.20)

Tengo un pasaporte. Contiene mi nombre, dirección y fotografía, pero lo más importante es que es un documento oficial que le dice a cualquiera en el mundo que yo soy un ciudadano de Estados Unidos.

Puedo viajar a cualquier país extranjero, pero siempre se me permite regresar libremente a Estados Unidos, porque mi ciudadanía está localizada ahí. El pasaporte es mi prueba.

Como seguidores de Cristo y ciudadanos del cielo, no importa de qué nación seamos, cuál sea nuestra raza o el nivel de ingresos, o el cociente intelectual que tengamos, ya que el día en que el Señor venga tenemos acceso a través de las puertas del cielo, pues Jesús nos ha declarado oficialmente libres para entrar en su reino. ¡Es ahí a donde yo pertenezco! El Espíritu que habita en mí, aquel en quien somos marcados con un sello, es nuestro pasaporte (ver Efesios 1.13–14).

Ahora tenemos una norma más elevada, porque somos llamados no solo a guardar las leyes de la tierra, sino también a adherirnos a las leyes del cielo. Si los cristianos caminan en obediencia a ambas, influenciaremos al mundo más profundamente para Cristo.

APLICACIÓN CLAVE: ¿Qué cambio produce esto en mi modo de vivir?

Si verdaderamente aceptas en tu corazón tu nueva identidad en Cristo, se verá un cambio significativo en el modo en que enfocas cada día.

Debido a nuestra nueva identidad en Cristo, somos libres de condenación.

¡Soy un pobre miserable! ¿Quién me librará de este cuerpo mortal? ¡Gracias a Dios por medio de Jesucristo nuestro Señor! En conclusión, con la mente yo mismo me someto a la ley de Dios, pero mi naturaleza pecaminosa está sujeta a la ley del pecado. Por lo tanto, ya no hay ninguna condenación para los que están unidos a Cristo Jesús, pues por medio de él la ley del Espíritu de vida me ha liberado de la ley del pecado y de la muerte. (Romanos 7.24—8.2)

Muchas personas batallan para aceptar la gracia y misericordia de Dios. Sin embargo, la declaración de Pablo de que «no hay ninguna condenación» significa que el juicio, la acusación y la atadura al pecado ya no existen más. Debemos creer en la obra de Cristo y caminar hacia su libertad.

Cuando Satanás intenta condenarnos, Jesús actúa como nuestro abogado, nuestro defensor. Él está delante del Padre para decir: «Protesto. Ellos ya han sido absueltos de estos cargos» (ver Romanos 8.34).

Cuando otro ser humano intente decirte que eres insignificante o te trate como si fueras indigno, no lo escuches. En Cristo, sencillamente eso es cierto.

Debido a nuestra nueva identidad en Cristo, nuestro valor proviene de nuestra posición en Cristo, no de nuestro desempeño.

Vengan a mí todos ustedes que están cansados y agobiados, y yo les daré descanso. Carguen con mi yugo y aprendan de mí, pues yo soy apacible y humilde de corazón, y encontrarán descanso para su alma. (Mateo 11.28–29)

Observemos que Jesús no está hablando solo de estar cansado físicamente, porque dice de manera explícita: «Y encontrarán descanso para su *alma*». Intentar demostrar nuestra valía y comportarnos de modo que lleguemos a ser importantes es un trabajo agotador y causa que estemos «cansados y agobiados». Solamente Cristo ofrece la libertad de la tiranía de cualquier demanda para obtener aprobación. Él nos da un lugar en su mesa, seguros de nuestra posición en él debido a quién es y lo que ha hecho por nosotros.

Debido a nuestra nueva identidad en Cristo, vivimos para expresar quiénes somos en Cristo, no para demostrar quiénes somos.

Una de mis películas favoritas es la ganadora del Premio de la Academia en 1981, *Carros de fuego*, la cual cuenta la historia real de Eric Liddell y Harold Abrams. Liddell, un escocés cristiano, y Abrams, un judío, corrieron los dos en los Juegos Olímpicos de 1924. La película representa cómo ambos corrieron y ganaron medallas de oro. ¿La diferencia? Harold Abrams corrió para demostrar quién era, mientras que Eric Liddell corrió para expresar quién sabía que era en Cristo.

Hay una escena en la cual la hermana de Liddell está profundamente preocupada porque siente que sus carreras lo están apartando del compromiso que los dos tienen de ir a China como misioneros. Él mira a su hermana profundamente a los ojos y dice: «Creo que Dios me creó con un propósito, pero también me hizo rápido. Y cuando corro, siento que agrado a Dios». Liddell corrió en los Juegos Olímpicos, y aun así un año después fue a servir al Señor en China.

Una de las maneras más espirituales y a la vez más sorprendentes en que sabemos que estamos expresando verdaderamente quiénes somos en Cristo es cuando utilizamos los talentos que él nos da y nos conectamos con el corazón de Dios para «sentir que le agradamos», como lo describió poéticamente Liddell. Se trata de sentir en lo más profundo que esa actividad del reino en la que participo es un regalo de mi Creador y la razón de que esté en este planeta.

Debido a nuestra nueva identidad en Cristo, podemos enfocarnos en edificar a otros, no en derribarlos.

Si alguien reconoce que Jesús es el Hijo de Dios, Dios permanece en él, y él en Dios. Y nosotros hemos llegado a saber y creer que Dios nos ama. Dios es amor. El que permanece en amor, permanece en Dios, y Dios en él. Ese amor se manifiesta plenamente entre nosotros para que en el día del juicio comparezcamos con toda confianza, porque en este mundo hemos vivido como vivió Jesús. (1 Juan 4.15–17)

Mientras más sepamos y aceptemos quiénes somos en Cristo, más comenzará nuestra conducta a reflejar nuestra verdadera identidad. Esto se traducirá en que no permitiremos que nada ni nadie devalúe quiénes somos en Cristo.

Seremos libres a fin de utilizar nuestras palabras para construir puentes, no para quemarlos. Usar nuestras manos para abrazar, no para dañar. Usar nuestros pies para llevar, no para arrebatar. Usar nuestros corazones para inspirar, no para conspirar; para elevar el nivel de cualquier habitación en la que estemos, no para reducirlo.

A medida que amemos a Dios y profundicemos nuestro amor por él, dondequiera que vayamos seremos Jesús con piel. ¡Eso es pensar verdaderamente como Jesús!

Nuestro hijo David ahora tiene veintiséis años. Resulta que practica todo deporte imaginable, más de lo que yo lo hice nunca, y con mejores resultados. Se destacó jugando fútbol. Se escribieron numerosos artículos sobre él, y la Fox emitió un maravilloso segmento de sus logros atléticos. Está casado con una periodista cristiana hermosa e inteligente. Es abogado y tiene un importante bufete en Indianapolis. Sobre todo, David es un Eric Liddell moderno. Él sabe quién es en Cristo y corre cada día para expresarlo en vez de intentar demostrar quién es. Un poco de esta forma de pensar ha influido incluso en su papá.

Así que deja que te pregunte: si has recibido a Cristo como tu Salvador, ¿crees y descansas en tu nueva identidad en él? Si no es así, ¿por qué no? Cuando recibiste a Cristo, tal decisión no fue solamente para la vida venidera; fue para darte una vida de inmensa libertad y descanso también ahora. ¡Acéptala!

Iglesia

Más bien, al vivir la verdad con amor, creceremos hasta
ser en todo como aquel que es la cabeza, es decir, Cristo.

EFESIOS 4.15

En Juan 14.11–13, Jesús hizo una afirmación interesante y a la vez des-
concertante:

> Créanme cuando les digo que yo estoy en el Padre y que el
> Padre está en mí; o al menos créanme por las obras mismas. Cier-
> tamente les aseguro que el que cree en mí las obras que yo hago
> también él las hará, y aun las hará mayores, porque yo vuelvo al
> Padre. Cualquier cosa que ustedes pidan en mi nombre, yo la
> haré; así será glorificado el Padre en el Hijo.

Como sus seguidores, nosotros haremos las mismas cosas que Jesús
hizo. ¡Esa es una tarea monumental! Sin embargo, incluso haremos
cosas «mayores» que esas. ¿Mayores? ¿Cómo es posible que podamos
lograr eso?

Hace años, un ejemplar de *Proceedings of the National Academy of
Science* informaba que se había descubierto una supercolonia de hormigas, la cual se extendía a lo largo de miles de kilómetros desde la Riviera
italiana por la línea costera hasta el norte de España. Esta era la unidad
cooperativa más grande jamás registrada, según opinaron científicos
suizos, franceses y daneses que estudiaron el fenómeno. La colonia estaba formada por miles de millones de hormigas argentinas que vivían en
millones de nidos y cooperaban unas con otras. Normalmente, las hormigas de diferentes nidos pelearán, pero los investigadores concluyeron
que las hormigas de esta supercolonia en particular estaban lo suficiente
cerca genéticamente como para reconocerse unas a otras.

Laurent Keller de la Universidad de Lausanne, Suiza, lo resumió: «La cooperación les permitía a las colonias desarrollarse en densidades mucho más elevadas de lo que normalmente se produciría [...] Esto condujo a la mayor unidad cooperativa jamás descubierta».[18]

Individualmente, nunca podemos hacer cosas «mayores» que Jesús; sin embargo, al igual que aquellos primeros seguidores sobre los que leemos en el libro de Hechos, los cuales trabajaron dando muestras de cooperación y reconocimiento entre sus hermanos y hermanas, nosotros ciertamente podemos lograr sus obras en un volumen mayor al otro lado de la calle y alrededor del mundo.

PREGUNTA CLAVE: ¿Cómo logra Dios sus propósitos hoy en día?

En el Antiguo Testamento, Dios tenía una relación continua con la nación de Israel a fin de revelar su nombre, su identidad y su plan a las naciones. Cada relato escrito con respecto a Israel tenía la intención de señalarles a las personas la primera venida de Jesús. Sin embargo, después que Cristo vino a la tierra, hizo la obra que el Padre lo envió a hacer, murió en la cruz, derrotó al pecado y la muerte mediante la resurrección, y regresó al cielo, Dios comisionó a una nueva comunidad. Una convergencia de judíos y gentiles que compartían juntos una nueva vida como una familia llamada la iglesia.

La Biblia nos enseña que esta iglesia es el método primario, aunque no exclusivo, a ser usado para lograr los propósitos de Dios hasta la eternidad. Actualmente, una misión vital de este cuerpo de creyentes es señalarles a las personas la *segunda* venida de Cristo.

La persona que acepta la salvación por gracia, como hablamos en la sección anterior de la Salvación, es llevada e integrada a la iglesia como un miembro pleno.

Aunque es cierto que una persona que expresa su fe en Cristo puede obtener la salvación y no llegar a ser nunca un miembro activo de la iglesia de Dios, esta ausencia de comunidad creará un obstáculo similar a un tren que no tuviera vías o un auto que no tuviera ruedas. La identidad puede que esté en su lugar, pero no hay propósito alguno para la existencia.

IDEA CLAVE: **Creo que la iglesia de Dios es la principal forma de llevar a cabo sus propósitos en la tierra.**

En 1 Corintios 12.12–14, Pablo usa un lenguaje concerniente al cuerpo humano a fin de describir cómo el cuerpo de Cristo obra para funcionar y encontrar su propósito:

> De hecho, aunque el cuerpo es uno solo, tiene muchos miembros, y todos los miembros, no obstante ser muchos, forman un solo cuerpo. Así sucede con Cristo. Todos fuimos bautizados por un solo Espíritu para constituir un solo cuerpo —ya seamos judíos o gentiles, esclavos o libres—, y a todos se nos dio a beber de un mismo Espíritu. Ahora bien, el cuerpo no consta de un solo miembro sino de muchos.

Ya que cualquier sistema de creencias está siempre solo a una generación de la extinción, debemos preguntarnos cómo nos va hoy en día en cuanto a llegar a ser lo que Pablo describe aquí. Durante las últimas décadas hemos visto una fuerte tendencia en los jóvenes a apartarse de la iglesia cuando dejan el hogar paterno y su iglesia local. No obstante, también hemos visto a muchos regresar al rebaño después de «establecerse» con una familia y una carrera. Actualmente vemos una nueva tendencia: irse y no regresar.

Sin duda, todos admitiríamos que la iglesia con demasiada frecuencia no se ve como Cristo quiso que se viera. En verdad, muchos hoy en día enseguida confiesan no tener realmente problemas con Jesús tanto como con su esposa: la iglesia. Y después están aquellos en nuestra cultura rápida y frenética que batallan para ser una parte de la iglesia porque sencillamente no pueden añadir una actividad más a la lista en su vida, en especial si ya no ven la relevancia en la inversión de ese tiempo.

Sin embargo, tendencias y estadísticas aparte, a la luz de los mandamientos de Dios con respecto a su cuerpo, hay tremendos beneficios en ser parte de la iglesia: la gran comunidad de creyentes que diariamente está haciendo avanzar el reino de Dios.

APLICACIÓN CLAVE: **¿Qué cambio produce esto en mi modo de vivir?**

En el cuerpo de Cristo, perteneces a una familia enfocada en todas las cosas de Dios, las cuales son buenas, rectas y sanas.

Pablo escribe estas palabras en su carta a los filipenses:

> *Por último, hermanos, consideren bien todo lo verdadero, todo lo respetable, todo lo justo, todo lo puro, todo lo amable, todo lo digno de admiración, en fin, todo lo que sea excelente o merezca elogio. Pongan en práctica lo que de mí han aprendido, recibido y oído, y lo que han visto en mí, y el Dios de paz estará con ustedes.* (Filipenses 4.8–9)

Como pastor, me he reunido con incontables personas que batallan con la iglesia. Cuando hablamos y profundizamos en sus vidas, de modo habitual descubro una de dos cosas. En primer lugar, nunca han sido verdaderamente parte de este nivel de comunidad y relación, de modo que no entienden lo que está a su disposición y puede ser añadido a sus vidas. Dicho con sencillez, no puedes saber por completo lo que te estás perdiendo si nunca lo has experimentado. En segundo lugar, una comunidad de la que han sido parte en el pasado los derribó y les causó daño. Incluso si ellos habían contribuido al conflicto, la experiencia creó un alejamiento físico y emocional, lo cual con frecuencia es difícil de vencer.

No obstante, cuando la iglesia funciona como Dios quiere, ninguna otra cosa en la tierra se desempeña como ella. La esposa de Cristo no es una organización, sino más bien un organismo. No se trata tanto de la promoción de programas, sino de la salud de las personas. No es un edificio, sino un cuerpo. Cuando nos sometemos a Dios y servimos juntos en verdadera comunidad, la iglesia es una familia que rodeará a las personas con fortaleza y gracia, a la vez que les señala continuamente hacia la vida abundante en Cristo.

En el cuerpo de Cristo, crecerás más rápidamente en tu caminar con Dios.

Sin duda podemos crecer espiritualmente solos, pero cuando nos unimos y avanzamos en un cuerpo de creyentes, eso puede acelerar nuestro crecimiento mediante la rendición de cuentas y la sinergia.

La rendición de cuentas simplemente significa que cada uno en el grupo respalda al otro, y todos son alentados a crecer y madurar. Esta expectativa común supone que crecerás. Te has sumado a un equipo con un claro objetivo y una motivación para lograr el éxito de cada miembro individual.

La sinergia significa que la cohesión del grupo es una fuerza mayor que la suma individual de sus miembros. Juntos, producen un resultado general más fuerte que si cada persona trabajara sola hacia la misma meta. Como enseña el escritor de Eclesiastés:

> *Más valen dos que uno, porque obtienen más fruto de su esfuerzo. Si caen, el uno levanta al otro. ¡Ay del que cae y no tiene quien lo levante!* (Eclesiastés 4.9–10)

El Calgary Stampede ha sido conocido por muchos años como uno de los principales rodeos del mundo. Una de sus actividades más emocionantes y esperadas es el Heavy Horse Pull. Se cuenta la historia del año en que un caballo tiró de 4.000 kilos, mientras que otro tiró de 3.600 kilos. Al final del programa, los dueños de los dos caballos principales decidieron ver lo que ambos animales podrían hacer si trabajaban juntos. Unidos, se esperaría que tirasen de 7.600 kilos, ¿verdad? Equivocado. ¡Cuando los ensillaron juntos, arrastraron 13.600 kilos!

La ley de la sinergia causó que la acción combinada de los dos caballos fuera mayor que la suma de sus esfuerzos trabajando solos. Aunque parezca mentira, es como decir $1+1=3$. No obstante, más precisamente, se trata más de multiplicación que de suma. Se puede hacer mucho más mediante el esfuerzo en equipo de lo que puede lograrse a solas. Y esta verdad conduce perfectamente a nuestro siguiente punto.

En el cuerpo de Cristo, te conviertes en una parte de un movimiento mayor que tú mismo.

Estudios sobre la generación del Milenio, cuya fecha de nacimiento está entre 1980 y 2000, revelan la importancia y el poder de las relaciones. Mientras que estas personas representan la generación menos religiosa de la historia, también valoran profundamente el servicio a los demás trabajando juntos. Lo que a primera vista parecen ser malas noticias para la iglesia, puede que en realidad se convierta en un potente motivador de la participación en el ministerio. Afortunadamente, Dios conoce con exactitud las dinámicas de cada generación y también lo que se necesita para comprometerlas en su reino.[19]

Si nos despertamos cada mañana enfocados en nosotros mismos y preguntándonos por qué el mundo no nos hace felices, este enfoque de la vida no va a ser satisfactorio a largo plazo. Sin embargo, cuando participamos en la iglesia y nos vemos como parte de un plan y un propósito mucho mayores, recibimos el poder de la eternidad. Ciertamente, podemos lograr esas cosas «mayores» a las que Cristo se refirió.

En conclusión, ¿qué utiliza Dios como el principal vehículo para lograr entrelazar su «historia superior» con nuestra «historia inferior»? La iglesia.

Por lo tanto, para pensar como Jesús, debes hacerte la siguiente pregunta: «¿Creo que tengo un papel y una responsabilidad en la iglesia a fin de que Dios me use para lograr sus propósitos hoy en día?».

Humanidad

> Porque tanto amó Dios al mundo, que dio a su Hijo uni-
> génito, para que todo el que cree en él no se pierda, sino
> que tenga vida eterna.
>
> JUAN 3.16

Es fácil llegar a sentirse abrumado e insensible cuando escuchamos las noticias cada día. Los inmensos problemas que hay en todo el mundo —pobreza, enfermedad, desastres naturales, crisis económicas, violencia por doquier, dictadores sádicos, amenazas nucleares— hacen parecer que algún tipo de maldad está destinada a ocupar los titulares de cada día.

Sin embargo, el enfoque para nosotros realmente no está en salvar al mundo, sino más bien primero en amar y obedecer a Jesús. La pregunta central no es: «¿Qué problema del mundo intento resolver?», sino más bien: «¿Qué querría Jesús que hiciera por él?». Este enfoque no solo es inmensamente diferente, sino que la motivación proviene del lugar adecuado. Como dijo Jesús, tenemos que amar al Señor y después a nuestro prójimo como a nosotros mismos.

Sencillamente decidir ser humanitarios es sin duda una meta noble, pero aunque la justicia social se ha convertido cada vez más en el enfoque de la iglesia en la década pasada, obedecer a Dios y sumarnos a él en su obra son las mejores labores de amor que podemos ofrecer mientras servimos a aquel que nos salvó. Jesús mismo es nuestra meta y propósito; la obra es simplemente el resultado de lo que hacemos cuando caminamos con él en una relación.

El apóstol Pablo explicó la motivación de su incansable trabajo en la difusión del evangelio a tantas personas como fuese posible:

> A este Cristo proclamamos, aconsejando y enseñando con
> toda sabiduría a todos los seres humanos, para presentarlos a

todos perfectos en él. Con este fin trabajo y lucho fortalecido por
el poder de Cristo que obra en mí. (Colosenses 1.28–29)

PREGUNTA CLAVE: ¿Cómo ve Dios a la gente, a las masas de la humanidad?

Ya hemos considerado Juan 3.16 con respecto al amor de Dios por nosotros, pero démosle un vistazo a este pasaje mediante el filtro de la necesidad de salvación de la humanidad.

Porque tanto amó Dios al mundo, que dio a su Hijo unigénito,
para que todo el que cree en él no se pierda, sino que tenga vida
eterna. Dios no envió a su Hijo al mundo para condenar al mundo,
sino para salvarlo por medio de él. El que cree en él no es conde-
nado, pero el que no cree ya está condenado por no haber creído
en el nombre del Hijo unigénito de Dios. (Juan 3.16–18)

La Escritura es clara para comunicar que Dios ama a todas las personas por igual. Su anhelo es hacernos regresar al jardín. Él ama al hombre que está en la cárcel y que cometió crímenes horribles tanto como ama al fiel maestro de la escuela dominical. Él ama al niño pequeño que batalla por sobrevivir en el desierto de Sudán tanto como ama a la celebridad de Hollywood que vive rodeado de lujos. Dios lo ve todo; él lo oye todo; él ama a todos.

Mientras el apóstol Pablo trabajaba diligentemente para establecer y mantener a las iglesias, su llamado de parte de Dios siempre estuvo muy claro, al igual que el nuestro: alcanzar a *todas* las personas.

Estoy en deuda con todos, sean cultos o incultos, instruidos
o ignorantes. De allí mi gran anhelo de predicarles el evangelio
también a ustedes que están en Roma. A la verdad, no me aver-
güenzo del evangelio, pues es poder de Dios para la salvación de
todos los que creen: de los judíos primeramente, pero también
de los gentiles. De hecho, en el evangelio se revela la justicia que
proviene de Dios, la cual es por fe de principio a fin, tal como está
escrito: «El justo vivirá por la fe». Ciertamente, la ira de Dios viene

revelándose desde el cielo contra toda impiedad e injusticia de los seres humanos, que con su maldad obstruyen la verdad. Me explico: lo que se puede conocer acerca de Dios es evidente para ellos, pues él mismo se lo ha revelado. Porque desde la creación del mundo las cualidades invisibles de Dios, es decir, su eterno poder y su naturaleza divina, se perciben claramente a través de lo que él creó, de modo que nadie tiene excusa. (Romanos 1.14–20)

Ya que «la ira de Dios viene revelándose desde el cielo contra toda impiedad e injusticia de los seres humanos», esa es precisamente la razón por la cual todas las personas necesitan ser salvas. Como dice el viejo adagio: «El suelo es llano a los pies de la cruz». Notemos también esta frase en el versículo 20: «Nadie tiene excusa». Dios dice que él se revelará a sí mismo de alguna manera a todos. Se le ofrece una invitación a la salvación a la humanidad.

Todos hemos pecado.

Toda maldad debe ser castigada.

Todos necesitan salvación.

A todos se les ofrece salvación.

Nadie tiene excusas.

IDEA CLAVE: Creo que Dios ama a todas las personas y que todas ellas necesitan a Jesucristo como su Salvador.

Hemos establecido que Dios ama a todas las personas y desea salvar a todos. Por lo tanto, ¿por qué necesitamos a Jesús?

La ira de Dios ha sido satisfecha mediante el sacrificio de Cristo en la cruz. Juan registra estas palabras de Jesús: «Yo soy el camino, la verdad y la vida [...] Nadie llega al Padre sino por mí» (Juan 14.6).

Esto continúa el patrón del lenguaje inclusivo para todos. «Nadie» llega a Dios excepto mediante Jesús. Cristo ha provisto el camino; por lo tanto, todos pueden ser salvos por medio de él. Muchos se han sentido ofendidos en estos tiempos con la creencia de los cristianos en que hay solamente un camino a Dios... ¡cuando en realidad debería haber una gran celebración porque se haya proporcionado un camino!

APLICACIÓN CLAVE: ¿Qué cambio produce esto en mi modo de vivir?

¿Cómo cambiaría la vida si comenzáramos a ver a las personas tal como Dios las ve? ¿Cómo cambiaría el mundo si tú y yo creyéramos verdaderamente que el único camino para que las personas entren al cielo es por medio de Cristo?

Valoramos toda la vida humana.

Desde el vientre hasta el sepulcro, le damos un alto valor a la vida humana. Cada persona es formada y entretejida por Dios en el vientre de su madre (ver Salmos 139.13). La persona más anciana del mundo no ha disminuido ni un gramo de valor ante los ojos de Dios o los nuestros.

Vemos y tratamos a todas las personas del modo en que Dios las ve y las trata.

En el Evangelio de Lucas leemos sobre lo que sucedió una noche cuando Jesús estaba cenando en la casa de un destacado fariseo, un líder religioso judío:

> *Al notar cómo los invitados escogían los lugares de honor en la mesa, les contó esta parábola:*
> *—Cuando alguien te invite a una fiesta de bodas, no te sientes en el lugar de honor, no sea que haya algún invitado más distinguido que tú. Si es así, el que los invitó a los dos vendrá y te dirá: «Cédele tu asiento a este hombre». Entonces, avergonzado, tendrás que ocupar el último asiento. Más bien, cuando te inviten, siéntate en el último lugar, para que cuando venga el que te invitó, te diga: «Amigo, pasa más adelante a un lugar mejor». Así recibirás honor en presencia de todos los demás invitados. Todo el que a sí mismo se enaltece será humillado, y el que se humilla será enaltecido. (Lucas 14.7–11)*

Jesús en realidad les está hablando de manera justa. Él cree que este sistema de darles valor humano a las personas es totalmente incoherente con el diseño de Dios. Llega al meollo del asunto con sus siguientes palabras al destacado fariseo:

> *También dijo Jesús al que lo había invitado:*
> *—Cuando des una comida o una cena, no invites a tus amigos, ni a tus hermanos, ni a tus parientes, ni a tus vecinos ricos; no sea que ellos, a su vez, te inviten y así seas recompensado. Más bien, cuando des un banquete, invita a los pobres, a los inválidos, a los cojos y a los ciegos. Entonces serás dichoso, pues aunque ellos no tienen con qué recompensarte, serás recompensado en la resurrección de los justos. (Lucas 14.12–14)*

Dios mira nuestros corazones y comprueba nuestra lista de invitados. Cuando les asignamos igual valor a las personas quebrantadas, heridas y abandonadas de nuestra sociedad, Dios toma nota y promete recompensarnos por una conducta tan piadosa. La conducta verdadera fluye de un corazón que cree de manera genuina en el valor del ser humano.

Lo que hizo que la visión de Cristo para la iglesia resultara tan única fue el mezclado grupo de personas que se reunió alrededor de la mesa para tener compañerismo y comer en la reunión de la iglesia.

> *Todos ustedes son hijos de Dios mediante la fe en Cristo Jesús, porque todos los que han sido bautizados en Cristo se han revestido de Cristo. Ya no hay judío ni griego, esclavo ni libre, hombre ni mujer, sino que todos ustedes son uno solo en Cristo Jesús. Y si ustedes pertenecen a Cristo, son la descendencia de Abraham y herederos según la promesa. (Gálatas 3.26–29)*

Nos sentimos impulsados a hablarles a todas las personas sobre Jesús.

Al haber sido pastor durante los últimos años en las montañas de Texas, creo que es adecuado compartir la historia de «Choctaw» Bill Robinson, un predicador ordenado e itinerante de mitades del siglo dieciocho en el Estado de la Estrella Solitaria. Él comenzó al menos veinte congregaciones a lo largo de su ministerio. Sin embargo, el aspecto singular del ministerio de Robinson, y que le hizo ganarse su apodo, fue su fidelidad para predicarle el evangelio tanto al hombre blanco como al estadounidense nativo. Él no mostraba ningún favoritismo o discriminación hacia ninguno. Fue el responsable de convertir a Cristo a nuevos colonos, al igual que a pequeñas tribus de estadounidenses nativos. «Choctaw» Bill veía a toda la población del vasto territorio de Texas en necesidad del evangelio de Cristo.[20]

Podemos llegar a emocionarnos por hablarle a la gente acerca de un nuevo trabajo, un nuevo bebé, una nueva casa o un nuevo vehículo. Aunque todas esas son experiencias que valen la pena, como cristianos tenemos la noticia más importante de todos los tiempos en nuestros corazones. No es en absoluto mi intención llenar de culpabilidad o poner una carga sobre nadie, sino más bien intento animarnos a ver cómo podemos revolucionar las vidas de la gente a la vez que cumplimos nuestro propósito supremo como hijos de Dios.

El apóstol Pedro exhorta: «Más bien, honren en su corazón a Cristo como Señor. Estén siempre preparados para responder a todo el que les pida razón de la esperanza que hay en ustedes» (1 Pedro 3.15).

¿Cuándo deberíamos estar preparados? Siempre.

¿Qué deberíamos darles? Una respuesta.

¿Quién debería estar preparado para dar una respuesta? Todos.

¿Cuál es la razón de nuestra esperanza y nuestra respuesta? Cristo, que es Señor de todo.

Al compartir el evangelio con todas las personas, dondequiera que vayamos, tenemos la oportunidad de...

- cambiar el mundo cambiando los corazones de las personas
- cambiar legados familiares, al igual que generaciones
- llegar a ser personas más amorosas mientras aprendemos a valorar a todos

Si Dios hace su voluntad en nuestra mente y nuestro corazón mediante nuestra obediencia, podemos lograr esas cosas, pero requerirá de nosotros que nos acerquemos a las personas. Como Pablo escribe:

Ahora bien, ¿cómo invocarán a aquel en quien no han creído? ¿Y cómo creerán en aquel de quien no han oído? ¿Y cómo oirán

si no hay quien les predique? ¿Y quién predicará sin ser enviado?
Así está escrito: «¡Qué hermoso es recibir al mensajero que trae
buenas nuevas!». (Romanos 10.14–15)

En este momento seguro hay alguien en tu círculo de influencia que necesita escuchar tu historia de salvación y redención. Dios ha puesto a personas en tu vida y te bendecirá con el privilegio de verlas entrar en su reino. Imagina un día a una persona compartiendo su historia y que en un momento crucial dice: «Y entonces hubo alguien que se preocupó lo suficiente para compartir conmigo sobre Jesús. ¡Tal testimonio, amigos, es la vida abundante en su mejor momento!

¿Crees que Dios ama a todas las personas? ¿Ves a todas las personas del modo en que Dios las ve? ¿Crees que Dios ha puesto a disposición de todas las personas la salvación por medio de Cristo? Si es así, serás impulsado a mostrarles respeto a todas las personas y amarlas lo bastante como para hablarles de Jesús. Si nos negamos a mostrar respeto y amor, tú y yo deberemos enfrentarnos al duro hecho de que no vemos a las personas del modo en que Dios las ve. En cuanto a mí, sé que tengo que pensar más en la profundidad de mi creencia. ¿Y tú?

Compasión

Defiendan la causa del huérfano y del desvalido; al pobre
y al oprimido háganles justicia. Salven al menesteroso y al
necesitado; líbrenlos de la mano de los impíos.

SALMOS 82.3–4

«¿Acaso soy yo el que debe cuidar a mi hermano?». Todos conocemos
bien esta pregunta. Las palabras de Caín en Génesis 4.9 se han usado,
a veces mal, incontables veces. La enseñanza de Jesús, al igual que sus
actos durante su vida, respondieron esta pregunta para todos aquellos
que le siguen con un claro: «¡Sí!». Nosotros *debemos* cuidar a nuestro
hermano y nuestra hermana. En realidad, un espíritu de cuidado del uno
al otro inunda todo el Nuevo Testamento.

PREGUNTA CLAVE: **¿Cuál es mi responsabilidad hacia
otras personas?**

Si alguien responde a las dos primeras creencias de «Pensar como
Jesús», *Dios* y *Dios personal*, diciendo: «Yo no creo que haya un Dios,
y no creo en un dios personal», entonces el hedonismo, la filosofía que
afirma: «Comamos y bebamos, que mañana moriremos», realmente
cobra mucho sentido. Si alguien cree en verdad que esta vida es todo lo
que hay, ¿por qué querría preocuparse de alguien más? ¿Por qué desper-
diciar nuestro precioso tiempo intentando suplir las necesidades de otra
persona si esta vida es todo lo que hay? Según este sistema de creencias,
el egocentrismo no solo tiene sentido, sino es una manera de vivir bastante lógica.

Sin embargo, como seguidores de Jesús, ¿qué tal si adoptamos el
extremo contrario del espectro como nuestra fuerza impulsora en la

vida: ser como Cristo por causa de otros? ¿Y si el amor por la gente pasara de ser un hermoso coro que entonamos en la iglesia a convertirse en una declaración de misión que practicamos en la vida?

> Supongamos que un hermano o una hermana no tienen con qué vestirse y carecen del alimento diario, y uno de ustedes les dice: «Que les vaya bien; abríguense y coman hasta saciarse», pero no les da lo necesario para el cuerpo. ¿De qué servirá eso? (Santiago 2.15–16)

> Como escogidos de Dios, santos y amados, revístanse de afecto entrañable y de bondad, humildad, amabilidad y paciencia. (Colosenses 3.12)

> Vivan en armonía los unos con los otros; compartan penas y alegrías, practiquen el amor fraternal, sean compasivos y humildes. (1 Pedro 3.8)

¿Con quién tenemos que compartir penas y alegrías, practicar el amor fraternal, ser compasivos y humildes? Con todos los demás en el planeta: nuestro prójimo.

IDEA CLAVE: **Creo que Dios llama a todos los cristianos a mostrarles compasión a las personas necesitadas.**

Jesús deja claro que debemos seguirle por el camino de la compasión:

> Porque ni aun el Hijo del hombre vino para que le sirvan, sino para servir y para dar su vida en rescate por muchos. (Marcos 10.45)

> Nadie tiene amor más grande que el dar la vida por sus amigos. Ustedes son mis amigos si hacen lo que yo les mando. Ya no los llamo siervos, porque el siervo no está al tanto de lo que hace su amo; los he llamado amigos, porque todo lo que a mi

*Padre le oí decir se lo he dado a conocer a ustedes. No me
escogieron ustedes a mí, sino que yo los escogí a ustedes y los
comisioné para que vayan y den fruto, un fruto que perdure.
Así el Padre les dará todo lo que le pidan en mi nombre.* (Juan
15.13–16)

Jesús nos ha involucrado en los negocios de la familia: poner a otros
en primer lugar para suplir necesidades hoy, a la vez que cambiamos el
futuro para cualquiera que responda al mensaje de salvación. Aquellos
que son sus amigos estarán dispuestos a servir como él lo hizo. En el
reino de Dios, incluso ayudar a una persona con una necesidad temporal
tiene un propósito eterno.

En Mateo 25.34–40, Jesús les enseña a sus seguidores la prioridad
divina de servir a las personas. Vemos claramente el grado hasta el cual
Jesús le presta atención a los detalles de nuestras vidas, y también nos
llama a mostrar este mismo interés al servir a otros:

> *Entonces dirá el Rey a los que estén a su derecha: «Vengan
> ustedes, a quienes mi Padre ha bendecido; reciban su herencia, el
> reino preparado para ustedes desde la creación del mundo. Por-
> que tuve hambre, y ustedes me dieron de comer; tuve sed, y me
> dieron de beber; fui forastero, y me dieron alojamiento; necesité
> ropa, y me vistieron; estuve enfermo, y me atendieron; estuve en la
> cárcel, y me visitaron». Y le contestarán los justos: «Señor, ¿cuándo
> te vimos hambriento y te alimentamos, o sediento y te dimos de
> beber? ¿Cuándo te vimos como forastero y te dimos alojamiento,
> o necesitado de ropa y te vestimos? ¿Cuándo te vimos enfermo o
> en la cárcel y te visitamos?» El Rey les responderá: «Les aseguro
> que todo lo que hicieron por uno de mis hermanos, aun por el
> más pequeño, lo hicieron por mí».*[6]

Jesús dejó abundantemente clara nuestra misión de suplir las necesidades de los olvidados y los impopulares: «los más pequeños». Su
declaración de que servirlos a ellos significa servirle a él es a la vez contracultural y transformadora.

APLICACIÓN CLAVE: ¿Qué cambio produce esto en mi modo de vivir?

Si escogemos mostrarles compasión a las personas como Dios lo hace...

- cambiaremos nuestras prioridades y el modo de usar nuestro tiempo
- seremos liberados para dar, porque le confiamos a Dios nuestras necesidades
- las personas que han sido olvidadas por la sociedad recibirán cuidado y restauración
- alcanzaremos verdaderamente a nuestros barrios y nuestras ciudades
- el Espíritu de Cristo estará vivo y activo en nuestras vidas

La tan citada frase «a las personas no les importa lo mucho que sabes hasta que saben lo mucho que te importan» cobrará vida. Cuando las personas vean lo mucho que nos importan y nos pregunten qué sabemos, podemos responder diciendo: «No es *lo que* sabemos, sino *a quién* conocemos. Su nombre es Jesús, y a él le encantaría conocerte».

En 1952, el evangelista Everett Swanson fue a Corea del Sur para predicarles el evangelio a las tropas del ejército de la República de Corea. Durante su visita, se sintió profundamente conmovido por el número de niños huérfanos debido a la guerra. Habló de este asunto con un misionero, quien desafió al Rev. Swanson: «Usted ha visto las tremendas necesidades y las oportunidades inigualables de esta tierra. ¿Qué tiene intención de hacer al respecto?».

En efecto, este misionero estaba diciendo: «¿Usted va a sentir simplemente simpatía por estos niños, o va a expresar compasión?».

Swanson regresó a Estados Unidos y junto con su esposa, Miriam, y la ayuda del doctor Gus y Helen Hemwall, se lanzó un ministerio en beneficio de esos niños huérfanos. En sus reuniones de avivamiento, el Rev. Swanson comenzó a hablar sobre las necesidades de los niños coreanos. Los cristianos comenzaron a donar fondos para ayudar a suplir las necesidades de la vida diaria. En 1954 nació el programa de apadrinamiento que aún se ofrece en la actualidad, mediante el cual las personas podían hacer un donativo mensual para ayudar a proporcionar comida, techo, cuidado médico y enseñanza de la Biblia a una niña o niño en particular.

En 1963, Swanson se sentía incómodo de que su nombre fuera el foco de su creciente ministerio. Se sintió inspirado por las palabras de Jesús en Mateo 15.32: «Siento compasión de esta gente [...] No quiero despedirlos sin comer». Por lo tanto, el nombre del ministerio fue cambiado y ahora se conoce en todo el mundo como Compasión Internacional. Lo que comenzó como un desafío de un misionero a un evangelista que vio una necesidad, es hoy un ministerio vital que sirve a más de un millón de niños en más de veinticinco países.

Aunque la compasión es un sentimiento profundamente emotivo que cualquier ser humano puede experimentar, la creencia cristiana de la compasión está unida a la motivación de actuar de acuerdo a esos sentimientos. El filtro divino de ver a las personas como Dios las ve nos conducirá a percibir la necesidad y encontrar los recursos para suplirla. Por lo tanto, permite que te ofrezca una sencilla tarea: la próxima vez que sientas la compasión formándose en tu alma, deja que desencadene una acción en tus manos y pies a fin de que seas Jesús para «el más pequeño».

Mayordomía

Del Señor es la tierra y todo cuanto hay en ella, el mundo y cuantos lo habitan; porque él la afirmó sobre los mares, la estableció sobre los ríos.

SALMOS 24.1–2

De manera habitual, cuando hablamos de la palabra *mayordomía* en la iglesia, de inmediato la relacionamos con poner dinero en la canasta de la ofrenda, lo cual hace que nuestra mente vaya rápidamente a nuestras carteras y bolsos. Pensamos en entregar dinero, y tanto la definición como la connotación muy pronto se vuelven estrechas y negativas para muchos.

Aunque dar dinero a la iglesia, incluida la idea de diezmar (dar el diez por ciento), es sin duda un aspecto de la mayordomía, de ninguna manera capta todo el concepto. Para entender plenamente la creencia bíblica de la mayordomía tenemos que pensar mucho más grande y amplio.

PREGUNTA CLAVE: ¿Cuánto quiere Dios de mí?

Lo fundamental es que Dios quiere todo lo que tienes. La respuesta a esta pregunta clave es esta: el cien por ciento. Y a propósito, para el cristiano esto no es negociable.

Por lo tanto, ahora queremos saber: «¿Por qué querría Dios todo de mí? ¿Por qué quiere *todo* lo que tengo?».

La respuesta sencilla y obvia es que de cualquier manera todo ya le pertenece a él. Sin embargo, la respuesta más profunda y personal es porque esta representa la mejor oportunidad para nosotros, al igual que para aquellos que nos rodean.

¿Recuerdas al avaro de la sección «Pensar como Jesús» en la introducción? Su avaricia lo dañó a él, su relación con su amigo y su reputación.

Darle todo lo que tenemos a Dios no solo ofrece libertad para nuestra alma y bendice nuestra vida, sino también bendice a todos aquellos que encontramos en nuestros círculos de influencia.

El único pasaje de las Escrituras en el cual Dios nos invita a probarle es Malaquías 3.10–12:

> Traigan íntegro el diezmo para los fondos del templo, y así habrá alimento en mi casa. Pruébenme en esto —dice el SEÑOR Todopoderoso—, y vean si no abro las compuertas del cielo y derramo sobre ustedes bendición hasta que sobreabunde. Exterminaré a la langosta, para que no arruine sus cultivos y las vides en los campos no pierdan su fruto —dice el SEÑOR Todopoderoso—. Entonces todas las naciones los llamarán a ustedes dichosos, porque ustedes tendrán una nación encantadora —dice el SEÑOR Todopoderoso.

Este pasaje está lleno de un lenguaje personal de parte de Dios, ofreciendo poderosas promesas de bendición para aquellos que obedientemente le dan al Señor. Él nos muestra lo que es capaz de hacer en la vida de un mayordomo fiel.

Jesús enseñaba con frecuencia sobre esta dinámica espiritual, incluidas estas palabras en su sermón en la llanura tal como se registran en Lucas 6.38:

> Den, y se les dará: se les echará en el regazo una medida llena, apretada, sacudida y desbordante. Porque con la medida que midan a otros, se les medirá a ustedes.

Como podemos ver, Dios se muestra serio con respecto a este asunto, así que vamos a introducir nuestra idea clave.

IDEA CLAVE: Creo que todo lo que soy y todo lo que tengo le pertenece a Dios.

Si estamos de acuerdo en que el cien por ciento de todo lo que poseemos proviene de Dios, una actitud de resentimiento hacia él por compartir todo lo que nos da afectará al tacaño. El apóstol Pablo escribe en 2 Corintios 9.6–8:

Recuerden esto: El que siembra escasamente, escasamente cosechará, y el que siembra en abundancia, en abundancia cosechará. Cada uno debe dar según lo que haya decidido en su corazón, no de mala gana ni por obligación, porque Dios ama al que da con alegría. Y Dios puede hacer que toda gracia abunde para ustedes, de manera que siempre, en toda circunstancia, tengan todo lo necesario, y toda buena obra abunde en ustedes.

Hay dos puntos importantes acerca de este pasaje con respecto a la mayordomía. Primero, la enseñanza de Pablo va en paralelo con el reto de Dios en Malaquías. Siembra escasamente, y cosecharás escasamente. Siembra generosamente, y cosecharás generosamente. Si das con generosidad, Dios puede bendecirte en abundancia. En segundo lugar, la decisión de lo que debiéramos dar se toma en el corazón: el catalizador de nuestras acciones.

En su sermón registrado por Mateo, Jesús dijo: «Porque donde esté tu tesoro, allí estará también tu corazón» (Mateo 6.21). Es interesante que lo contrario de esta escritura sea también cierto: donde esté tu corazón, allí también estará tu tesoro.

Ampliemos ahora para considerar la verdadera definición y el cuadro completo de la mayordomía.

La idea bíblica es que mediante una relación con Dios pasemos del título de propietario hasta la posición de administrador. Un mayordomo es simplemente un administrador. Le entregamos a Dios la propiedad de todas las cosas en nuestra vida, tanto externas como internas, y entonces pasamos a administrar todo lo que él nos da. Esto implica no solo lo físico —como dinero, casas, autos y recursos— sino también nuestros dones, talentos, personalidad e intelecto. Yo soy todo de él; tú eres todo de él. Todo lo que somos y todo lo que poseemos le pertenecen a Dios. Ahora él decide lo que recibimos, lo que hacemos con lo que tenemos y lo que damos.

Una de las crecientes tendencias en los negocios a lo largo de los últimos veinte años incluye el siguiente escenario: una empresa observa a una compañía más pequeña que tiene un negocio parecido y decide que esa compañía más pequeña podría beneficiar a la empresa más grande. Esa empresa se acerca al dueño de la compañía y le dice: «Queremos comprar su negocio, hacernos cargo de su deuda, ofrecerle nuestros recursos, y contratarlo a usted y su plantilla de personal para que la dirijan por nosotros, pero ahora nos pertenecerán». Para el dueño del negocio más pequeño la idea de deshacerse de la constante presión de tener que lidiar con las finanzas y pasársela a otro, concentrándose mejor en el trabajo que tiene delante, resulta atractiva. Este método de crecimiento para las empresas más grandes se ha vuelto común. Obviamente, hay multitud de desafíos para hacer funcionar estas aventuras empresariales, pero muchas tienen bastante éxito, y cuando es así, todas las partes ganan.

Este es exactamente un ejemplo del concepto de la mayordomía en la época actual. Tú «posees» tu propia vida, pero tu «negocio» es bastante disfuncional y está profundamente sumido en deudas. Cristo se acerca a ti y te dice: «Te ofrezco rescatarte; redimir tu vida; pagar toda tu deuda, la cual tú nunca podrías pagar. Te daré todos mis recursos, y tú entonces puedes administrar lo que yo te dé». En esta transacción, ¿qué «le debes» a él a cambio? Como mayordomos, entregamos nuestras vidas y nuestros recursos para el bien de otros y la gloria de Dios. Lo amamos a él y amamos a nuestro prójimo con todo lo que somos y todo lo que tenemos.

APLICACIÓN CLAVE: ¿Qué cambio produce esto en mi modo de vivir?

Pasamos de dueños a administradores.

Mi pregunta central ahora es: «¿Qué quiere Dios que yo haga con todos los recursos que ha puesto a mi cuidado?».

Enfocamos cada día como un sacrificio vivo a Dios.

Romanos 12.1 nos proporciona una respuesta explícita a esta pregunta de lo que Dios quiere que hagamos con lo que nos ha dado:

> *Por lo tanto, hermanos, tomando en cuenta la misericordia de Dios, les ruego que cada uno de ustedes, en adoración espiritual, ofrezca su cuerpo como sacrificio vivo, santo y agradable a Dios.*

A primera vista, este versículo puede resultar un poco confuso. Después de todo, ¿no es un oxímoron la expresión «sacrificio vivo»? Un sacrificio es una cosa viva que *se mata* como sustitución de otra. Cuando se hace un sacrificio, ¿cómo puede este seguir viviendo?

He aquí cómo: la única manera es que el sacrificio realmente viva sobre el altar las veinticuatro horas del día, permaneciendo vivo y a la vez siempre listo para morir. Siempre presente en el estado de ofrenda, pero continuando viviendo y sirviendo como el sacrificio. Por lo tanto, pongámonos a nosotros mismos sobre el altar del Señor y vivamos allí «tomando en cuenta la misericordia de Dios». El sacrificio de Cristo por nosotros es lo único que hace esto posible. Como dijimos antes, nos apartamos del trono de nuestras vidas, que le pertenece a Dios, y vivimos sobre el altar, que nos pertenece a nosotros. Y al seguir siendo un sacrificio vivo, seremos los mayordomos adecuados de todo lo que Dios nos da.

Si creyésemos verdaderamente que todo lo que somos y todo lo que tenemos le pertenece a Dios, podríamos producir el mismo impacto en nuestra época con nuestra vida que el que produjo la iglesia en su época. Al borrarse las líneas divisorias y derribarse los muros por tal tipo de sacrificio, seremos libres para compartir y dar, y ver cambios dramáticos en nuestro mundo y las vidas de aquellos a quienes servimos.

Las preguntas finales son las siguientes: «¿Le he entregado mi vida a Dios y he aceptado ser mayordomo de todo lo que me ha dado? ¿Soy de él ciento por ciento?».

Eternidad

«No se angustien. Confíen en Dios, y confíen también en mí. En el hogar de mi Padre hay muchas viviendas; si no fuera así, ya se lo habría dicho a ustedes. Voy a prepararles un lugar».

JUAN 14.1–2

A la luz del perdón que Cristo nos ha ofrecido y su provisión de todos sus recursos y cualidades para nosotros en el presente, ¿qué deberíamos creer entonces acerca de los días que vendrán?

PREGUNTA CLAVE: ¿Qué va a suceder en el futuro?

Blaise Pascal fue inventor, matemático, físico y escritor teológico en la década de 1600. A mitad de la década, escribió *Pénsees*. Contenido en este escrito, que irónicamente no fue publicado de manera formal hasta después de su muerte, se hallaba un argumento apologético que llegó a ser conocido como «La apuesta de Pascal». La base de este pensamiento tenía que ver con una apuesta humana con respecto a la eternidad.

«Dios es o no es». Sin embargo, ¿de qué lado deberíamos inclinarnos? La razón no puede decidir nada aquí. Existe un caos infinito, el cual nos ha separado. Se está jugando un juego en el extremo de esta infinita distancia en el que aparecerá la cara o la cruz [...] ¿Cuál escogeremos entonces? Veamos. Ya que debemos escoger, veamos qué nos interesa menos. Tenemos dos cosas que perder, lo verdadero y lo bueno; y dos cosas en juego, la razón y la voluntad, el conocimiento y la felicidad; y nuestra naturaleza tiene dos cosas que evitar, el terror y la desgracia. La razón no está más impactada por escoger una en lugar de la otra, ya que por necesidad hay que escoger [...] No obstante, ¿qué tal la felicidad? Sopesemos la ganancia y la pérdida al apostar a que Dios es [...] Si ganamos, lo ganamos todo; si perdemos, no perdemos nada. Apostemos, entonces, sin duda alguna a que él es.[21]

Cuando ciencia y teología colisionaron en su corazón, Pascal llegó a la conclusión de que la creencia en un Dios que afirma haber proporcionado vida por la eternidad constituye una existencia potencialmente más feliz que no creer en él. Las consecuencias de *no* creer superan por mucho a las de creer. Él también afirma que cada persona viviente debe hacer esta apuesta, la cual afectará al modo en que vive y lo que decida.

El cristiano está al otro lado de este dilema del alma, queriendo ahora edificar el reino de Dios para el tiempo pasado en la eternidad, al igual que preparar a otros para el regreso de Cristo.

IDEA CLAVE: **Creo que hay un cielo y un infierno, y que Jesús regresará para juzgar a todas las personas y establecer su reino eterno.**

La creencia central acerca de nuestro futuro y la eternidad consiste en que cuando morimos nuestro cuerpo regresa a la tierra, pero nuestro espíritu sigue viviendo. Esos espíritus van a uno de dos lugares: el cielo o el infierno.

Aunque soy pastor, sinceramente no me gusta la parte acerca del infierno. Nunca me ha gustado, y nunca me gustará. Mi tarea, e incluso el modo en que otros nos perciben como pastores, sería más fácil si este no fuera una parte del mensaje del evangelio. Sin embargo, como mismo hablamos antes acerca de la Biblia, tenemos que tomar la verdad de Dios como una obra total y aceptar incluso las áreas que no nos gustan o que desearíamos que no estuvieran ahí. Desde luego, quienes han recibido la oferta de salvación de Cristo por gracia ya no necesitan preocuparse por este asunto, porque él ha quitado este temor de nuestro futuro.

Permite que haga hincapié en un punto importante aquí: cuando morimos y pasamos a la eternidad, ese momento no es el final, como muchos tienden a creer. Jesucristo va a regresar a la tierra, y su prime-ra tarea será juzgar a la humanidad. Cuando Jesús regrese, enderezará todas las cosas y todo estará bajo la autoridad de su justicia. Él lanzará a Satanás y sus seguidores, junto con el pecado y la muerte, al lago de fuego. Los seguidores de Cristo recibirán entonces un cuerpo imperece-dero y resucitado, como el que Cristo tiene ahora. Jesús y su pueblo en ese momento residirán en una nueva tierra rodeada por un nuevo cielo. Para el cristiano, este es el futuro. Cuando decimos: «Lo mejor está aún por llegar»... ¡podemos afirmarlo con confianza!

En ese gran día, Dios mismo vivirá entre nosotros, y el jardín original de tres se ampliará hasta una gran ciudad de millones.

> *El Señor reina, revestido de esplendor;*
> *el Señor se ha revestido de grandeza*
> *y ha desplegado su poder.*
> *Ha establecido el mundo con firmeza;*
> *jamás será removido.*
> *Desde el principio se estableció tu trono,*
> *y tú desde siempre has existido. (Salmos 93.1–2)*

> *Luego miré, y oí la voz de muchos ángeles que estaban alrede-dor del trono, de los seres vivientes y de los ancianos. El número de ellos era millares de millares y millones de millones. Cantaban con todas sus fuerzas:*

> *«¡Digno es el Cordero, que ha sido sacrificado,*
> *de recibir el poder,*
> *la riqueza y la sabiduría,*
> *la fortaleza y la honra,*
> *la gloria y la alabanza!».*

> *Y oí a cuanta criatura hay en el cielo, y en la tierra, y debajo de la tierra y en el mar, a todos en la creación, que cantaban:*

> *«¡Al que está sentado en el trono y al Cordero,*
> *sean la alabanza y la honra, la gloria y el poder,*
> *por los siglos de los siglos!» (Apocalipsis 5.11–13)*

APLICACIÓN CLAVE: ¿Qué cambio produce esto en mi modo de vivir?

Si verdaderamente creemos que Dios ha preparado un hogar eterno para nosotros, una casa con muchas habitaciones, tal como Jesús explicó en Juan 14, podemos...

- vivir con esperanza cada día, a pesar de las circunstancias que nos rodean; la vida puede que mejore o no aquí, pero podemos saber que el hogar de Dios nos espera
- amar a las personas con libertad y valentía, porque nuestro futuro está asegurado en él
- guiar a más personas a una relación con Cristo, porque queremos compartir esta gran esperanza con los demás

Te pido que luego de orar dediques un momento a hacer un inventario de tus relaciones. ¿Cuántas personas no cristianas se encuentran actualmente en tu círculo de influencia? Y de esas personas no cristianas que forman parte de tu círculo, ¿con cuántas estás compartiendo el amor de Dios de manera activa? En las líneas siguientes, escribe sus nombres. Si necesitas más espacio, escribe en los márgenes.

_____

_____

_____

_____

_____

_____

_____

_____

_____

_____

_____

_____

_____

_____

_____

Es importante aclarar aquí que incluso si no puedes escribir ningún nombre, este ejercicio no tiene la intención de crear ninguna condenación o culpabilidad. No obstante, la ausencia de un nombre debería producir convicción en la vida de un seguidor de Cristo. Si no has escrito ninguno, o quizá solamente uno, la motivación aquí es llegar a tener más hambre y el impulso de ver a otros acudir a la fe en Cristo. No hay condenación por lo que *no* ha sucedido, sino una convicción que lleva a la obediencia para ver lo que *puede* suceder. Si no tienes nombres, no te lamentes y desperdicies más tiempo; sencillamente levántate y cumple tu misión.

Sin embargo, si escribiste varios nombres, aliéntate con el hecho de que Dios está obrando por ti para utilizar cada una de tus palabras y acciones a fin de llevar a esas personas a él. Sigue orando, recibe inspiración y nunca te rindas. Imagina algún día a cada persona dando un testimonio sobre cómo la condujiste a su libertad en la eternidad. También debes saber que eres sencillamente una parte del proceso de salvación en esas vidas, y Dios sin duda te usará a medida que te sometas a él y le sirvas.

Pablo le describió bien a la iglesia en Corinto su método en colaboración al trabajar con Apolos para alcanzar a las personas, mientras que la obra de la salvación le corresponde a Dios, el Labrador.

> *Después de todo, ¿qué es Apolos? ¿Y qué es Pablo? Nada más que servidores por medio de los cuales ustedes llegaron a creer, según lo que el Señor le asignó a cada uno. Yo sembré, Apolos regó, pero Dios ha dado el crecimiento. Así que no cuenta ni el que siembra ni el que riega, sino sólo Dios, quien es el que hace crecer. (1 Corintios 3.5–7)*

Permitamos que Judas, el hermano de Jesús, diga las últimas palabras mientras esperamos el regreso de Cristo:

> *Ustedes, en cambio, queridos hermanos, manténganse en el amor de Dios, edificándose sobre la base de su santísima fe y orando en el Espíritu Santo, mientras esperan que nuestro Señor Jesucristo, en su misericordia, les conceda vida eterna. (Judas 20–21)*

PARTE 2

Actuar como Jesús
¿Qué debería hacer?

¿No saben que en una carrera todos los corredores compiten, pero sólo uno obtiene el premio?
Corran, pues, de tal modo que lo obtengan. Todos
los deportistas se entrenan con mucha disciplina.
Ellos lo hacen para obtener un premio que se echa
a perder; nosotros, en cambio, por uno que dura
para siempre. Así que yo no corro como quien no
tiene meta; no lucho como quien da golpes al aire.
Más bien, golpeo mi cuerpo y lo domino, no sea
que, después de haber predicado a otros, yo mismo quede descalificado.

1 CORINTIOS 9.24–27

Las creencias clave cubiertas en la última sección definen el
resultado de quiénes llegaremos a ser; sin embargo, hay una
diferencia entre creer que algo es la respuesta correcta y creer
que algo es un modo de vida. La primera opción reside solamente en la mente; la última acampa en la mente y el corazón.
El crecimiento comienza al entender las creencias espirituales en nuestra mente, pero no puede detenerse ahí. Debemos
aceptar esos axiomas y verdades en nuestro corazón. Cuando
esas creencias residan en nuestro corazón, ayudarán a formar

quiénes lleguemos a ser. ¿Por qué? Porque vivimos a partir de nuestro corazón.

Por lo tanto, ¿cómo transportamos las creencias bíblicas esos treinta centímetros desde la cabeza hasta el corazón, desde el pensamiento hasta las acciones? El medio principal es llevando a cabo las *prácticas bíblicas*. En el epígrafe al comienzo de la página 95, Pablo considera esas prácticas disciplinas espirituales. Cuando un creyente participa en ellas de modo rutinario y regular, la transformación se produce día a día. Se forman los músculos espirituales. Se expanden los pulmones espirituales. El corazón espiritual bombea con más fuerza.

No podemos producir una transformación interior por nosotros mismos. La presencia viva del Espíritu en nuestro espíritu (corazón, voluntad) nos capacita a medida que nos rendimos a su influencia y su enseñanza en nuestras vidas. Debido a que él reside en nuestro espíritu, sobrepasa todas las capas complejas donde se esconden las excusas y la racionalización, y le habla directamente a nuestro corazón. Como vemos en la ilustración anterior, la presencia de Dios nos mueve a la acción. Las creencias correctas en la mente se convierten en expresiones externas provenientes del corazón.

Jesús usó la analogía de una vid en Juan 15 para explicar este proceso interior de transformación. Cuando aceptamos y recibimos a Cristo en nuestra vida, somos reconciliados con Dios. Jesús dijo que nuestras «ramas» (nuestras propias vidas) son injertadas en la vid de Cristo. Cuando obedecemos los mandamientos de Jesús (practicamos la vida cristiana), los abundantes nutrientes de la raíz de Cristo son transferidos a nuestras ramas. Finalmente, al final de esas ramas aparecen uvas grandes y sabrosas: el fruto del Espíritu.

Una vez que le des vuelta a la página irás conociendo las diez principales prácticas de la vida cristiana. Conjuntamente responden a la pregunta: «¿Qué debería hacer?». Cada capítulo hablará de tres áreas:

1. **PREGUNTA CLAVE:** ¿qué pregunta de la vida responde esta práctica?
2. **IDEA CLAVE:** ¿cuáles son los puntos esenciales de participar en esta práctica espiritual?
3. **APLICACIÓN CLAVE:** ¿qué cambio produce esto en mi modo de vivir?

El ejercicio espiritual puede ser tan desafiante como el ejercicio físico, pero el resultado es innegablemente beneficioso. El entrenador de ejercicios espirituales, Pablo, ofreció estas palabras inspiradoras para alentar al joven Timoteo:

> Aunque el ejercicio físico trae algún provecho, la piedad es útil para todo, ya que incluye una promesa no sólo para la vida presente sino también para la venidera. Este mensaje es digno de crédito y merece ser aceptado por todos. (1 Timoteo 4.8–9)

A medida que aprendas sobre estas disciplinas espirituales que dan vida, acéptalas en tu corazón y haz que tu meta sea ponerte tus tenis espirituales y probarlas.

Adoración

Vengan, cantemos con júbilo al Señor;
aclamemos a la roca de nuestra salvación.
Lleguemos ante él con acción de gracias,
aclamémoslo con cánticos.

SALMOS 95.1–2

Nuestra sencilla definición para la práctica de la adoración es «atribuirle valía a alguien o algo».

La adoración no es un suceso terrenal al que asistimos, sino más bien una actividad celestial en la cual participamos. Como cristianos, en nuestra adoración personal y colectiva del único Dios verdadero, le atribuimos o damos valía a él y solo a él. Independientemente de cuál sea el método de alabanza —cantos, declaraciones o cualquier expresión física— estamos a la vez creyendo lo que expresamos de él y comunicándoselo a él: «Dios, tú eres digno». Con esto declaramos que él es digno, y que todo y todos los demás no lo son.

PREGUNTA CLAVE: ¿Cómo honro a Dios del modo que él se merece?

Cuando adoramos a Dios por quién es, estamos simultáneamente expresando estas convicciones:

1. Creemos en la Trinidad y declaramos que él es el único Dios verdadero. (CREENCIA: Dios)
2. Creemos que Dios se involucra en nuestra vida cotidiana y se interesa por ella. (CREENCIA: Dios personal)

3. Creemos que Dios ha proporcionado un camino para que estemos a cuentas con él por su gracia. (CREENCIA: Salvación)
4. Estamos de acuerdo en que la Palabra de Dios ordena nuestras creencias y conductas. (CREENCIA: La Biblia)
5. Creemos que somos importantes debido a la posición y la dignidad que Dios nos ha dado. (CREENCIA: Identidad en Cristo)
6. Reconocemos a Dios como la cabeza de la iglesia. (CREENCIA: Iglesia)
7. Creemos que nuestro Dios ama a todas las personas. (CREENCIA: Humanidad)
8. Deseamos mostrarles compasión a los necesitados debido a quién es Dios. (CREENCIA: Compasión)
9. Creemos que Dios es el dueño de todas las cosas, incluidos nosotros. (CREENCIA: Mayordomía)
10. Creemos que Dios ha proporcionado un camino para que vivamos con él para siempre. (Creencia: Eternidad)

Como puedes ver claramente mediante estas conexiones, hay una profunda relación entre las creencias clave y la práctica de la adoración. La adoración es la primera disciplina espiritual de un seguidor de Cristo que ayuda a las creencias clave a pasar de nuestra cabeza a nuestro corazón.

IDEA CLAVE: Adoro a Dios por quién es él y lo que ha hecho por mí.

En el encuentro de Jesús con una mujer de Samaria cuando ella fue a sacar agua de un pozo, la conversación se dirigió al tema de la adoración:

Señor, me doy cuenta de que tú eres profeta. Nuestros ante-pasados adoraron en este monte, pero ustedes los judíos dicen que el lugar donde debemos adorar está en Jerusalén.

—Créeme, mujer, que se acerca la hora en que ni en este monte ni en Jerusalén adorarán ustedes al Padre. Ahora ustedes adoran lo que no conocen; nosotros adoramos lo que conoce-mos, porque la salvación proviene de los judíos. Pero se acerca la hora, y ha llegado ya, en que los verdaderos adoradores rendirán

culto al Padre en espíritu y en verdad, porque así quiere el Padre que sean los que le adoren. Dios es espíritu, y quienes lo adoran deben hacerlo en espíritu y en verdad. (Juan 4.19–24)

Jesús está declarando que la verdadera adoración no se trata de estar en un lugar geográfico concreto, sino más bien de tener un anhelo espiritual íntimo. Dios busca adoradores que, mediante el poder de su Espíritu, le atribuyan dignidad en cualquier ubicación y por las razones correctas, porque él es verdadero.

Los salmos se refieren con frecuencia a nuestra adoración de Dios por quién es él y lo que ha hecho:

> *Tributen al SEÑOR la gloria que merece su nombre;*
> *póstrense ante el SEÑOR en su santuario majestuoso.*
> (Salmos 29.2)

> *Vengan, postrémonos reverentes,*
> *doblemos la rodilla*
> *ante el SEÑOR nuestro Hacedor.*
> *Porque él es nuestro Dios*
> *y nosotros somos el pueblo de su prado;*
> *¡somos un rebaño bajo su cuidado!* (Salmos 95.6–7)

> *Por mi parte, daré muchas gracias al SEÑOR;*
> *lo alabaré entre una gran muchedumbre.* (Salmos 109.30)

Mientras que la adoración es un asunto profundamente personal, la práctica es una actividad continuada de la iglesia. Si alguna vez has estado entre un grupo de santos entregados que levantan juntos un canto, ¡sabes cuán poderosamente pueden unirse y trabajar juntos los corazones individuales para crear una catedral en cualquier lugar!

APLICACIÓN CLAVE: ¿Qué cambio produce esto en mi modo de vivir?

- Reconocemos diariamente a Dios por quién es y lo que ha hecho por nosotros.

- Adoramos a Dios, en privado y colectivamente, con los cantos que entonamos, las palabras que decimos y el modo en que vivimos nuestra vida.
- Cuando le atribuimos valía a Dios como hijos de Dios, una valía inmerecida nos es atribuida.

Desde la caída de la humanidad en el jardín del Edén, nuestra mayor lucha es querer ser nuestro propio dios. Aunque la mayoría de nosotros no desearía tener la responsabilidad y la carga de ser el jefe del mundo entero, *sí* deseamos ser el dios de nuestra propia vida: hacer lo que queramos, cuando queramos, donde queramos y con quien queramos.

Por lo tanto, cuando participamos en la práctica de la adoración, nos bajamos *del trono* de Dios, a donde no pertenecemos, y nos subimos *al altar* de Dios, a donde sí pertenecemos. El intercambio bastante sorprendente cuando le entregamos el control y le atribuimos valía a Dios es que él, a cambio, nos atribuye su valía a nosotros como sus hijos. La adoración expresa la relación que tenemos con Dios; y mientras más fuerte sea la relación y más profunda la intimidad, mayor será la adoración. Esto entonces produce un amor más profundo por Dios.

No sé tú, pero yo prefiero descansar en el hecho de que soy un hijo de Dios que agotarme tratando de ser dios. Prefiero recibir la *bendición* que él quiere para mí en lugar de llevar la *carga* que nunca quiso que yo llevara.

Para ilustrar y entender mejor esta conexión de la adoración en el corazón del creyente, veamos un pasaje que implica a David cuando era rey sobre Israel.

En 2 Samuel 6 leemos la historia de la visita de David a la casa de Obed-edom para llevarse el arca, la cual él y sus hombres hacen regresar exitosamente a Jerusalén mediante el adecuado transporte y sacrificio, esta vez obedeciendo las instrucciones del Señor al detalle.

Cuando David entra en la ciudad en presencia de todo el pueblo, está lleno de gratitud hacia Dios por permitirle tener el arca en su lugar legítimo. Él procede a despojarse de sus ropas reales hasta quedarse con un efod de lino, una ropa interior que generalmente llevaban los hombres que ayudaban a los sacerdotes en los ejercicios religiosos. Incluso por medio de la ropa que escogió, David se estaba humillando delante de Dios, a la vez que le expresaba una gran alabanza mediante sus acciones externas. El autor de 2 Samuel escribe:

> *Vestido tan sólo con un efod de lino, se puso a bailar ante el* Señor *con gran entusiasmo. Así que entre vítores y al son de cuernos de carnero, David y todo el pueblo de Israel llevaban el arca del* Señor.
>
> *Sucedió que, al entrar el arca del* Señor *a la Ciudad de David, Mical hija de Saúl se asomó a la ventana; y cuando vio que el rey David estaba saltando y bailando delante del* Señor, *sintió por él un profundo desprecio. El arca del* Señor *fue llevada a la tienda de campaña que David le había preparado. La instalaron en su sitio, y David ofreció holocaustos y sacrificios de comunión en presencia del* Señor. *(2 Samuel 6.14–17)*

El profundo respeto, reverencia, gozo, gratitud y alivio de David por las bendiciones de Dios lo sobrecogieron hasta el punto de que no le importó nadie ni nada, excepto adorar a Dios en el Espíritu y en verdad.

Mical, la hija de Saúl, se avergonzó de las acciones de David y le importó más que otros se ofendieran que la autoridad de Dios. Mientras David rebosaba de un abandono al Señor, Mical demostró el orgullo de la vida.

¿Pudo Mical haber mirado por la ventana, haber visto el arca, y haberse emocionado tanto por la presencia de Dios que regresaba que se apresurara a bajar y unirse a la celebración con David? Sin duda que sí. Vemos cómo Miriam respondió en adoración junto con Moisés al otro lado del mar dividido; Mical también tuvo elección en su respuesta.

Ahora bien, el punto aquí no es sobre qué vestir o si saltamos y danzamos o no. ¡La esencia de este pasaje se relaciona con el corazón de la persona! Tanto David como Mical vieron el arca, el símbolo de la presencia de Dios, entrar en Jerusalén. Ambos respondieron según lo que había en sus almas. Esa es la verdadera práctica de la adoración: nuestros corazones rendidos y después sometidos a Dios, atribuyéndole todo lo que somos y todo lo que tenemos.

Con muchas líneas denominacionales trazadas hoy en día en cuanto a expresiones de adoración, con frecuencia nos enfocamos demasiado, y a veces incluso criticamos, lo mucho o lo poco que alguien muestra externamente su alabanza. Primero debemos entender que la adoración se trata del mucho amor y la devoción que existan en nuestra mente y nuestro corazón para Dios. Alguien en callada meditación puede adorar tan profundamente a Dios como alguien cuyas manos estén levantadas y su voz cantando, y viceversa.

La adoración verdadera es sencillamente un reflejo del corazón del creyente. Para concluir, considera estas preguntas:

- ¿A quién o a qué le atribuyes *la mayor* dignidad en tu propia vida?
- ¿Está la ubicación de tu adoración limitada a un lugar geográfico o tu adoración se muestra libremente, en el poder de su Espíritu y de acuerdo a la verdad, en cualquier lugar?
- ¿Te identificas más con David o con Mical?

Cuando estamos en la presencia de un Dios santo, como David lo hizo y como Jesús invitó a hacerlo a la mujer en el pozo, nuestros corazones serán rápidos para darle a él la autoridad y el honor que se merece. La creciente práctica de la adoración creará entonces un hambre general por una mayor profundidad en todas las otras prácticas.

Oración

Si en mi corazón hubiera yo abrigado maldad,
     el SEÑOR no me habría escuchado;
pero Dios sí me ha escuchado,
     ha atendido a la voz de mi plegaria.
¡Bendito sea Dios,
     que no rechazó mi plegaria
     ni me negó su amor!

SALMOS 66.18–20

El salmista declara con términos nada inciertos esta verdad: la oración funciona. Cualquier cosa que él le hubiera pedido a Dios, recibió una respuesta del Señor, y quería que todo el mundo lo supiera. Como un cliente satisfecho que elogia un producto que le gusta, él le anuncia al mundo que la oración produce resultados reales.

Cuando participamos en la acción y la disciplina de la oración para conocer mejor al Señor, comunicamos, y también reforzamos, nuestra creencia en *Dios*. Para la mayoría de nosotros, estamos expresando la realidad de que él no es necesariamente el Dios que deseamos que sea, y en realidad nos preferiríamos a nosotros mismos tal como nuestra naturaleza de pecado nos conduce a hacer, pero hemos llegado a saber que él es el Dios que verdaderamente necesitamos. Ya se trate de las oraciones de emergencia ocasionales de alguien o el divino diálogo diario del creyente, siempre hay un elemento distintivo de sumisión en toda oración sincera, por medio de la cual admitimos que tenemos una necesidad que posiblemente no podemos suplir por nosotros mismos.

Cuando le entregamos nuestros afanes a Dios, depositamos nuestras cargas delante de él, y compartimos nuestro corazón con él, reforzamos y expresamos la verdad de que es un *Dios personal*. Oramos, creyendo y confiando en que él se involucra y se interesa por nuestra vida cotidiana.

Cuando le pedimos a Dios que nos dé dirección para la vida, estamos reforzando y expresando la creencia de la *mayordomía*. Como Dios es el dueño de todo en nuestras vidas, acudimos a él para dar el siguiente paso en cada aspecto de la vida.

Una vez más, las prácticas de Jesús se conectan con las creencias de Jesús. En esta práctica, Cristo nos llama a orar como él lo hacía.

PREGUNTA CLAVE: ¿Cómo crezco al comunicarme con Dios?

Para aprender a actuar como Jesús en esta área de la oración, debemos mirar en los Evangelios las veces en que él oró. Comencemos con la prioridad que le daba a la oración. Marcos registra esto en el primer capítulo de su Evangelio: «Muy de madrugada, cuando todavía estaba oscuro, Jesús se levantó, salió de la casa y se fue a un lugar solitario, donde se puso a orar» (Marcos 1.35).

Aunque este es un versículo claro y sencillo, ¿qué podemos aprender de él?

La oración era una prioridad para Jesús. En este versículo vemos que se alejó de todos para estar a solas. Ninguna distracción; ninguna otra voz; nadie excepto el Padre y él.

Y entonces oró, compartiendo su corazón con Dios y escuchándole. No sabemos cuánto tiempo estuvo allí o lo que habló con su Padre, pero apartó un tiempo dedicado a la comunicación con el Padre antes de comenzar el día.

Es importante no considerar estos momentos enfocados en la oración como nuestro «tiempo con Dios» y después hacer que el resto del día se trate de nosotros. Más bien, el tiempo enfocado en Dios prepara el tono para nuestro día, comenzando un diálogo continuado que seguirá durante los altibajos de la vida cotidiana.

¡Si Jesús necesitaba pasar tiempo a solas con el Padre, hablando con él y escuchándole, cuánto más deberíamos nosotros priorizar esta práctica!

IDEA CLAVE: ## Oro a Dios para conocerlo, encontrar dirección para mi vida y exponer mis peticiones delante de él.

Todo el capítulo 17 del Evangelio de Juan contiene una de las oraciones de Jesús. Un aspecto notable de este diálogo es que Jesús ora por todos los que creerán en él. Aparta un tiempo pronto para leer este capítulo, de modo que puedas recibir una enseñanza sobre cómo orar y ser alentado por lo que Jesús le pide al Padre para nosotros.

En el Evangelio de Mateo, Jesús les advierte a sus seguidores contra «orar como los hipócritas», que solo practican la oración como una muestra externa de religiosidad para obtener la aprobación humana (Mateo 6.5). Él habla claro sobre la oración al comenzar con sencillas palabras de enseñanza:

> *«Ustedes deben orar así:*
>
> *"Padre nuestro que estás en el cielo,*
> *santificado sea tu nombre,*
> *venga tu reino,*
> *hágase tu voluntad*
> *en la tierra como en el cielo.*
> *Danos hoy nuestro pan cotidiano.*
> *Perdónanos nuestras deudas,*
> *como también nosotros hemos perdonado a nuestros*
> *deudores.*
> *Y no nos dejes caer en tentación,*
> *sino líbranos del maligno"»* (Mateo 6.9–13)

La oración de Jesús fue concisa y a la vez detallada. Oró para que cuerpo y alma fueran cuidados. Estableció un ejemplo de cómo pedir perdón y protección. Expresó alabanza al Padre y sumisión a él. Las palabras floridas y religiosas no son necesarias ni requeridas, tan solo se trata de peticiones sinceras y francas compartidas.

En Mateo, Marcos y Lucas escuchamos detrás de la puerta del cielo y oímos a Jesús llevándole su mayor carga a Dios: la realidad de la cruz. Una vez más, lo vemos apartándose a solas, hablando con sinceridad y a la vez sometiéndose totalmente. Y vemos a Dios responder, no de la forma en que Jesús podría querer, sino de tal modo que llegara la provisión. Este agonizante pasaje nos proporciona mucho que aprender con respecto a la oración:

> *Entonces se separó de ellos a una buena distancia, se arrodilló y empezó a orar: «Padre, si quieres, no me hagas beber este trago amargo; pero no se cumpla mi voluntad, sino la tuya». Entonces se le apareció un ángel del cielo para fortalecerlo.* (Lucas 22.41–43)

Podemos ser alentados mediante este intercambio con el hecho de que aunque Dios no siempre nos librará *en medio* de nuestras circunstancias, nos dará lo que necesitemos a fin de lograr lo que nos pide que hagamos.

APLICACIÓN CLAVE: ¿Qué cambio produce esto en mi modo de vivir?

- Oramos para poner en consonancia nuestra vida con la voluntad y la historia de Dios.
- Oramos para dejar nuestras cargas delante de Dios y encontrar paz.
- Oramos para evitar tomar ninguna decisión importante sin buscar a Dios.
- Oramos por los demás.

Si hay algún tema del cual el salmista hable regularmente, es el de la oración. Vemos la humildad unida a la valentía, el respeto unido a la confianza no en uno mismo, sino en Dios. Las muchas escrituras en el libro de Salmos nos inspiran y desafían a acudir delante de Dios y hablarle sobre la necesidad más profunda de nuestra vida. Notemos el poder y la emoción captados en estas palabras. Y estos son solo algunos ejemplos:

> *A ti clamo, oh Dios, porque tú me respondes;*
> *inclina a mí tu oído, y escucha mi oración.* (Salmos 17.6)

Escucha, oh Dios, mi oración;
   presta oído a las palabras de mi boca. (Salmos 54.2)

Escucha, oh Dios, mi oración;
   no pases por alto mi súplica. (Salmo 55.1)

Que llegue ante ti mi oración;
   dígnate escuchar mi súplica. (Salmo 88.2)

*Yo, S*E*ÑOR, te ruego que me ayudes;*
   por la mañana busco tu presencia en oración. (Salmos 88.13)

Aunque la palabra *oración* crea mucha connotación religiosa para algunos e intimidación para otros, debemos recordar una sorprendente verdad: somos invitados a hablar con nuestro Creador y Redentor y a escucharlo. Dios no está distante; él escucha. No evita que nos acerquemos a él; nos invita a buscarlo.

Uno de los versículos más notables en todas las Escrituras, que nos muestra el tipo de relación que Dios quiere tener con nosotros mediante la oración, se encuentra en la historia de Moisés: «Y hablaba el SEÑOR con Moisés cara a cara, como quien habla con un amigo» (Éxodo 33.11).

Anteriormente compartí la historia del nacimiento de nuestro hijo David, que nació sin la mano izquierda. La oración fue una práctica espiritual clave no solo para ayudarme a procesar esta situación difícil en nuestras vidas, sino también para trasladar la realidad de mi identidad en Cristo, y la identidad de mi hijo, desde mi cabeza hasta mi corazón.

Durante ese tiempo comencé a orar salmos de lamento al Señor: *¿Por qué, Señor, permitiste que me sucediera esto? Te sirvo como pastor de una iglesia, no perfectamente, pero sí con sinceridad. ¿Por qué no le pasaste esta carga a otra persona que ni siquiera cree en ti? ¿He hecho algo mal para merecer esto?*

Nunca sentí que Dios estuviera enojado conmigo por hablarle con esa sinceridad. En realidad, sentí que él me susurraba: *Sigue, puedo ocuparme de esto. Te amo. Sigue hablándome sinceramente, y llegaremos hasta el fondo del asunto. Te mostraré algo que he querido que veas durante mucho tiempo.*

Durante muchos momentos largos de silencio, cuando no sabía qué más decir o cómo orar, Dios comenzó a hablarme; no con una voz audible, sino directamente a mi espíritu. Me sentí un poco como Job cuando Dios comenzó a hablarle después de que este hombre hubiera compartido sus mejores pensamientos y emociones al perder su salud, su riqueza y a todos sus hijos.

«Randy, hijo mío, no albergo nada en mi ser que pretenda dañarte. La oscuridad y el dolor del mundo están causados por el pecado, no por mí. Yo he venido para redimir el dolor causado por el pecado. Randy, hijo mío, usaré esta situación para mostrarte a ti, y a tu hijo, quién soy realmente. Si captas esto, será más valioso que tener tres manos. Randy, hijo mío, le he dado a tu hijo todo lo que él necesita para ser y hacer lo que yo lo he llamado a ser y hacer. Randy, hijo mío, es momento de cambiar tu sentimiento de valía, de tu rendimiento a tu posición. Tú eres mi hijo; no tienes que hacer nada para ser alguien; ya eres alguien ante mis ojos.

»Randy, hijo mío, necesitas enseñarle esto a tu hijo. Él lo aprenderá a través de tu modo de vivir y no solo de tus palabras. Tienes cuatro años antes de que él se dé cuenta de que le falta una mano. Eso te da cuatro años para aprender a situar tu identidad en tu posición como hijo mío. Randy, hijo, si grabas esta verdad en tu corazón, serás libre: libre de la agotadora vida de intentar ganarte y mantener un estatus en el mundo. Este es un gran regalo para darles a tus hijos».

La oración es una conversación con Dios. Ponemos delante de Dios nuestras sinceras peticiones, nuestra necesidad del pan de cada día. Sin embargo, debemos aclarar, como hizo Jesús, que queremos que se haga la voluntad de Dios por encima de nuestra voluntad, confiando en que su camino es bueno y recto. En el momento en que descansemos en la presencia de Dios, él nos hablará y nos mostrará su voluntad en su tiempo perfecto.

Cuando miro hacia atrás veintisiete años, me asombro por lo abundantes que han sido las promesas de Dios para mí y mi hijo. Aparte de barajar un juego de cartas y sobresalir en las estructuras de barras o pasamanos en la escuela primaria, David ha podido hacer todo lo que Dios le ha dado para hacer. Puedo decir sinceramente: «Saber quién eres en Cristo con una mano es mejor que no saber quién eres en Cristo con dos manos».

En una escena de la película *Tierras de penumbra*, C. S. Lewis declara con respecto a la batalla de su esposa contra el cáncer: «Oro porque no puedo evitarlo. Oro porque estoy indefenso».

La mayoría de las personas se siente culpable porque no ora lo suficiente. Yo renuncié a esa actitud hace años. Dios no puede agradarse cuando nuestra conversación con él es por obligación en lugar de deberse a nuestro deseo y profunda desesperación de recibir ayuda y guía.

¿Nos atreveremos a tomar en serio el reto de estas Escrituras sobre la oración y permitirles que también se muestren mediante nuestros actos, cuando le hablamos a Dios en reverencia y adoración, y también cuando disfrutamos la profunda intimidad de una relación con un Amigo que sabemos que nos ama y nosotros a él?

En los relatos del Evangelio vemos a Jesús llevarle a su Padre cada decisión y suceso clave de su vida. Él vino para cumplir los propósitos del Padre, así que recibía su fortaleza y su dirección de esos tiempos íntimos de comunicación. Lo mismo será cierto para nosotros. Debemos orar como Jesús oraba. La oración es la práctica que crea la conexión vital entre el corazón de Dios y el nuestro.

El escritor de Hebreos nos señala el gozo de esta práctica de la oración: «Así que acerquémonos confiadamente al trono de la gracia para recibir misericordia y hallar la gracia que nos ayude en el momento que más la necesitemos» (Hebreos 4.16).

Estudio bíblico

Ciertamente, la palabra de Dios es viva y poderosa, y más cortante que cualquier espada de dos filos. Penetra hasta lo más profundo del alma y del espíritu, hasta la médula de los huesos, y juzga los pensamientos y las intenciones del corazón.

HEBREOS 4.12

El escritor de la carta a los Hebreos enseña por analogía que las Escrituras son más poderosas que cualquier espada, sin embargo, funcionan de forma muy parecida. Porque siempre que mantengas delante de ti la Palabra de Dios mientras vas por la vida, esta puede penetrar cualquier problema, dividiéndolo en bien y mal, rectitud y error, mostrándonos lo que precisamos hacer y cómo debemos vivir. Como una espada, la Palabra de Dios puede utilizarse como un arma ofensiva para ayudarnos a crecer y madurar, y también como un objeto defensivo para protegernos contra el mal que se aproxima.

PREGUNTA CLAVE: ¿Cómo estudio la Palabra de Dios?

Estudiamos la Palabra de Dios con la intención de permitir que guíe nuestras vidas, tal como Jesús lo hizo, cómo está registrado en Mateo 4.1–11:

> Luego el Espíritu llevó a Jesús al desierto para que el diablo lo sometiera a tentación. Después de ayunar cuarenta días y cuarenta noches, tuvo hambre. El tentador se le acercó y le propuso:
> —Si eres el Hijo de Dios, ordena a estas piedras que se conviertan en pan.

Jesús le respondió:

—Escrito está: «No sólo de pan vive el hombre, sino de toda palabra que sale de la boca de Dios».

Luego el diablo lo llevó a la ciudad santa e hizo que se pusiera de pie sobre la parte más alta del templo, y le dijo:

—Si eres el Hijo de Dios, tírate abajo. Porque escrito está:

«Ordenará que sus ángeles
  te sostengan en sus manos,
    para que no tropieces con piedra alguna».

—También está escrito: «No pongas a prueba al Señor tu Dios» —le contestó Jesús.

De nuevo lo tentó el diablo, llevándolo a una montaña muy alta, y le mostró todos los reinos del mundo y su esplendor.

—Todo esto te daré si te postras y me adoras.

—¡Vete, Satanás! —le dijo Jesús—. Porque escrito está: «Adora al Señor tu Dios y sírvele solamente a él».

Entonces el diablo lo dejó, y unos ángeles acudieron a servirle.

Jesús respondió a las tentaciones de Satanás solamente con palabras del libro de Deuteronomio.

Tentación 1 de Satanás: Persuadir a Jesús para que hiciera un milagro a fin de suplir sus propias necesidades físicas.

Respuesta de Jesús (Deuteronomio 8.3, cursivas añadidas para mostrar las palabras de Deuteronomio):

Te humilló y te hizo pasar hambre, pero luego te alimentó con maná, comida que ni tú ni tus antepasados habían conocido, con lo que te enseñó que no sólo de pan vive el hombre, sino de todo lo que sale de la boca del SEÑOR.

Tentación 2 de Satanás: Seducir a Jesús para que le pidiera a Dios una prueba de su amor y su cuidado, como respuesta a un acto totalmente egoísta.

Respuesta de Jesús (Deuteronomio 6.16, cursivas añadidas para mostrar las palabras de Deuteronomio):

No pongas a prueba al Señor tu Dios, *como lo hiciste en Masá.*

Tentación 3 de Satanás: Inducir a Jesús a que le sirviera, así como también a que se sumara a él en autoridad sobre todo el acceso de Satanás a las cosas de la tierra.

Respuesta de Jesús (Deuteronomio 6.13, cursivas añadidas para mostrar las palabras de Deuteronomio):

Teme al Señor tu Dios, sírvele solamente a él, *y jura sólo en su nombre.*

En la tentación 2, Satanás le citó Salmos 91.11–12 a Jesús, demostrando que él también conoce la Palabra y puede usarla. Sin embargo, ha mostrado que solo la usará contra Dios para sus propios propósitos egoístas.

Notemos también que las tentaciones aumentaron en alcance a medida que cada una fallaba: de necesidades personales a protección y codicia. Satanás estaba, en efecto, «ampliando el zoom» desde el apetito interior hasta la influencia exterior. Si Jesús peleó contra su archienemigo solamente con la Palabra de Dios, como sus hijos, nosotros también deberíamos hacer que esta sea nuestra única «espada» de defensa para derrotarlo. No obstante, para *blandir* su Palabra debemos *conocerla*, usándola como Jesús nos mostró tan sucintamente a hacerlo.

Jesús también citó con frecuencia pasajes del Antiguo Testamento en su enseñanza. En una de sus apariciones a sus discípulos después de la resurrección, se vincula él mismo directamente a las Escrituras y a la revelación de sus palabras:

Cuando todavía estaba yo con ustedes, les decía que tenía que cumplirse todo lo que está escrito acerca de mí en la ley de Moisés, en los profetas y en los salmos. Entonces les abrió el entendimiento para que comprendieran las Escrituras. (Lucas 24.44–45)

Jesús no solo le dio autoridad a las Escrituras; él vino a cumplir y vivir cada pasaje. Ver la constante conexión a la Palabra en su ministerio nos muestra la vital importancia de conocer, entender, memorizar y aplicar la Biblia.

IDEA CLAVE: Estudio la Biblia a fin de conocer a Dios y su verdad y encontrar dirección para mi vida cotidiana.

Aunque tu Biblia pueda parecer un libro que contiene papel y tinta, la Escritura nos dice que está viva con el aliento de Dios. Sus palabras no se encuentran inactivas en una página, sino activas en las vidas de quienes las leen y aplican.

El creyente que intenta vivir la vida cristiana con su Biblia acumulando polvo es como un obrero de la construcción que intenta construir un rascacielos sin planos. ¿Cuál es el caso si no tenemos algo que nos guíe?

La Palabra de Dios llega hasta el núcleo, actuando como el escalpelo de un cirujano y dejando al descubierto lo que hay en nuestra mente para que se haga la obra en nosotros que solamente nuestro Creador puede hacer. Llega hasta lo más profundo, debajo de la superficie, para exponer nuestros verdaderos motivos y revelar la verdad a nuestro espíritu.

Como pecadores, podemos engañarnos a nosotros mismos, al igual que a las personas que nos rodean, con lo que verdaderamente hay en nuestro corazón, pero la Biblia nos muestra quiénes somos en realidad, juzgando nuestras verdaderas creencias. A medida que leemos, asimilamos y aplicamos sus verdades, la Escritura realiza una cirugía espiritual a corazón abierto. Como un consejero personal, la Palabra de Dios puede llegar directamente a la fuente de nuestros problemas, conectando y cambiando nuestras acciones, nuestros pensamientos e incluso nuestros motivos.

APLICACIÓN CLAVE: ¿Qué diferencia marca esto en mi modo de vivir?

- Regularmente leemos y estudiamos la Palabra de Dios.
- Llegamos a ver que estudiar la Palabra de Dios en comunidad con otros creyentes tiene un gran valor.

- Ponemos en consonancia nuestras vidas con la Biblia porque creemos que proviene de Dios.

Debemos acudir a las Escrituras regularmente, porque la Palabra de Dios tiene derecho a invadir e inundar nuestras vidas. Cuando leemos sus páginas con frecuencia, declaramos y demostramos que creemos lo que se encuentra en ella. El estudio bíblico reforzará mucho cada creencia. En sus páginas encontramos a Dios; aprendemos cómo somos salvos; descubrimos quiénes somos en él; se nos muestra cómo participar y gobernar su iglesia; obtenemos perspectiva de lo que significa ser un mayordomo; se nos enseña cómo será la eternidad; vemos lo mucho que Dios cuida y ama a su creación; y recibimos miles de preceptos, promesas y principios.

Junto con los escritores del Antiguo y el Nuevo Testamento, reconocemos la grandeza de Dios y el poder de su Palabra:

> *¿Quién ha subido a los cielos*
> *y descendido de ellos?*
> *¿Quién puede atrapar el viento en su puño*
> *o envolver el mar en su manto?*
> *¿Quién ha establecido los límites de la tierra?*
> *¿Quién conoce su nombre o el de su hijo?*
>
> *Toda palabra de Dios es digna de crédito;*
> *Dios protege a los que en él buscan refugio.*
> (Proverbios 30.4–5)

Así que no dejamos de dar gracias a Dios, porque al oír ustedes la palabra de Dios que les predicamos, la aceptaron no como palabra humana sino como lo que realmente es, palabra de Dios, la cual actúa en ustedes los creyentes. (1 Tesalonicenses 2.13)

Considera lo siguiente: ¿qué tal si durante una semana intercambiaras tu teléfono celular por tu Biblia? A cualquier lugar donde normalmente lleves tu teléfono, lleva en cambio tu Biblia. Cada vez que por lo general mires tu teléfono, mira en cambio la Palabra de Dios. El tiempo que pasas haciendo llamadas, enviando mensajes de texto y navegando en línea con tu teléfono intercámbialo por tiempo para leer las Escrituras. Si de manera habitual tienes tu teléfono cerca de ti en las reuniones de negocios o al lado de tu plato durante la cena, ahora coloca tu Biblia ahí. ¿Qué impacto produciría este intercambio en tu vida solo en una semana? ¿La vida de quién sería afectada? Estas preguntas no tienen la intención de producir culpabilidad, sino más bien de inspirarnos a aumentar nuestra comunicación con el único instrumento que puede verdaderamente cambiar no solo nuestra vida, sino también las vidas de quienes nos rodean.

A medida que practicas el estudio de la Biblia, Dios quiere hacer obrar su Palabra en ti y por medio de tu vida:

> *Se parece a un hombre que, al construir una casa, cavó bien hondo y puso el cimiento sobre la roca. De manera que cuando vino una inundación, el torrente azotó aquella casa, pero no pudo ni siquiera hacerla tambalear porque estaba bien construida.* (Lucas 6.48)

Enfoque

Más bien, busquen primeramente el reino de Dios y su justicia, y todas estas cosas les serán añadidas.

MATEO 6.33

Debido a nuestra naturaleza de pecado y nuestro egocentrismo, con frecuencia comenzamos una empresa con la mentalidad de lo que queremos y después le pedimos a Dios que lo bendiga, tratándolo como cierto tipo de Santa Claus cósmico y esperando que nuestros deseos sean concedidos. Esto hace que la vida se trate de nosotros, no de él; de nuestra voluntad, no de la suya.

Mateo 6.33 inspira una relación totalmente entregada en la cual Dios, sus caminos y su plan son puestos en primer lugar diariamente, confiando en que él hará lo mejor para nosotros en cualquier circunstancia. Aunque lo que Dios hace es siempre lo correcto para nosotros, sin duda no siempre estamos de acuerdo con el modo en que él permite que la vida discurra. Es aquí donde la fe resulta determinante. Cuando hablamos de estar enfocados nos referimos a mantener nuestra vista en «el reino de Dios y su justicia».

Es vital entender lo que significa la frase «estas cosas» en la segunda mitad del versículo 33. Debemos leer los versículos 25–32 para comprender el contexto.

Por eso les digo: No se preocupen por su vida, qué comerán o beberán; ni por su cuerpo, cómo se vestirán. ¿No tiene la vida más valor que la comida, y el cuerpo más que la ropa? Fíjense en las aves del cielo: no siembran ni cosechan ni almacenan en graneros; sin embargo, el Padre celestial las alimenta. ¿No valen ustedes mucho más que ellas? ¿Quién de ustedes, por mucho que se preocupe, puede añadir una sola hora al curso de su vida?

¿Y por qué se preocupan por la ropa? Observen cómo crecen los lirios del campo. No trabajan ni hilan; sin embargo, les digo que ni siquiera Salomón, con todo su esplendor, se vestía como uno de ellos. Si así viste Dios a la hierba que hoy está en el campo y mañana es arrojada al horno, ¿no hará mucho más por ustedes, gente de poca fe? Así que no se preocupen diciendo: «¿Qué comeremos?» o «¿Qué beberemos?» o «¿Con qué nos vestiremos?» Porque los paganos andan tras todas estas cosas, y el Padre celestial sabe que ustedes las necesitan.

Jesús nos deja saber que es bien consciente de lo que necesitamos si sencillamente dependemos de él para que nos lo provea. La dependencia de él es precursora del enfoque, lo cual nos lleva al versículo 34: «Por lo tanto, no se angustien por el mañana, el cual tendrá sus propios afanes. Cada día tiene ya sus problemas».

Jesús sabe que una persona enfocada vivirá cada día rendida a la voluntad y la dirección de Dios, tal como él modeló para nosotros en sus tres años de ministerio. Jesús puso en primer lugar la voluntad de Dios y recibió provisión, así que también podemos confiar en que él hará lo mismo por nosotros, que somos sus hijos.

¿Has oído alguna vez la vieja frase: «No puedes tener tu pastel y comértelo también»? Bueno, pues esta bien puede que sea una de las únicas situaciones en la vida en la que esta afirmación es *in*correcta, porque cuando nos rendimos a Dios, recibimos una vida abundante aquí *y* el regalo de la vida eterna en el cielo.

PREGUNTA CLAVE: ¿Cómo mantengo mi enfoque en Jesús en medio de la distracción?

El enfoque dirige e impregna todas las creencias clave para pensar como Jesús. Permite que cite solo algunos ejemplos:

1. Él es Dios, y yo no lo soy. El enfoque de mi vida está en él. (CREENCIA: Dios)
2. La autoridad de la Biblia tiene mi atención y delinea mis prioridades. (CREENCIA: La Biblia)

3. Mis prioridades provienen del Dueño de la vida. (Creencia: Mayordomía)

Jesús es el modelo supremo de lo que significa el enfoque. Juan registra esta afirmación de Jesús: «Mi alimento es hacer la voluntad del que me envió y terminar su obra» (Juan 4.34). Si debemos actuar como él, necesitamos rendir cada vez más nuestra mente y nuestro corazón a su voluntad.

IDEA CLAVE: Me enfoco en Dios y sus prioridades para mi vida.

Un buena forma de comenzar a poner a Dios primero es evaluando e identificando áreas en las que es posible que no lo estemos buscando. Aquí tienes un ejercicio para ayudarte a hacerlo. Al final de cada día, dedica unos minutos a pensar en tus actividades de esa jornada. Intenta recordar tus procesos de pensamiento también. Si alguien te hubiera seguido durante todo el día, ¿qué podría decir que estabas buscando? ¿Un extraño qué vería que pones en primer lugar en tu vida? ¿En qué estabas enfocado? ¿Exactamente cuáles fueron tus prioridades?

Hay una sorprendente buena noticia sobre la relación con Dios. Él nunca nos dirá a ninguno de nosotros: «Bueno, conocí a otra persona...», o declarará: «No creo que esto esté funcionando». Él se entrega por completo, las veinticuatro horas del día, los 365 días del año, y constantemente nos busca. Él nos busca todo el tiempo y para siempre.

El gran reto para nosotros es permanecer fieles a Dios. Sin embargo, cuando fracasamos, y eso sucederá, podemos buscar perdón y regresar a la relación con él.

A medida que maduramos en nuestra creencia, un deseo siempre en aumento debería ser sencillamente amar y buscar a aquel que promete no dejarnos ni abandonarnos nunca; no porque queramos más bendiciones o favores, sino únicamente porque él es digno de nuestra total solicitud y atención. Este es otro fuerte indicador del enfoque.

Buscar a Dios como lo primero, antes que ninguna otra cosa, constituye una clara declaración de misión. Cuando llegamos a esa frecuente pregunta de: «¿Cuál es la voluntad de Dios para mi vida?», Mateo 6.33

proporciona una firme respuesta a la misma. El enfoque es la respuesta en nuestra búsqueda.

Contrariamente a un ámbito físico terrenal, el reino de Dios solo es visible en las vidas de sus seguidores que hacen justo lo que estamos hablando: buscarlo a él primero. Los reyes terrenales tienen fronteras y límites; Dios no. Su reino se encuentra en su pueblo y su actividad. Como sus templos, siempre que nos movemos, su reino es representado.

APLICACIÓN CLAVE: ¿Qué cambio produce esto en mi modo de vivir?

* Establecemos metas informadas por los planes de Dios y su voluntad.
* No le pedimos a Dios que bendiga nuestro plan, sino que bendiga nuestra conformidad con *su* plan.
* Confiamos en Dios para que supla nuestras necesidades y deseos.

Dios nos hace una profunda promesa en Mateo 6.33 y nos ofrece una gran bendición por ser enfocados. Nos promete que si nos ocupamos de sus negocios aquí en la tierra, él se ocupará de nosotros tanto aquí como en la eternidad. En pocas palabras: nosotros nos ocupamos de su reino y él se ocupará del nuestro.

¿Quién más podría ofrecer un trato tan increíble?

En diciembre de 2006, Katie Davis, una joven de dieciocho años de Brentwood, Tennessee, viajó a Uganda por primera vez. Ella no tenía idea de que el curso de su existencia sería cambiado durante el viaje y que su vida adoptaría un agudo enfoque en un pequeño rincón del mundo. En el año 2007, Katie regresó a Uganda para enseñarles a los niños de un orfanato y quedó sorprendida por la cantidad de niños que estaban sentados al lado del camino o trabajando en los campos. No había escuelas públicas dirigidas por el gobierno en la zona de Uganda donde ella vivía. La mayoría de las escuelas eran privadas y requerían un pago para asistir, haciendo que fuese imposible que los niños recibieran educación.

Katie comenzó un programa de apadrinamiento de niños que ponía en contacto a niños huérfanos con patrocinadores a fin de proporcionar fondos para su educación, material escolar, comidas calientes diarias, discipulado espiritual y cuidado médico. En enero de 2008, Katie había incorporado a 150 niños al programa. Hasta la fecha, más de 600 niños están ahora a su cuidado. Ella también comenzó un programa en la comunidad Karimojong para alimentar a más de 1.200 niños, los cuales también reciben educación escolar, cuidado médico, estudio de la Biblia y formación sanitaria.

Katie estableció una organización sin ánimo de lucro llamada Amazima Ministries International para satisfacer las necesidades físicas, emocionales y espirituales de los niños huérfanos en Uganda. En el idioma luganda, *amazima* significa «verdad».

En enero de 2008, Katie se convirtió en la madre de tres niñas huérfanas. En la actualidad, siendo madre de trece niñas adoptadas, ella explica: «La gente me dice que soy valiente. Me dice que soy fuerte. Me dice que hago un buen trabajo. Bueno, aquí está la verdad de todo eso. En realidad no soy tan valiente, no soy tan fuerte, y no estoy haciendo nada espectacular. Tan solo hago lo que Dios me llamó a hacer como su seguidora. Alimentar a sus corderos, hacerlo con los más pequeños de ellos».[22]

La vida de la joven Katie Davis es un brillante ejemplo del enfoque y la increíble bendición que Dios puede producir mediante su práctica. Cuando sus pies pisan el suelo cada mañana, ella no tiene duda alguna de que su vida tiene un propósito divino y significado. Ella conoce la verdad de la enseñanza de Jesús: «El que procure conservar su vida, la perderá; y el que la pierda, la conservará» (Lucas 17.33).

Cuando practicas el enfoque, algo comienza a cambiar en tu interior. Las palabras del salmista en Salmos 37.4 se hacen realidad en tu vida:

> *Deléitate en el Señor,*
> *y él te concederá los deseos de tu corazón.*

La decisión de seguir a Dios es difícil al principio, ya que su plan con frecuencia está en conflicto con tu propio plan. Sin embargo, cuando te enfocas primero en Dios, él promete concederte los deseos de tu corazón. He aquí cómo funciona. A medida que atraviesas el proceso de enfocarte en Dios, él cambia los deseos de tu corazón, de modo que con el tiempo lo que quieres para ti mismo es reflejo de lo que él desea para tu vida.

Nadie puede negar que nuestro estilo de vida en la actualidad es caótico y complejo. El enfoque en realidad ofrece simplicidad. El Creador puede ordenar nuestras vidas y situarnos en un camino hacia el propósito y la paz mediante su gracia y misericordia.

Rendición total

Por lo tanto, hermanos, tomando en cuenta la misericordia de Dios, les ruego que cada uno de ustedes, en adoración espiritual, ofrezca su cuerpo como sacrificio vivo, santo y agradable a Dios.

ROMANOS 12.1

Solo somos capaces de esforzarnos para lograr la rendición total en nuestra vida mediante el maravilloso regalo de Dios de la gracia. Eso no significa que le entreguemos a él nuestras vidas por cierta obligación o deuda a cambio de la redención; ni tampoco significa que renunciamos al control porque él nos ha subyugado. Más bien nos rendimos totalmente a Dios por total desesperación y la comprensión de la necesidad que tenemos de un Salvador.

Los primeros once capítulos de la carta del apóstol Pablo a los romanos detallan nuestra necesidad de misericordia y la benévola provisión de misericordia de Dios mediante Jesús. Luego, cuando comienza el capítulo 12, él escribe: «Tomando en cuenta la misericordia de Dios...». Una vez que consideramos este concepto de la misericordia divina, solo nos queda una respuesta obvia de rendición total a la voluntad de Dios. Él debería capturar nuestros corazones para el presente y para siempre de tal modo que seamos impulsados a entregarle nuestra vida... por amor y no por obligación; para adoración y no para obras.

PREGUNTA CLAVE: ¿Cómo cultivo una vida de servicio sacrificado?

Jesús practicó la rendición total diariamente. Él nos invita a adoptar este mismo estilo de vida con su uso del lenguaje «inclusivo» en los

Evangelios. Por ejemplo, Jesús llama a quienes quieren seguirle a «perder su vida» por él: «Luego dijo Jesús a sus discípulos: "Si alguien quiere ser mi discípulo, tiene que negarse a sí mismo, tomar su cruz y seguirme. Porque el que quiera salvar su vida, la perderá; pero el que pierda su vida por mi causa, la encontrará"» (Matteo 16.24–25).

En el Evangelio de Lucas se nos dan ejemplos de lo que *no* es la rendición total: «Iban por el camino [los discípulos y Jesús] cuando alguien le dijo: "Te seguiré a dondequiera que vayas"» (Lucas 9.57). Ahora bien, la declaración de este hombre suena a una impresionante admisión de rendición total, ¿no es cierto? ¿No debería esta valiente afirmación emocionar a Jesús y considerar a esta persona exactamente el tipo de seguidor que él estaba buscando?

Sin embargo, la respuesta de Jesús fue: «Las zorras tienen madrigueras y las aves tienen nidos, pero el Hijo del hombre no tiene dónde recostar la cabeza» (Lucas 9.58). Y en el siguiente versículo vemos a Jesús dirigiendo su atención a otro hombre. ¿Qué sucedió? Nos queda suponer que este hombre estaba hablando de labios para fuera, pero no demostrando sumisión al Señor. Al reflexionar en este encuentro, meditamos en la verdad de que vivir una vida de rendición total implica un elevado costo (Lucas 14.26–33).

Ahora bien, pasemos al segundo seguidor potencial:

> *A otro le dijo:*
> *—Sígueme.*
> *—Señor —le contestó—, primero déjame ir a enterrar a mi padre.*
> *—Deja que los muertos entierren a sus propios muertos, pero tú ve y proclama el reino de Dios —le replicó Jesús. (Lucas 9.59–60)*

Aunque a primera vista la respuesta de Jesús suene dura, debemos recordar que iba caminando con hombres que ya lo habían dejado todo atrás para seguirle. Su invitación era urgente y actual, no simplemente para «confirmar la asistencia». El llamado de Jesús era a difundir el mensaje de vida, no a llevar a cabo los ritos de la muerte. Sus discípulos iban avanzando con el reino y los negocios de la vida.

Hay un tercero y último hombre en esta escena:

Otro afirmó:

—Te seguiré, Señor; pero primero déjame despedirme de mi familia.

Jesús le respondió:

—Nadie que mire atrás después de poner la mano en el arado es apto para el reino de Dios. (Lucas 9.59–60)

Una vez más, si le concedemos el beneficio de la duda, puede que esta fuera una respuesta bien intencionada de un potencial discípulo, pero lo que deducimos de la respuesta de Jesús a ambos hombres es que la obediencia a Dios con retraso es realmente equivalente a la desobediencia. Cuando él nos invita a unirnos a su obra, el momento es ahora y no después. El día de la salvación es siempre hoy.

Cuando Jesús sanaba, obraba milagros y suplía necesidades, multitudes de personas parecían estar entregadas; sin embargo, cuando hacía afirmaciones fuertes como las de los versículos anteriores acerca de la realidad de seguirle, muchos decidían que la rendición total sencillamente costaba demasiado. Mientras Jesús colgaba en la cruz, incluso sus amigos íntimos lo habían abandonado. Su acto final de rendición total al Padre fue completamente solitario. El camino que se recorre con Jesús es en verdad el camino estrecho que él describe en Mateo 7.13–14.

IDEA CLAVE: Dedico mi vida a los propósitos de Dios.

El padre de Agnes Gonxha Bojaxhius murió cuando ella tenía solo nueve años. A los doce años de edad, Agnes se sintió llamada a una vida religiosa. Aunque su madre inicialmente estaba en contra de la idea de que su querida hija dejara su hogar en Macedonia para servir en India, finalmente entendió el llamado de Dios y le dio a Agnes su consejo profético: «Pon tu mano en su mano y camina solo con él».[23] Este encargo marcaría su vida durante el resto de sus días. Agnes, más conocida como la Madre Teresa, murió a la edad de ochenta y siete años. Sus esfuerzos habían producido fruto en más de 130 países, incluida una red de 600 albergues, orfanatos, hospicios para el SIDA, clínicas de leprosos y hogares para madres solteras. Una encuesta de Gallup en 1999 la colocó en el primer lugar de la lista de las personas más ampliamente admiradas del siglo veinte.[24]

La norma cultural siempre será satisfacer nuestros propios deseos tanto como sea posible, lo cual es lo contrario a nuestra idea clave. Comprometernos a entregarle nuestra vida a un Dios invisible no solo será impopular, sino también causará algunos días difíciles. ¿Por qué? Porque escogemos ir contra la corriente de la naturaleza humana egoísta. Sin embargo, notemos que nuestra idea clave tiene una meta y un propósito: dedicar nuestra vida a los propósitos de Dios.

En Mateo 25, Jesús usa una metáfora sobre separar ovejas y cabras. En las Escrituras, los creyentes son con frecuencia comparados con las ovejas. Aquí, Jesús usa esta imagen a la vez que compara a los incrédulos con los cabritos. Es irónico ver la respuesta del grupo de los justos a su invitación a una herencia eterna.

«Y le contestarán los justos: "Señor, ¿cuándo te vimos hambriento y te alimentamos, o sediento y te dimos de beber? ¿Cuándo te vimos como forastero y te dimos alojamiento, o necesitado de ropa y te vestimos? ¿Cuándo te vimos enfermo o en la cárcel y te visitamos?"». (Mateo 25.37–39)

Las personas justas están un poco confusas, lo cual las conduce a plantear algunas preguntas. No tienen idea de que cuando sirven a otros, están sirviendo también a Jesús cada vez: alimentándolo, vistiéndolo y cuidándolo. La rendición total a Cristo dará como resultado estos actos regulares de amor, no incidentes aislados y raros de esfuerzo humanitario dirigidos por el yo. Y la rendición total causará esta respuesta del Rey: «Les aseguro que todo lo que hicieron por uno de mis hermanos, aun por el más pequeño, lo hicieron por mí» (Mateo 25.40).

Debemos repetir de nuevo el mayor mandamiento, porque su verdad subyace en el centro mismo de todas las creencias y prácticas de Jesús, pero más especialmente en la expresión de esta práctica: «"Ama al Señor tu Dios con todo tu corazón, con todo tu ser y con toda tu mente" —le respondió Jesús—. Éste es el primero y el más importante de los mandamientos. El segundo se parece a éste: "Ama a tu prójimo como a ti mismo"» (Mateo 22.37–39).

La única manera de vivir el llamado de Jesús en nuestras vidas es mediante la rendición total. Como la mamá de la Madre Teresa la alentaba, nuestro Señor nos insta a poner simplemente nuestra mano en la suya y caminar solo con él.

APLICACIÓN CLAVE: ¿Qué cambio produce esto en mi modo de vivir?

Diariamente abrimos nuestras manos y rendimos a Dios todo lo que tenemos.

La palabra *rendir* ha sido el tema de muchos himnos clásicos y sigue siendo un tema popular en los cantos de adoración modernos. Ante la mención misma de la palabra, probablemente puedas comenzar a cantar una melodía que conoces de memoria. Aunque el concepto de rendirse es bastante familiar en la mayoría de las iglesias, la connotación bíblica debe ser continuamente subrayada para recordarnos y también impulsarnos a abandonar cada día nuestra clara rebelión y planes egoístas, mientras levantamos nuestras manos para abdicar el control y darle toda la autoridad a Dios.

Rendirse significa renunciar a la batalla de la carne, ceder el control de tu vida y abandonar tus derechos. La batalla, el control y los derechos vienen todos ellos del mismo lugar: la naturaleza de pecado. Declarar rendición es entregarle tu corazón y tu vida por completo a Jesús cuando oras: *Señor, esta ya no es mi vida, sino la tuya; no se haga mi voluntad, sino la tuya; ya no sea mi plan, sino el tuyo. Entrego mi vida a ti, mi vida para ti.*

Ofrecemos cada momento, pensamiento y actividad de nuestra vida como un sacrificio a Dios.

Nunca me canso de escuchar la historia de la gallina que compartió con un cerdo su deseo de preparar un desayuno especial para su granjero. La gallina le dijo al cerdo: «Yo pondré los huevos, y tú pones el tocino». El cerdo lo pensó por un momento y entonces respondió: «¡Tú solo estás haciendo una contribución, pero yo estoy haciendo un sacrificio total!».

Deberíamos estar dispuestos a morir por Dios, pero él no nos pide que seamos un «sacrificio muerto»; Dios quiere que seamos un «sacrificio vivo». Francamente, ofrecer nuestras vidas como un sacrificio muerto podría ser un poco más fácil. Alguien dijo una vez con sabiduría: «El problema de los sacrificios vivos es que siguen bajándose del altar».

A la luz de lo que Dios ha hecho para darnos vida, deberíamos ofrecernos como sacrificios vivos a él.

Serviremos a Dios de cualquier modo que él desee.

Los dos primeros puntos de aplicación tienen que ver con la mente y el corazón uniéndose en torno a una vida e identidad nuevas. El servicio es la muestra externa del nuevo estilo de vida. Sin embargo, Dios no es un sargento de instrucción que grita enojado las órdenes, o algún amo cósmico necesitando que hagan el trabajo sucio. Dios camina contigo como un amigo y te invita a trabajar con él en equipo.

El cristiano cuya vida está continuamente rendida a Dios en sacrificio y servicio, no será solo un testimonio vivo, sino también alguien que cambia el mundo.

Rendirnos totalmente, sometiéndonos a la autoridad de Cristo y dedicando nuestra vida a su servicio, nos llevará a la compañía de algunos de los más grandes seres humanos que han caminado jamás en el planeta: los héroes de nuestra fe (Hebreos 11.1—12.3). Hagámonos eco de las palabras de uno de ellos, el apóstol Pablo, al concluir:

> *Sin embargo, considero que mi vida carece de valor para mí mismo, con tal de que termine mi carrera y lleve a cabo el servicio que me ha encomendado el Señor Jesús, que es el de dar testimonio del evangelio de la gracia de Dios.* (Hechos 20.24)

Comunidad bíblica

Todos los creyentes estaban juntos y tenían todo en
común: vendían sus propiedades y posesiones, y compartían sus bienes entre sí según la necesidad de cada uno.
No dejaban de reunirse en el templo ni un solo día. De
casa en casa partían el pan y compartían la comida con
alegría y generosidad, alabando a Dios y disfrutando de la
estimación general del pueblo. Y cada día el Señor añadía
al grupo los que iban siendo salvos.

HECHOS 2.44–47

Las Escrituras dejan claro mediante mandamientos, promesas y ejemplos que la vida cristiana nunca fue para vivirla a solas. Aquellos que han
recibido a Cristo ahora han sido diseñados mediante su nuevo ADN espiritual para vivir en comunidad. Debemos tener un grupo de creyentes
que caminen a nuestro lado, todos dirigidos en la misma dirección: hacia
el Padre. Solo colectivamente somos el cuerpo de Cristo. Nos necesitamos unos a otros para ayudarnos a ser como Jesús y modelar coherentemente su vida.

**PREGUNTA CLAVE: ¿Cómo desarrollo relaciones
sanas con otros?**

En Génesis 1 y otros pasajes de las Escrituras vemos que la Trinidad es,
en sí misma, una comunidad. Tres personas —Padre, Hijo y Espíritu
Santo— que son tan intensas y completas en su unidad que constituyen
una sola esencia. Y nosotros hemos sido creados a su imagen para experimentar esa misma comunidad. Separados en entidad, uno en unidad.
El apóstol Pablo nos recuerda nuestro vínculo común:

Hay un solo cuerpo y un solo Espíritu, así como también fueron llamados a una sola esperanza; un solo Señor, una sola fe, un solo bautismo; un solo Dios y Padre de todos, que está sobre todos y por medio de todos y en todos. (Efesios 4.4–6)

Por tanto, si sienten algún estímulo en su unión con Cristo, algún consuelo en su amor, algún compañerismo en el Espíritu, algún afecto entrañable, llénenme de alegría teniendo un mismo parecer, un mismo amor, unidos en alma y pensamiento. (Filipenses 2.1–2)

Al haber leído los relatos del llamado de Jesús a sus discípulos al comienzo de su ministerio, ¿has pensado alguna vez sobre su estilo de reclutamiento? ¿Cuál era su meta final? Como él es Dios, fácilmente podría haber caminado por la playa y haber reunido a un ejército de 12.000 hombres para derrocar al gobierno. Podría haber llamado a 1.200 y haberles dado increíbles poderes. Sin embargo, no hizo nada parecido; en realidad, ni siquiera llamó a 120. Esencialmente, Jesús formó el primer «grupo pequeño», como se denominan en las iglesias en la actualidad. Él lanzó su ministerio con 12 hombres. Reunió a una diminuta comunidad de seguidores muy diversos y, francamente, muy poco impresionantes. ¿Por qué? Porque Jesús no estaba planeando un golpe de estado ni formando una secta; en cambio, estaba edificando una comunidad.

Él no llamó a los que escogió basándose en su currículum, su cociente intelectual o su fuerza. El hecho de que su grupo pequeño original formara la iglesia que sigue con vida hoy en día muestra que escogió sabiamente cuando preparó a un cuerpo de creyentes para llevar a cabo su obra, la cual se propagó por todo el mundo conocido después de su ascensión a los cielos.

IDEA CLAVE: Tengo comunión con otros cristianos para llevar a cabo los propósitos de Dios en mi vida, en las vidas de los demás y en el mundo.

El libro de Hechos contiene un pasaje que muestra de manera hermosa el sencillo poder de la comunidad a la cual somos llamados, a la vez que destaca el compromiso crítico que debemos hacer como individuos:

Había en Jope una discípula llamada Tabita (que traducido es Dorcas). Ésta se esmeraba en hacer buenas obras y en ayudar a los pobres. Sucedió que en esos días cayó enferma y murió. Pusieron el cadáver, después de lavarlo, en un cuarto de la planta alta. Y como Lida estaba cerca de Jope, los discípulos, al enterarse de que Pedro se encontraba en Lida, enviaron a dos hombres a rogarle: «¡Por favor, venga usted a Jope en seguida!».

Sin demora, Pedro se fue con ellos, y cuando llegó lo llevaron al cuarto de arriba. Todas las viudas se presentaron, llorando y mostrándole las túnicas y otros vestidos que Dorcas había hecho cuando aún estaba con ellas.

Pedro hizo que todos salieran del cuarto; luego se puso de rodillas y oró. Volviéndose hacia la muerta, dijo: «Tabita, levántate». Ella abrió los ojos y, al ver a Pedro, se incorporó. Él, tomándola de la mano, la levantó. Luego llamó a los creyentes y a las viudas, a quienes la presentó viva. La noticia se difundió por todo Jope, y muchos creyeron en el Señor. (Hechos 9.36–42)

Tabita era una viuda que se había convertido en una parte vital del cuerpo de creyentes, pues siempre «se esmeraba en hacer buenas obras y en ayudar a los pobres», de modo que las personas la extrañaban profundamente y enviaron mensajeros para hacer venir a Pedro, esperando que él pudiera hacer algo. Milagrosamente, mediante el poder de Dios, Pedro se arrodilló y oró... ¡y Tabita regresó a la vida!

Es importante notar que el grado hasta el cual Tabita había *entregado* su vida a la comunidad bíblica fue al final la motivación misma de Pedro para *extender* su vida. Ella se había vuelto tan integral para aquellos creyentes que no iban a tomar la muerte como la respuesta final. Este relato de una viuda que vivía de forma sacrificada nos inspira a integrarnos profundamente en un cuerpo de creyentes a fin de producir este tipo de impacto.

Para definir adecuadamente la comunidad bíblica, no hay más que leer las últimas sílabas de la palabra: «unidad». Esta es tanto el punto como la práctica del concepto.

La visión de Cristo es que te conviertas en una parte integral de su grandioso cuerpo de creyentes, llevando su reino por todo el planeta al estar injertado en las vidas de un cuerpo local, provocando un cambio allí donde estás. El ministerio que llevas a cabo para un vecino verdaderamente tiene impacto en el mundo cuando todos los creyentes se unen en obediencia a Cristo. Se trata de una especie de grito de batalla: «Uno para todos, y todos para uno».

La práctica de la comunidad bíblica refuerza nuestra creencia en nuestra identidad en Cristo individualmente y nuestra creencia en la iglesia, a fin de que, juntos, seamos sus manos y pies para el mundo.

APLICACIÓN CLAVE: ¿Qué cambio produce esto en mi modo de vivir?

«Te vuelves como aquellos con quienes andas».

«Muéstrame a tus amigos, y te mostraré tu futuro».

Estos son solo dos de los muchos eslóganes que describen la influencia de aquellos con quienes pasamos más tiempo. El libro de Proverbios contiene muchos versículos que vinculan la influencia de nuestras relaciones con el desarrollo de nuestra identidad.

Tenemos comunión con otros creyentes para mantener fuerte nuestra relación con Dios.

La comunidad bíblica mantendrá fuerte, primero, nuestra conexión vertical: nuestra relación con Dios. Nada nos hará rendir cuentas y nos alentará a seguir a Jesús tanto como otros seguidores de Cristo. El efecto de estar juntos en la misión de «estimularnos al amor y a las buenas obras» es poderoso (Hebreos 10.24).

Tenemos comunión con otros creyentes para mantener fuertes nuestras relaciones con los demás.

La comunidad bíblica es la manera óptima de mantener nuestras relaciones horizontales en el camino correcto y justo. Otros cristianos pueden fortalecer nuestros vínculos con quienes están dentro de la iglesia y fuera de la iglesia. Juntos podemos alentarnos y edificarnos unos a otros dentro del cuerpo, mientras oramos y nos desafiamos mutuamente a alcanzar a quienes no conocen a Cristo.

Tenemos comunión con otros creyentes para cumplir la voluntad de Dios en la tierra.

Si fueras a rescatar a alguien que se hubiera caído por un precipicio, querrías estar atado al máximo número posible de personas en la montaña que te sostuvieran y te agarraran mientras intentas el rescate. Cuando ministramos y alcanzamos a los que están fuera de la comunidad de la fe, es necesario permanecer unidos para un éxito óptimo, a fin de que no nos caigamos.

Hay días en que necesitamos desesperadamente un buen abrazo para seguir adelante, y otros días precisamos una leve patadita para regresar a donde deberíamos estar. Los amigos que aman a Dios, y nos aman tal como somos, saben exactamente cuándo y cómo hacer lo correcto por nosotros. En el libro de Proverbios, Salomón escribe: «Más confiable es el amigo que hiere» (Proverbios 27.6).

La comunidad bíblica es el pegamento que nos mantiene unidos, mediante ella tenemos la oportunidad de hacer que el favor de Dios crezca y mantener buenas relaciones con otros. ¿Estás batallando en tu relación con Dios? ¿Te encuentras simplemente queriendo amarlo más de lo que lo amas? ¿Vives en continua disfunción con quienes te rodean? ¿O deseas fortalecer tus relaciones a un grado mayor? Conectarte con tus hermanos y hermanas en Cristo, someterte junto con ellos y caminar a su lado puede situarte en el camino correcto, a la vez que te mantiene en el rumbo hacia la verdad de Dios y su voluntad.

Dones espirituales

Pues así como cada uno de nosotros tiene un solo cuerpo con muchos miembros, y no todos estos miembros desempeñan la misma función, también nosotros, siendo muchos, formamos un solo cuerpo en Cristo, y cada miembro está unido a todos los demás. Tenemos dones diferentes, según la gracia que se nos ha dado.

ROMANOS 12.4–6

Cuando tomamos la valiente decisión de atravesar la línea de la fe y aceptamos la oferta de salvación de Dios mediante la gracia y la misericordia de Cristo, el Espíritu Santo nos da uno o varios dones espirituales, los cuales nos ofrece del tesoro de Dios de cualidades rectas. No tenemos que pedírselos, pues él los da libremente provenientes del corazón del Padre.

Cuando el Creador nos forma en el vientre, moldea nuestra personalidad y nuestras capacidades, y también nos da talentos a fin de usarlos para nuestra satisfacción personal y el beneficio del mundo. Si alguien puede cautivar audiencias con su voz para cantar, sorprender con invenciones intelectuales de arquitectura o moda, o emocionar con una capacidad atlética, esas cosas han sido puestas en el cuerpo y el alma desde la concepción. Esos talentos y capacidades pueden sin duda ser utilizados para la gloria de Dios, pero millones de personas los utilizan solamente para la gloria personal. Cuando alguien se convierte en cristiano, Dios le da un nuevo propósito a los talentos innatos con los que él creó a esa persona al nacer, de modo que sean utilizados para cumplir sus propósitos mediante su iglesia. Sin embargo, también es cierto que Dios deposita un don o dones espirituales en una persona cuando el Espíritu Santo hace residencia en él o ella. Esos dones, junto con la singularidad de su personalidad y los talentos recibidos al nacer, son utilizados para un propósito elevado y eterno.

PREGUNTA CLAVE: ¿Qué dones y capacidades me ha dado Dios para servir a otros?

¿Cómo podemos entonces conocer nuestros dones? Permíteme darte un escenario para considerar.

Imagina que vas conduciendo por la autopista. Delante de tu vehículo va una camioneta con una familia de cinco en el interior. En la parte trasera de la camioneta hay varias jaulas llenas de gallinas. La camioneta de repente comienza a dar bandazos, fuera de control, se sale de la carretera, se mete en la cuneta y se vuelca. Las jaulas salen volando de la parte trasera y se abren, de modo que las gallinas quedan libres. Tú, y también otras personas, inmediatamente se detienen a un lado para ayudar.

Ahora bien, quiero que pienses en tu primera respuesta y la actividad en la que sería más probable que participaras cuando te detienes a ayudar en esta escena.

¿Eres la persona que de inmediato toma la iniciativa? Les anuncias a todos: «Tengo esto controlado. Tan solo déjenmelo a mí y escuchen». Y comienzas a delegar responsabilidades y dar órdenes mientras los que están allí pasan a la acción.

¿Eres una persona que comenzaría a organizar y supervisar los detalles? Después de escuchar las órdenes del líder, empiezas a implementar el plan. Divides a la gente en grupos y distribuyes los equipos: alguien para dirigir el tráfico, los que ayudarán a las víctimas, y aquellos que intentarán atrapar a las gallinas. Luego te aseguras de que esos grupos tengan las herramientas necesarias para realizar el trabajo.

¿Eres la persona que se enfocaría por completo en las necesidades de la gente? Te olvidas de la camioneta. Las gallinas pueden esperar. Vas directamente a las cinco personas en el vehículo para ofrecerles ayuda, las tranquilizas y te ocupas de ellas hasta que lleguen los paramédicos. Un sentimiento de misericordia por las víctimas es tu enfoque principal.

¿Eres la persona que rápidamente se da cuenta de que ese esfuerzo llevará algún tiempo? El equipo de rescate va a necesitar comida y agua, así que vas a buscar algunas provisiones. Tu necesidad de ser generoso con los que están sacrificando tiempo y energía te llama al servicio.

¿Eres la persona que comenzaría a preguntarles a los involucrados en el accidente lo que cada uno podría aprender de esa desafortunada situación? ¿Qué se podría haber hecho para evitar la pérdida del control? ¿Cómo se puede evitar eso en el futuro? ¿Qué pasos debería dar el departamento de autopistas para evitar otro accidente en esa ubicación? Deseas reunir la información para enseñarles a otros cómo evitar tal accidente el día de mañana.

¿Eres la persona que simplemente se acerca y pregunta si puede ayudar, que pide que la pongan a trabajar y hace todo lo que sea necesario? Así que te quedas y haces el trabajo sucio hasta que las víctimas hayan sido llevadas al hospital y cada una de las gallinas esté otra vez en su jaula. Antes de irte, incluso limpias los restos del accidente después de que la grúa se haya llevado el vehículo.

¿Ves los diferentes dones utilizados y las acciones emprendidas por personas que se encuentran todas ante el mismo problema? El papel en el que te veas a ti mismo en esta situación puede indicar mucho acerca del don espiritual que Dios te ha dado.

Como en el caso de los otros que están en la escena del hipotético accidente, tu don no ha sido dado para tu propio beneficio personal, sino más bien para ser utilizado a fin de servir de común acuerdo con otros miembros del cuerpo de Cristo.

IDEA CLAVE: Conozco mis dones espirituales y los uso para cumplir los propósitos de Dios.

Considera de nuevo el escenario del accidente. Enumeré seis posibilidades de dones. ¿Y si una persona con cada uno de esos dones se hubiera detenido para ayudar? ¿Y si hubieran aparecido seis personas, cada una representando uno de esos dones? Entonces todos los implicados en ese accidente —las víctimas, las gallinas, la camioneta y el tráfico— quedarían bien cubiertos, ¿verdad? Esa es la intención de Dios al querer que nosotros suplamos las necesidades en la tierra. Trabajamos juntos para su gloria.

Cuando te convertiste en un miembro del cuerpo de Cristo, te sumaste a una comunidad de personas que están bajo la autoridad y la dirección de Dios mismo. La contribución de tu don logrará sus propósitos para el avance del reino. En Romanos 12.3–8, el apóstol Pablo escribe:

Por la gracia que se me ha dado, les digo a todos ustedes: Nadie tenga un concepto de sí más alto que el que debe tener, sino más bien piense de sí mismo con moderación, según la medida de fe que Dios le haya dado. Pues así como cada uno de nosotros tiene un solo cuerpo con muchos miembros, y no todos estos miembros desempeñan la misma función, también nosotros, siendo muchos, formamos un solo cuerpo en Cristo, y cada miembro está unido a todos los demás. Tenemos dones diferentes, según la gracia que se nos ha dado. Si el don de alguien es el de profecía, que lo use en proporción con su fe; si es el de prestar un servicio, que lo preste; si es el de enseñar, que enseñe; si es el de animar a otros, que los anime; si es el de socorrer a los necesitados, que dé con generosidad; si es el de dirigir, que dirija con esmero; si es el de mostrar compasión, que lo haga con alegría.

Nuestros dones espirituales deben ser practicados con un corazón de gracia, humildad y fe. Somos comisionados para descubrir los dones que Dios nos ha dado y utilizarlos para su gloria y beneficio del mundo. ¡En esencia, Pablo nos dice con lenguaje claro que descubramos nuestro don y después lo entreguemos!

APLICACIÓN CLAVE: ¿Qué cambio produce esto en mi modo de vivir?

- Buscamos servir, utilizando nuestros dones para glorificar a Dios y ayudar a otros.
- Valoramos y respetamos los dones de los demás mientras servimos juntos para los propósitos de Dios.
- Llegamos a ver que utilizar nuestros dones para Dios nos da un propósito mayor que nosotros mismos.

Al igual que sucede con la comunidad bíblica, los dones espirituales afectan fuertemente tu relación con Dios y los demás.

Hablemos de cómo influencian nuestros dones a otros. Sin embargo, antes hagámonos una pregunta: ¿por qué nos daría Dios solo uno o dos de estos dones en lugar de darnos todos los dones a todos? Él ciertamente podría hacer tal cosa. La respuesta nos lleva de nuevo a la comunidad bíblica. Dios quiere que nos apoyemos unos en otros y cooperemos unos con otros. Nuestras limitaciones en los dones crean una necesidad de interdependencia para que hermanos y hermanas compartan con la comunidad sus dones, al igual que para mantenernos humildes al no poder alcanzar todo el mundo solos.

Cuando un mundo que busca y sufre nos observe cooperando y moviéndonos al unísono a fin de suplir las necesidades, será atraído a querer experimentar el poder transformador que hace evitar la actitud de «cada uno para sí mismo» y aceptar la misión de Jesús en la que «cada alma importa».

Ya que el Espíritu Santo ha dado esos dones, nos guiará en cuanto a su uso. Él sabe exactamente lo que es necesario, cuándo es necesario y dónde es necesario. Por lo tanto, escuchar y obedecer al Señor se convierte en una respuesta vital para utilizar nuestros dones espirituales. Este proceso continuo sigue fortaleciendo y perfeccionando nuestra conexión con el Padre.

Vemos claramente esta interacción obrando en las palabras de Pablo a la iglesia en Corinto: «Después de todo, ¿qué es Apolos? ¿Y qué es Pablo? Nada más que servidores por medio de los cuales ustedes llegaron a creer, según lo que el Señor le asignó a cada uno. Yo sembré, Apolos regó, pero Dios ha dado el crecimiento» (1 Corintios 3.5–6).

Si quieres tener un mejor entendimiento de tus dones espirituales, busca varios recursos excelentes y herramientas en línea o las librerías cristianas. También puedes sencillamente solicitarles a ciertas personas que te ayuden a descubrir tus dones. Usa la historia en este capítulo y pídeles a tres amigos que te indiquen el papel que te ven desempeñando. Tu responsabilidad es descubrir y desarrollar los dones de Dios, y luego encontrar cómo cada uno de ellos encaja en el mundo que él quiere que alcances. Has recibido un don, y Dios planea usarlo para cambiar el mundo.

Cuando somos pequeños, la mayoría de nosotros fingimos tener, o soñamos con poseer, cierto tipo de superpoder. El Creador te ha dado un don divino. Cuando es utilizado según tu personalidad única y por medio de ella, tus capacidades e intelecto, y vigorizado por su Espíritu Santo, Dios ciertamente producirá resultados sobrenaturales que están muy por encima de lo que podrías pedir o imaginar que él haría nunca.

Ofrecimiento de mi tiempo

Y todo lo que hagan, de palabra o de obra, háganlo en el nombre del Señor Jesús, dando gracias a Dios el Padre por medio de él.

COLOSENSES 3.17

La mayoría de nosotros considera que el lunes en la mañana es el comienzo de nuestra semana, y la noche del domingo es el final. Y entonces comenzamos otra semana de nuevo. La rotación del reloj continúa para todos nosotros. Existe un hecho bastante interesante acerca de nuestro tiempo que lo hace diferente a muchos otros recursos en nuestra vida: ¡a todos se nos da exactamente la misma cantidad de este regalo! Hay siete días en una semana y hay veinticuatro horas en cada día: 7 x 24 = 168. Todos contamos con 168 horas cada semana. No tenemos elección. No podemos comprar o intercambiar más tiempo, y tampoco podemos decidir tomar menos. Sin embargo, sí podemos hacer una decisión en cuanto a cómo utilizar cada hora. Por este motivo, el tiempo es sin duda un objeto precioso, al igual que el factor igualitario, para toda la humanidad. Ninguno de nosotros puede ofrecer ninguna excusa para la productividad o tener ninguna prioridad por poseer menos o más. La verdadera pregunta entonces es la siguiente: ¿cómo utilizamos este recurso finito llamado tiempo?

PREGUNTA CLAVE: ¿Cómo utilizar mejor mi tiempo para servir a Dios y los demás?

La Biblia enseña en muchos pasajes acerca de nuestro uso del tiempo. Colosenses 3.17 es particularmente útil para recordarnos que nuestros horarios de cada día deberían verse muy distintos ahora a lo que eran antes de nuestra salvación: «Y todo lo que hagan, de palabra o de obra, háganlo en el nombre del Señor Jesús, dando gracias a Dios el Padre por medio de él».

La nueva vida de Jesús en nosotros debería cambiar nuestras prioridades y el modo en que vemos el regalo del tiempo. Dicho con sencillez, nuestro calendario debería ser redimido no mucho después de que nuestra alma sea redimida.

¿Por qué si no querría alguien emplear su día ayudando a una viuda en el barrio con reparaciones en su casa?

¿Por qué si no querría alguien ayudar a una madre soltera cuidando de sus hijos mientras ella va a comprar al supermercado?

¿Por qué si no querría alguien ser mentor de un estudiante en riesgo una vez por semana?

¿Por qué si no querría alguien trabajar como voluntario en la guardería de la iglesia?

Estos son solo unos pocos ejemplos de cómo se ve darle de mi tiempo a Cristo.

IDEA CLAVE: Invierto mi tiempo en cumplir los propósitos de Dios.

Cuando Jesús colgaba de la cruz, hizo que su sacrificio tuviera que ver por completo con nosotros. Sin embargo, ahora se nos ha liberado de vivir una vida egocéntrica, de modo que podemos participar en las vidas de otros a los que él ama profundamente. Nuestro tiempo ya no se trata de nosotros mismos, sino de Cristo. No es nuestro tiempo, sino el de Dios. Su gran amor ahora nos motiva a dedicar nuestro horario a cumplir con sus prioridades.

Debemos estar tan seguros de que estamos comprometidos con la segunda parte de esta idea clave como lo estamos con la primera. No solo debemos invertir nuestro tiempo, sino también utilizar esas horas para cumplir los propósitos de Dios, no los nuestros o los de alguna otra persona. Este es el concepto que se afirma en Colosenses 3.17. La persona sentenciada por un juez a realizar un servicio comunitario como castigo por un delito está, en esencia, «entregando su tiempo»; sin embargo, la meta final no es para la gloria de Dios. Como cristianos, cumplir el plan y el propósito de Dios con nuestro tiempo es igual de crucial que entregar las horas.

Debido a nuestra respuesta al gran amor y la gracia de Dios, no deberíamos necesitar una ley que nos diga que demos de nuestro tiempo para servirle. La respuesta adecuada es estar tan impresionados por su sacrificio que demos de este precioso recurso para salir y alcanzar a otros en su nombre. Una cosa es tener un don espiritual, pero otra es dedicar el tiempo a fin de usar un don regularmente para los demás y la gloria de Dios. Con Pablo, nos gozamos en hacer que este sea nuestro testimonio:

> He sido crucificado con Cristo, y ya no vivo yo sino que Cristo vive en mí. Lo que ahora vivo en el cuerpo, lo vivo por la fe en el Hijo de Dios, quien me amó y dio su vida por mí. (Gálatas 2.20)

APLICACIÓN CLAVE: ¿Qué cambio produce esto en mi modo de vivir?

Aunque ofrecer tu tiempo para cumplir los propósitos de Dios es un concepto claro, a continuación hay algunas sugerencias para ayudarte a hacer planes y establecer prioridades.

1. Mantén un registro de tu horario durante una semana. La aplicación Notas en tu teléfono inteligente es un lugar estupendo para hacerlo. Ten cuidado de evitar ser demasiado genérico. No solo escribas «ocho horas en el trabajo». Este ejercicio tiene la intención de que seas concreto identificando dónde y cuántas horas son utilizadas. Al final de la semana, responde sinceramente estas preguntas:

1. ¿Refleja mi horario el modo en que Dios quiere que utilice mi tiempo?
2. ¿Qué ajustes debería hacer?
3. ¿Dónde estoy permitiendo que haya espacio para la tentación o el pecado?
4. ¿Hay alguna actividad que creo que Dios me está llamando a suspender o posponer?
5. ¿Hay alguna actividad que creo que Dios me está llamando a añadir a mi horario?
6. ¿Dónde puedo hacer más espacio para el uso de mi don espiritual?

2. Utiliza tu tiempo diario de viaje para llamar a los amigos y ponerte al día. Esto es especialmente útil para conectarte con familiares y amigos que viven fuera de la ciudad, personas a las que no ves con regularidad.

3. Busca una oportunidad ministerial durante la hora del almuerzo o durante otro espacio de tiempo que podrías regularmente apartar para servir a otros. Busca pequeños períodos de tiempo que puede que no te hayas dado cuenta de que estás desperdiciando y podrían fácilmente utilizarse para propósitos del reino. Cuando lo hagas, te estarás haciendo eco de la oración del salmista:

> *Enséñanos a contar bien nuestros días, para que nuestro corazón adquiera sabiduría.* (Salmos 90.12)

4. Une la práctica de la oración con la práctica de ofrecer tu tiempo. Pídele a Dios que te muestre cómo utilizar tu tiempo sabiamente y de tal modo que le dé gloria a él.

- Cuando ores para que Dios te guíe, él te ayudará a *administrar* el tiempo. El autor de Eclesiastés escribe: «Todo tiene su momento oportuno; hay un tiempo para todo lo que se hace bajo el cielo» (Eclesiastés 3.1). Como administrador de tu vida y de todo lo que Dios te ha dado, depositar tu calendario sobre el altar y ofrecérselo al Señor es un estupendo paso de obediencia al verdadero señorío. Su omnisciencia le permite saber exactamente dónde estás y dónde deberías estar, lo que estás haciendo y lo que deberías estar llevando a cabo, las personas con quienes estás y aquellas con las que deberías estar. Él puede decirte todo eso en cualquier momento del día. Darle acceso pleno para hablarte en cualquier momento con respecto a tu calendario producirá un cambio enorme a medida que sirves en su nombre en tu pequeño rincón del mundo.

- Cuando ores para que Dios te guíe, él te ayudará a *multiplicar* el tiempo. En el libro de Proverbios leemos: «Por mí aumentarán tus días; muchos años de vida te serán añadidos» (Proverbios 9.11).

Dios tiene una manera increíble de multiplicar cualquier recurso que se le entrega (¡recuerda la alimentación de los cinco mil!). De manera similar a lo que sucedió cuando el muchacho ofreció los peces y los panes, mientras más horas le entregues a Dios, más contará tu vida y más influencia tendrá sobre las personas (ver Juan 6.5–13). Al igual que el tiempo empleado sin considerar a Dios es fácil y rápidamente desperdiciado, el tiempo que le rendimos a él cuenta para toda la eternidad.

- Cuando ores para que Dios te guíe, él te ayudará a *maximizar* el tiempo. El autor de Job nos dice: «Los días del hombre ya están determinados; tú has decretado los meses de su vida; le has puesto límites que no puede rebasar» (Job 14.52). Aunque multiplicar y maximizar puede parecer similar, multiplicar le corresponde completamente a Dios. Tú das; él multiplica. Maximizar tu tiempo es un esfuerzo conjunto y sinérgico entre tu obediencia enfocada y su omnisciencia puesta a tu favor. ¿Y si cada mañana o cada noche oraras: *Padre, mi tiempo es tuyo. Muéstrame, dirígeme, háblame sobre lo que tú quieres que haga, sobre cómo utilizar este precioso don sabiamente,* y después escucharas, confiaras y obedecieras?

Nuestro trabajo a menudo hace que nos enfoquemos en convertir en dinero nuestro tiempo. La siguiente historia nos ayuda a entender la necesidad crucial de maximizar y multiplicar nuestras preciosas horas.

Un hombre había estado trabajando muchas largas horas durante bastante tiempo. Una noche, llegó tarde a su casa, agotado, para encontrar a su hijo de cinco años esperándolo.

—Papá, ¿puedo hacerte una pregunta?

—Claro, hijo. ¿Cuál es? —respondió el papá.

—¿Cuánto dinero ganas en una hora?

—¿Qué te hace preguntar tal cosa? —averiguó el padre, cansado e irritado.

—Solo necesito saberlo. Por favor, dime cuánto dinero ganas en una hora —insistió el hijo.

—Bien, gano veinte dólares por hora.

Levantando la mirada hacia su padre, el muchacho preguntó:

—Papi, ¿me puedes prestar diez dólares, por favor?

El padre se puso furioso.

—Si la única razón de que quisieras saber cuánto dinero gano es para poder comprarte un juguete o alguna otra tontería, entonces vete directamente a tu cuarto y métete en la cama. Trabajo largas y difíciles horas cada día, y no tengo tiempo ahora mismo para esto.

El muchacho se fue calladamente a su cuarto y cerró la puerta.

Después de un rato, el papá se calmó y comenzó a pensar en que pudo haber sido demasiado duro con su hijo. Quizá él realmente necesitaba los diez dólares por un buen motivo. Así que fue hasta la puerta del cuarto de su hijo.

—¿Estás dormido, hijo? —preguntó el papá.

—No, papá, estoy despierto —respondió el muchacho.

—He estado pensando que quizá fui demasiado duro contigo antes —dijo el hombre—. Ha sido un largo día, y desahogué mis frustraciones contigo. Aquí tienes diez dólares. ¿Para qué los necesitas?

El muchacho se sentó en la cama.

—¡Gracias, papá!

Luego metió la mano debajo de su almohada y sacó algunos billetes arrugados que había estado ahorrando de su mensualidad.

—¿Por qué querías más dinero si ya tenías? —le preguntó el padre, a punto de irritarse otra vez.

El hijo contó lentamente su dinero y entonces, levantando la vista hacia su papá, dijo:

—Porque no tenía suficiente, pero ahora tengo. Papá, ahora tengo veinte dólares. ¿Puedo comprar una hora de tu tiempo? Te extraño.

Aunque esta historia sin duda toca nuestra fibra sensible y hace que evaluemos nuestras prioridades de tiempo, no podemos evitar pensar y estar agradecidos por nuestro Padre celestial, que brinda su atención constante, directa e interminable a los detalles de nuestra vida.

El salmista David nos recuerda la fragilidad de la vida y la importancia de utilizar sabiamente nuestro tiempo:

> Hazme saber, SEÑOR, el límite de mis días,
>   y el tiempo que me queda por vivir;
>   hazme saber lo efímero que soy.

Muy breve es la vida que me has dado;
ante ti, mis años no son nada.
Un soplo nada más es el mortal,
un suspiro que se pierde entre las sombras.
Ilusorias son las riquezas que amontona,
pues no sabe quién se quedará con ellas.

Y ahora, Señor, ¿qué esperanza me queda?
¡Mi esperanza he puesto en ti! (Salmos 39.4–7)

¿Le has respondido alguna vez a alguien que te pidiera un minuto de tu tiempo diciendo: «Claro, mi tiempo es tu tiempo»? Que esa sea nuestra respuesta a Jesús cada día.

Donación de mis recursos

Pero ustedes, así como sobresalen en todo —en fe, en palabras, en conocimiento, en dedicación y en su amor hacia nosotros—, procuren también sobresalir en esta gracia de dar.

2 CORINTIOS 8.7

Para los niños, hay una gran diferencia entre «tienes que» y «ve a». «Tienes que ir al médico para que te ponga una inyección». «Tienes que esperar aquí y estar callado hasta que yo termine». «Ve a comprar un helado». «Ve a escoger un juguete en la tienda, porque has sido muy paciente». Desde temprano aprendemos a trazar una línea para dividir las actividades que percibimos como divertidas o aburridas, buenas o malas, positivas o negativas.

Como adultos, seguimos experimentando gran parte de estos «tienes que» y «ve a» en la vida. Sin embargo, algunas de esas áreas pueden pasar de un extremo al otro, dependiendo de la persona y sus circunstancias. Dar ciertamente encaja en esa descripción, en particular donar a la iglesia. Una persona encuentra gran gozo en dar con regularidad para apoyar el ministerio del evangelio, mientras que otra lo considera una pesada carga. Sin embargo, ¿qué marca la diferencia entre las dos perspectivas? ¿Qué traza la línea entre el gozo y el fastidio, o delinea el límite entre la generosidad y la codicia?

PREGUNTA CLAVE: ¿Cómo uso mejor mis recursos para servir a Dios y a otros?

Los historiadores nos dicen que cuando los soldados en la Edad Media llegaban a la fe en Cristo y eran bautizados, el acontecimiento con frecuencia iba acompañado de una distorsión única. El guerrero mantenía su brazo derecho fuera del agua, lo que quería señalar simbólicamente que el brazo utilizado para blandir su espada y matar no estaría comprometido y rendido al Señor como lo estaba el resto de su cuerpo. Esa decisión era sin duda un mal intento de mostrar que la mano izquierda no sabía lo que estaba haciendo la derecha.

Hoy en día parece que muchos cristianos mantienen también su brazo derecho fuera del agua, pero con su cartera o billetera en la mano, como para decir: «Señor, puedes tenerlo todo... ¡excepto mi dinero!». En su primera carta a Timoteo, Pablo advierte:

> Los que quieren enriquecerse caen en la tentación y se vuelven esclavos de sus muchos deseos. Estos afanes insensatos y dañinos hunden a la gente en la ruina y en la destrucción. Porque el amor al dinero es la raíz de toda clase de males. Por codiciarlo, algunos se han desviado de la fe y se han causado muchísimos sinsabores. (1 Timoteo 6.9–10)

De las treinta y ocho parábolas de Jesús en la Biblia, dieciséis de ellas hablan sobre cómo manejar las posesiones; en total, 288 versículos de los Evangelios, uno de cada diez, se refieren al dinero. Más de dos mil versículos de la Biblia hablan sobre nuestros recursos personales, comparados con aproximadamente quinientos que hablan sobre la oración y menos de quinientos sobre la fe.[25] No podemos concluir por estas estadísticas que el corazón de Jesús estuviese enfocado en el dinero, sino más bien que él sabía que el nuestro sí lo estaría. Su enseñanza continuamente nos dirige hacia utilizar todo lo que tenemos, incluidos nuestro dinero y nuestras posesiones, para amarlo a él y amar a los demás.

IDEA CLAVE: Doy de mis recursos para cumplir los propósitos de Dios.

La gran gracia de Dios debería motivarnos a sentirnos no como si se nos requiriera dar, sino como si fuéramos privilegiados por poder hacerlo. El apóstol Pablo escribe: «Cada uno debe dar según lo que haya decidido en su corazón, no de mala gana ni por obligación, porque Dios ama al que da con alegría» (2 Corintios 9.7).

Como dedicados seguidores de Cristo, nuestra oración diaria debe llegar a ser: *Señor, ¿cómo quieres que use los recursos que tú me has confiado?* Esto incluye nuestras carteras y billeteras: el dinero en efectivo, las chequeras, las tarjetas de débito, las tarjetas de crédito, las cuentas de ahorros y todos nuestros otros recursos.

Esta práctica está directamente vinculada a la creencia de la mayordomía: creo que todo lo que soy y todo lo que tengo le pertenece a Dios. Ahí está nuestra línea divisoria. ¿Percibimos nuestro dinero, nuestros recursos, como de Dios o propios?

Cuando Jesús redime nuestra alma, también puede redimir nuestra administración financiera, la deuda, los ahorros, la inversión y el dar. Nuestras chequeras, tarjetas de crédito, cuentas de ahorro, acciones, bonos y planes de jubilación deberían estar todos bajo la autoridad y el liderazgo de Cristo.

Como pastor, he aconsejado a las personas sobre este tema durante muchos años, y puedo decir con seguridad que lo que evita que muchos cristianos ofrenden no es realmente su falta de deseo, sino más bien una abundante deuda personal. Con mucha frecuencia la deuda proviene no tanto de facturas médicas por enfermedades imprevistas o tragedias inevitables, sino más bien de decisiones intencionales a fin de acumular cosas, lo cual entonces produce una carga casi insoportable por muchos años y evita la verdadera libertad y bendición al darle a Dios y su reino.

En el Sermón del Monte, Jesús enseña: «Nadie puede servir a dos señores, pues menospreciará a uno y amará al otro, o querrá mucho a uno y despreciará al otro. No se puede servir a la vez a Dios y a las riquezas» (Mateo 6.24). Tristemente, aunque muchos cristianos hoy en día dirían que aman a Dios y desean servirle, su devoción debe dirigirse a «servir» los pagos demandados cada mes. Las palabras de Jesús son tan precisas en la actualidad como el día en que las dijo por primera vez.

Como hemos afirmado con otras ideas clave, damos de nuestros recursos con una razón eterna en primer lugar: cumplir los propósitos de Dios. El dinero nunca salvará el alma de nadie, pero se necesitan fondos para apoyar los ministerios que alcanzan a las personas en todo el mundo con el evangelio de Cristo. Si creemos que lo único que importará en el cielo será lo que hayamos hecho para Jesús aquí en la tierra, entonces la vasta mayoría del dinero que pasa por nuestras manos no contará para mucho, excepto lo que haya sido dado para edificar el reino de Cristo.

APLICACIÓN CLAVE: ¿Qué cambio produce esto en mi modo de vivir?

• Intencionadamente damos un porcentaje de nuestros recursos financieros para impulsar los propósitos de Dios y su reino.

• Intencionadamente disponemos de los recursos materiales que Dios nos ha confiado (casa, auto, ropa, herramientas, comida) para cumplir los propósitos de Dios en las vidas de otros.

Aquí te presento un valioso ejercicio. Revisa el registro de tu chequera y el informe del mes pasado de la tarjeta de crédito. Recorre los treinta últimos días y clasifica tus gastos. Aunque es algo potencialmente doloroso, puedo prometerte que te beneficiará en el futuro. Hazte estas preguntas:

1. ¿Qué patrones o tendencias veo?
2. ¿Qué prioridades son evidentes en mis gastos?
3. ¿Dónde estoy contento con respecto al manejo de mi dinero?
4. ¿Dónde estoy decepcionado con mis descubrimientos?
5. ¿Qué cambios debería considerar hacer?

Cuando pongas tus finanzas delante del Señor, pregúntale: «¿Estoy utilizando los recursos que tú me has dado para lograr tus propósitos?». Si la respuesta es sí, dale gracias a Dios por su sabiduría y su provisión, y sigue creciendo en el dar. Si la respuesta es no, entonces la autocondenación y el lamento no son las soluciones adecuadas. La buena noticia es que Dios, que es fiel y justo, te perdonará, y estará listo para ayudarte a enfocar tu energía en la transformación del modo en que usas tu dinero.

Así que, ¿dónde comenzamos?

Regresemos al corazón. Hay una decisión que tomar. ¿A quién serviremos? Piensa de nuevo en estas palabras de Jesús: «Nadie puede servir a dos señores, pues menospreciará a uno y amará al otro, o querrá mucho a uno y despreciará al otro. No se puede servir a la vez a Dios y a las riquezas» (Mateo 6.24).

Un hombre lo afirmó bien en su testimonio financiero: «Yo solía pensar que no podía permitirme darle a Dios, pero cuando comencé a hacerlo, ¡él me bendijo tanto que ya no podía permitirme no ofrendar!».

Si no conoces ya este principio clave del reino, ahora es el momento perfecto para recibir esta verdad: Dios tiene su propia economía. Él no tiene que apoyarse en el actual estado de ninguna nación para bendecir a su pueblo, y no está limitado por las acciones de nadie. Él puede producir lo que sea necesario para proveer, exactamente cuando desee que esto suceda. Las personas que han leído las Escrituras sobre dar y decidieron tomarle la palabra al Señor, también testifican de los milagros que ha obrado cuando pusieron su confianza en él y situaron todos sus recursos en el centro de la economía de Dios. ¡Recuerda, estamos *en* el mundo, pero no somos *de* él! Ya sea que nos tome unos meses o unos años obedecer fielmente para poner nuestra casa financiera en orden, Dios tiene la capacidad única de multiplicar lo que su pueblo le ofrece y bendecir aquello a lo que se le permite tener acceso.

Proclamación de mi fe

Oren también por mí para que, cuando hable, Dios me dé las palabras para dar a conocer con valor el misterio del evangelio, por el cual soy embajador en cadenas. Oren para que lo proclame valerosamente, como debo hacerlo.

EFESIOS 6.19–20

Para una inmensa mayoría de cristianos, en particular en nuestra cultura políticamente correcta, hablar con un incrédulo sobre una relación con Cristo parece una tarea abrumadora e intimidante. El tiempo. La moda. Los deportes. Las noticias actuales. Todo eso está bien. ¿Jesús? No tanto. Poner nuestro mensaje a la defensiva es una estrategia brillante y clara de Satanás para evitar que las personas oigan sobre la salvación. Sin embargo, confío en que probablemente tú te hayas convertido en cristiano por medio de alguien que estuvo dispuesto a correr un riesgo y acercarse a ti para compartir las buenas nuevas de Jesucristo contigo. El apóstol Pablo escribe:

Ahora bien, ¿cómo invocarán a aquel en quien no han creído? ¿Y cómo creerán en aquel de quien no han oído? ¿Y cómo oirán si no hay quien les predique? ¿Y quién predicará sin ser enviado? Así está escrito: «¡Qué hermoso es recibir al mensajero que trae buenas nuevas!». (Romanos 10.14–15)

PREGUNTA CLAVE: ¿Cómo comparto mi fe con los que no conocen a Dios?

La creencia clave de la eternidad —que hay un cielo y un infierno y que Jesús regresará a juzgar a todas las personas y establecer su reino eterno— es real. El destino perenne de las personas se basa por completo en que reciban el perdón de sus pecados por medio de Cristo. Él ha proporcionado el camino de la salvación, pero las personas deben aceptarlo individualmente por sí mismas. El regalo es gratuito, independientemente de lo que hayan hecho. Nadie está por encima de recibir la salvación. Nosotros, como sus discípulos, estamos aquí para hacerles saber a las personas, mediante el modo de vivir nuestra vida y por las palabras que decimos, lo que sabemos sobre Jesús.

Año tras año, década tras década, las estadísticas acerca de cómo las personas llegan a la fe en Jesús muestran que una clara mayoría lo hace por medio de alguien que se interesa lo bastante para compartir la historia del evangelio. Las relaciones siempre han sido, y siguen siendo, el principal camino que Dios utiliza para llevar a las personas a su reino. Dios tiene un plan para salvar el mundo: su pueblo, nosotros.

Durante más de dos mil años el cristianismo ha estado a una generación de distancia de la extinción; sin embargo, el plan sigue funcionando. La fe avanza. ¿Siguen muriendo personas sin tener una relación con Cristo? Desde luego, y eso es una desgracia. Aun así, nuestra misión es sencilla: llevarles el mensaje a todos los que podamos.

IDEA CLAVE: Proclamo mi fe ante otros para cumplir los propósitos de Dios.

Después de recibir a Cristo, puede que cada uno tenga diferentes carreras para ganarse la vida, pero todos tenemos la misma descripción de trabajo. Pablo nos dice en 2 Corintios 5.18–21:

> *Todo esto [nuestra nueva vida] proviene de Dios, quien por medio de Cristo nos reconcilió consigo mismo y nos dio el ministerio de la reconciliación: esto es, que en Cristo, Dios estaba reconciliando al mundo consigo mismo, no tomándole en cuenta sus pecados y encargándonos a nosotros el mensaje de la reconciliación. Así que somos embajadores de Cristo, como si Dios los exhortara a ustedes por medio de nosotros: «En nombre de Cristo les rogamos que se reconcilien con Dios». Al que no cometió pecado alguno, por nosotros Dios lo trató como pecador, para que en él recibiéramos la justicia de Dios.*

¿La descripción de trabajo? Somos embajadores de Cristo.

¿Qué hace un embajador? Lleva el mensaje de Dios de reconciliación a las personas del mundo. Al otro lado de la calle o al otro lado del planeta, no declaramos nuestro propio mensaje, sino el de él.

¿Cómo sucede esto? «Como si Dios los exhortara a ustedes por medio de nosotros». Mediante su poder, él nos dará la oportunidad y las palabras.

¿Cuál es la apelación? «Que se reconcilien con Dios». Dios envió a Jesús «como pecador», a morir para que nosotros no tuviéramos que hacerlo, de modo que podamos ser partícipes de la justicia de Dios, porque no poseemos ninguna por nuestros propios medios. ¡La deuda que nunca podríamos pagar ha sido pagada por completo! Por eso el evangelio se llama las buenas nuevas.

APLICACIÓN CLAVE: ¿Qué cambio produce esto en mi modo de vivir?

Nosotros no somos nunca responsables de salvar, sino solo de compartir. Nuestra meta es llevar la revelación, no causar una respuesta. El resultado final le corresponde a Dios, pero nosotros debemos aprender a compartir nuestra fe.

Aunque hay muchos métodos y recursos para hablarles a las personas sobre Cristo, a continuación te presento dos enfoques sencillos para proclamar tu fe.

1. Comparte tu historia

Como cristiano, tienes una autobiografía espiritual, una historia que contar sobre cómo Dios te salvó. Esa es tu historia, única y singular. La maravillosa verdad sobre tu viaje de fe es que nadie puede debatir o argumentar contigo acerca de su validez. Jesús se hizo real para ti, y tú lo crees. De modo que conoce tu historia, porque tienes una. Cuenta tu historia, porque puedes hacerlo.

Todos hemos escuchado los milagrosos relatos de personas que fueron liberadas y puestas en libertad de una adicción y circunstancias horribles. Quizá a ti también te sucedió. Sin embargo, existe un denominador común en todas las historias de Jesús. Todos estábamos perdidos y destinados al infierno. Él vino, nos encontró y nos ofreció salvación. Nosotros recibimos su regalo, y por lo tanto fuimos salvos. Caso cerrado. Así que el testimonio de alguien no es mejor o más interesante que el de otra persona, pues la escena final es siempre la misma: somos salvos de la muerte y situados en el camino del reino de Dios mediante una relación con Cristo.

Según nuestra cultura de Twitter de «140 caracteres o menos», un testimonio preciso y potente resulta lo mejor. He aquí una sencilla progresión para compartir tu historia:

1. En un minuto o menos, habla de tu vida antes de acudir a Cristo. Comparte tus circunstancias, las luchas y preguntas que tenías. ¿En qué camino estabas antes de conocer a Jesús?
2. En un minuto o menos, habla de cómo llegaste a la fe en Cristo. ¿Quién te habló de él? ¿Qué circunstancias rodearon tu decisión? ¿Cómo supiste que esa era la decisión correcta?
3. En un minuto o menos, habla de cómo Cristo te ha transformado. ¿Qué cambios ha provocado él? ¿Cómo ha cambiado tu vida después de cruzar la línea de la fe?
4. En un minuto o menos, habla de lo que Dios está haciendo en tu vida en este momento. Incluso si te convertiste en cristiano hace veinte años, Dios está obrando constantemente en ti, de modo que comparte lo que está haciendo ahora, lo que te está mostrando y cómo estás creciendo.

Puede que te resulte útil dedicar media hora a escribir todo esto. De tres a cinco frases por punto serán con frecuencia suficientes. Escríbelo, apréndelo, compártelo.

2. Comparte escrituras

Ya que la Palabra de Dios contiene el plan de salvación, comparte entonces esos versículos. Este método en particular es conocido como «el camino de Romanos».

1. **¿Por qué necesitamos salvación?**
   - Romanos 3.10: «Así está escrito: "No hay un solo justo, ni siquiera uno"».

- Romanos 3.23: «Pues todos han pecado y están privados de la gloria de Dios».

Nadie puede llegar a Dios por sí mismo. Todos nos quedamos cortos en cuanto a la marca de la justicia.

2. ¿Qué esperanza tenemos?

- Romanos 5.8: «Pero Dios demuestra su amor por nosotros en esto: en que cuando todavía éramos pecadores, Cristo murió por nosotros».
- Romanos 6.23: «Porque la paga del pecado es muerte, mientras que la dádiva de Dios es vida eterna en Cristo Jesús, nuestro Señor».

Debido a su gran amor, Dios nos dio el regalo de su Hijo para ofrecernos vida eterna.

3. ¿Cómo podemos ser salvos?

- Romanos 10.9–10: «Si confiesas con tu boca que Jesús es el Señor, y crees en tu corazón que Dios lo levantó de entre los muertos, serás salvo. Porque con el corazón se cree para ser justificado, pero con la boca se confiesa para ser salvo».
- Romanos 10.13: «Porque "todo el que invoque el nombre del Señor será salvo"».

Cree en tu corazón y confiesa con tu boca que Jesús es el Señor, y la salvación es tuya.

La carta de Pablo a los romanos contiene otros versículos de seguimiento (por ejemplo: 5.1; 8.1, 38–39), pero estos tres sencillos pasos son suficientes para guiar a alguien a la fe en Cristo.

No hay ninguna palabra mágica para salvarnos; solo una sencilla oración sincera bastará. A continuación hay una muestra de una oración de salvación:

Padre celestial, confieso que soy pecador y necesito un Salvador. Por favor, sálvame. Ven a mi vida y cámbiame. Quiero pasar la eternidad contigo. Gracias por morir en la cruz por mí. Gracias por la nueva vida que me ofreces ahora. En el nombre de Jesús. Amén.

Independientemente de cómo decidas llevar las buenas nuevas del evangelio, el elemento más importante es que estés dispuesto a proclamar tu fe. Si estás dispuesto y preparado, Dios traerá las oportunidades. ¿Puedes recordar la última vez que hablaste de Cristo o al menos le dijiste a alguien lo importante que es tu fe para ti? ¿Cuándo fue la última vez que invitaste a alguien a creer en Cristo?

En el caminar cristiano nada es más gozoso que hacerles saber a las personas el cambio que Dios produce y que la vida verdadera se encuentra en Jesús. Y luego, cuando contribuimos a que alguien cruce la línea de la fe y se aferre a la vida eterna, sencillamente nada es mejor. Cuando somos capaces de ver a alguien dirigir su vida no solo hacia el reino de Dios, sino también hacia la vida abundante que nos ofrece en este momento, cumplimos la razón misma por la que él nos tiene aquí.

Debemos siempre tener en mente lo mucho que Dios quiere salvar a las personas. En la cruz el ladrón le dijo a Jesús: «Acuérdate de mí cuando vengas en tu reino», a lo cual el Señor milagrosamente respondió: «Hoy estarás conmigo en el paraíso» (Lucas 23.42–43). Ese intercambio de dos frases muestra el profundo anhelo en el corazón de Dios de rescatar a las personas del pecado y la muerte eterna. Sencillamente debemos sumarnos a él en su obra al compartir lo que ha hecho por nosotros.

Pensamientos finales sobre las prácticas clave

Una vez escuché una historia sobre un hombre que asistió a una exposición de arte y se sorprendió por la estatua de un león a tamaño real. Los detalles y la escala eran increíbles. El hombre se acercó al escultor, que estaba cerca, y le preguntó: «¿Cómo es posible que pudiera formar un león con tanto detalle en un bloque de piedra?». El artista sonrió con timidez y respondió: «Bueno, en realidad es fácil. Sencillamente fui quitando todo lo que no se veía como un león».[26]

Dios está de forma metódica y continua quitando de nosotros todo lo que no se ve como su Hijo: el León de Judá. Él está continuamente dándonos forma y moldeándonos a cada uno a su imagen.

La meta de Dios es que cuando dejemos este mundo y entremos en el de él, nos parezcamos todo lo posible a Cristo. Cuando entremos al cielo, recibiremos nuestro cuerpo glorificado y seremos plenamente formados a su imagen. Sin embargo, como he afirmado repetidas veces, la razón para ser como él en este momento es que podamos influenciar a todas las personas posibles para que se sumen a nosotros en su reino.

Las diez prácticas sobre «¿Qué debería hacer?» son algunas de las acciones principales de Jesús, esos movimientos que deberíamos imitar, esas actividades que hacen que sigamos intentando llegar a ser como él.

PARTE 3

Ser como Jesús
¿Quién estoy llegando a ser?

Queridos hijos, por quienes vuelvo a sufrir dolores de parto hasta que Cristo sea formado en ustedes, ¡cómo quisiera estar ahora con ustedes...!

GÁLATAS 4.19–20

Hace unos años recibimos un limonero como regalo de una familia de nuestra iglesia. En ese momento no sabíamos mucho sobre cómo ocuparnos de un árbol frutal. Leímos acerca de lo importante que es el terreno para la salud del árbol. Aprendimos sobre el tamaño del tiesto en el cual el árbol es plantado y la manera adecuada de podarlo para hacer que sea más productivo. Descubrimos la importancia del agua y la cantidad de luz del sol, al igual que el equilibrio adecuado entre ambas cosas.

Al fin, a la primavera siguiente, vimos que nuestro primer limón comenzaba a crecer. Para el verano, decidimos hacer la transición de jardineros a consumidores. El único limón era verde. *Quizá nuestros amigos nos regalaron un árbol de limas*, pensamos. Cortamos nuestro limón. Yo tomé un cuchillo y partí la fruta por la mitad. Resultó que era un limón verde que había sido cortado demasiado pronto por un jardinero inexperto. Para nuestra tristeza, tuvimos que tirar a la basura nuestra «cosecha abundante». Aprendimos, allí y entonces, que el momento de cortar el fruto es crucial para el consumo y el disfrute. Cultivar un buen fruto, aunque es una labor llena de amor, también puede ser una tarea desafiante.

Jesús utilizó la analogía del fruto para enseñar acerca del proceso de crecimiento espiritual. Afirmó que llegar a ser como él se parece mucho a cultivar un fruto.

> Yo soy la vid verdadera, y mi Padre es el labrador. Toda rama que en mí no da fruto, la corta; pero toda rama que da fruto la poda para que dé más fruto todavía. Ustedes ya están limpios por la palabra que les he comunicado. Permanezcan en mí, y yo permaneceré en ustedes. Así como ninguna rama puede dar fruto por sí misma, sino que tiene que permanecer en la vid, así tampoco ustedes pueden dar fruto si no permanecen en mí. Yo soy la vid y ustedes son las ramas. El que permanece en mí, como yo en él, dará mucho fruto; separados de mí no pueden ustedes hacer nada. (Juan 15.1–5)

Jesús define los papeles de los que participan en el huerto del crecimiento de Dios. Él es la vid, el tronco del árbol o el tallo principal del cual crecen las raíces hacia abajo y el fruto hacia arriba. Los cristianos, aquellos que creen en Jesús para la salvación, son las ramas que salen y crecen desde el tronco o la vid. Dios es el labrador que interviene en el fluir de la vida de las ramas para finalmente producir y dar fruto. Él desempeña el papel crítico a la hora de dirigir y supervisar el proceso.

Mientras estemos conectados a Jesús, daremos mucho fruto, pero si nos separamos de la vid, no produciremos nada. Ni tan solo un poco. No algo, sino cero. Estos versículos constituyen una promesa y un estímulo para permanecer cerca, crecer y producir un fruto sabroso y atractivo para todos. Nuestras vidas no solo serán enriquecidas, sino aún más importante, el mundo conocerá la grandeza del Labrador.

¿Cómo «permanecemos» entonces en Cristo?

La palabra significa «estar firmes; continuar en una condición específica; resistir». Nos mantenemos firmes en nuestra relación con Dios por medio de Cristo en períodos de inundaciones o de sequía. Confiamos en su mano y su proceso, y al final daremos mucho fruto. En Juan 15.9–10, Jesús dice:

> *Así como el Padre me ha amado a mí, también yo los he amado a ustedes. Permanezcan en mi amor. Si obedecen mis mandamientos, permanecerán en mi amor, así como yo he obedecido los mandamientos de mi Padre y permanezco en su amor.*

¿Cuáles son los mandamientos del Padre a los que Jesús se refiere aquí?

> «*"Ama al Señor tu Dios con todo tu corazón, con todo tu ser, con todas tus fuerzas y con toda tu mente", y: "Ama a tu prójimo como a ti mismo"*». (Lucas 10.27)

Nuestra relación *vertical* con Dios nos invita a participar en las disciplinas o prácticas espirituales, como hemos hablado anteriormente. Estos actos espirituales, dentro de la comunidad bíblica, expresan y refuerzan lo que pensamos y nos permiten ser como Jesús.

El segundo mandamiento de Jesús tiene que ver con la relación *horizontal* en nuestra vida: amar a nuestro prójimo. Él no hizo que esto fuera difícil de entender o un misterio que se debía descifrar. Resulta bastante sencillo: «Y éste es mi mandamiento: que se amen los unos a los otros, como yo los he amado» (Juan 15.12).

Estas acciones entonces expresan y refuerzan el modo en que pensamos como Jesús. Mientras más tiempo permanezcamos en él, más maduros llegaremos a ser y mejor fruto produciremos. Y este proceso, a su vez, trae crecimiento al reino de Dios.

En la enseñanza de Jesús siempre hay una meta final. En Juan 15.11, Jesús señala: «Les he dicho esto para que tengan mi alegría y así su alegría sea completa». Él desea que su alegría penetre en nosotros. La vid lleva nutrientes a la rama. ¿El resultado? Nuestra alegría será completa. En el Nuevo Testamento, la palabra *completo* sencillamente significa «maduro». De modo que nuestra alegría es llevada a la madurez mediante la permanencia en él. El gozo maduro se mostrará firme, seguro y sólido ante cualquier circunstancia.

El gozo se desarrollará en el exterior de nuestra vida cuando se desarrolle antes en el interior. Este comienza a florecer en las ramas y después madura para que otros puedan disfrutar del fruto. A las personas les gusta estar cerca de alguien alegre, porque su alegría es contagiosa y anima. Ellas «comen el fruto», por así decirlo, y les resulta dulce y delicioso.

Las personas sabrán quién eres e incluso *a quién* perteneces cuando prueben este fruto de tu vida, y llegarán a la conclusión de que eres uno de los discípulos de Cristo. En este mundo, ¿de dónde si no puede provenir una alegría madura?

Dale un vistazo a este gráfico actualizado como un recordatorio visual de esta revolución de cambio:

Pensar como Jesús hace girar la rueda hacia *actuar* como Jesús, lo cual a su vez la gira aún más hasta *ser* como Jesús. Impulsados por la presencia misma de Dios, ahora estamos en una casi completa revolución o rotación de cambio. Este es un punto crítico de entendimiento en el proceso, porque estamos a punto de hablar del cambio exterior en nuestra vida que será visto por los demás.

Aunque Jesús habla en Juan 15 de la alegría, finalmente él quiere ver diez variedades de fruto crecer en las ramas de nuestra vida. En los siguientes diez capítulos nos enfocaremos en las virtudes clave de quienes estamos llegando a ser como Cristo: amor, gozo, paz, dominio propio, esperanza, paciencia, bondad, fidelidad, amabilidad y humildad.*

Como en los capítulos anteriores, exploraremos tres áreas:

1. **PREGUNTA CLAVE:** ¿qué pregunta de la vida responde esta virtud?
2. **IDEA CLAVE:** ¿cuáles son los puntos esenciales de participar en esta virtud?
3. **APLICACIÓN CLAVE:** ¿qué cambio produce esto en mi modo de vivir?

A propósito, en la siguiente temporada con nuestro pequeño limonero ya éramos unos jardineros mejor equipados. Esta vez los limones *permanecieron* en el árbol hasta que llegó el tiempo de la cosecha en el otoño. ¿El resultado? ¡Trece limones sorprendentemente sabrosos para que todos los disfrutáramos! Dios puede hacer y hará lo mismo con nuestras vidas si *permanecemos* en su vid.

---

* Notemos que muchas de estas virtudes clave se encuentran en la lista del fruto del Espíritu en Gálatas 5.22–23.

Amor

En esto consiste el amor: no en que nosotros hayamos amado a Dios, sino en que él nos amó y envió a su Hijo para que fuera ofrecido como sacrificio por el perdón de nuestros pecados. Queridos hermanos, ya que Dios nos ha amado así, también nosotros debemos amarnos los unos a los otros. Nadie ha visto jamás a Dios, pero si nos amamos los unos a los otros, Dios permanece entre nosotros, y entre nosotros su amor se ha manifestado plenamente.

1 JUAN 4.10–12

El amor es una cosa muy esplendorosa.
El amor es una rosa, pero es mejor no cortarla.
El amor es un campo de batalla.
El amor es como una mariposa.
Amor es lo único que necesitas.
Amor es una palabra de cuatro letras.
El amor está en el aire.
Generaciones de poetas y músicos han estado intentando definir y captar la esencia del amor desde todos los ángulos posibles a lo largo del tiempo. Sin embargo, siguen componiéndose poemas y canciones. ¿Por qué? Porque el amor es una fuerza tan poderosa e inmensa que nunca parecemos cansarnos de escuchar acerca de ella. Aun así, todos batallamos por comprender y expresar adecuadamente el amor cada día.

Como Dios es el Creador, es por lo tanto el Creador del amor también. Debemos mirarlo a él para entender lo que significa verdaderamente este sentimiento y cómo podemos guardar su amor en nuestro corazón a la vez que lo damos al mismo tiempo... tal como Jesús nos mostró mediante su vida y en su muerte.

PREGUNTA CLAVE: **¿Qué significa amar a otros de modo sacrificado e incondicional?**

Probablemente no haya una palabra de la que más se abuse, particularmente en el idioma español, que la palabra *amor*. No tenemos un buen método para poder evaluar el grado hasta el cual estamos expresando la emoción. Como resultado, decimos que amamos el chocolate y amamos a nuestros hijos. ¿Es lo mismo? Desde luego que no, sin embargo, ¿cómo hace uno para diferenciar el significado? Amamos el éxito que ponen en la radio y amamos a Dios. Repito, aunque estos dos conceptos provienen de lugares totalmente diferentes en nuestros corazones, utilizamos la misma palabra para describir nuestros sentimientos por cada uno de ellos.

Los escritores del Nuevo Testamento entendían este dilema. Ellos querían hablar sobre este nuevo tipo de amor cristiano hecho posible mediante una relación real con Jesús. Había sencillamente un problema: no podían encontrar una palabra en el vocabulario del idioma griego que describiera adecuadamente la naturaleza y la calidad de esta nueva experiencia divina; por lo tanto, tomaron una palabra ya existente en el idioma griego, *ágape*, y le infundieron un nuevo significado para reflejar este potente concepto del «amor centrado en Dios».

Es bastante sorprendente y liberador entender que los intentos humanos de describir el amor de Dios por nosotros dieron como resultado una palabra que ahora tiene un significado que nunca antes se le había dado.

IDEA CLAVE: **Estoy comprometido a amar a Dios y amar a otros.**

La palabra bíblica *amor* tiene tres características únicas y distintivas.

Incondicional

El amor ágape no depende de que el amor sea correspondido. La vieja frase: «El amor tiene que ser una calle de dos direcciones», no se aplica aquí. Aunque siempre resulta estupendo que los sentimientos y las acciones sean correspondidos, no hay ninguna condición o requisito para experimentar el amor de Dios.

Muchos matrimonios en la actualidad, e incluso amistades, son relaciones condicionales, y muchos también dependen de que una o ambas partes sean el instigador del amor o quienes expresan el amor, como si dijeran: «Sí, te amaré, pero tú tienes que hacerlo primero, y entonces yo juzgaré lo bien que me amas antes de decidir cómo responderé». Muchas relaciones actualmente parecen tener más un carácter contractual que un carácter de comprensión. Si no se cumple cualquier expectativa o condición, o al menos se percibe como *no* cumplida, se retira el amor. Es correcto cuestionar si eso puede llamarse verdaderamente amor.

En palabras sencillas, el amor ágape no le impone condiciones, expectativas o estipulaciones a la otra persona para que el amor sea expresado o mostrado. Es, por lo tanto, *incondicional*.

Sacrificado

El amor ágape pone en primer lugar a la otra persona. El amor sacrificado correrá el riesgo al actuar para mostrar su intención, independientemente de la respuesta del otro. Una persona que ama hasta este grado, en efecto comunica: «Perderé parte de quién soy para amarte. Entregaré mi vida. Cederé mis derechos. ¡Tú eres más importante para mí de lo que lo soy yo!».

En Efesios 5.25, este es el nivel que Pablo desafía a los esposos a alcanzar: «Esposos, amen a sus esposas, así como Cristo amó a la iglesia y se entregó por ella».

Este nuevo amor «tipo Jesús» se entrega y corre riesgos por el bienestar y el cuidado de los demás.

Perdonador

En nuestras relaciones con los demás, a menudo nos preparamos para el fracaso al esperar la perfección, lo cual es imposible de obtener. El amor ágape expresa: «No tienes que ser perfecto para que yo te ame y me mantenga en una relación contigo. En realidad, espero que seas imperfecto, así que perdonaré. No tienes que ganarte mi amor. Tuve en cuenta tus errores y los admitiré». Para el cristiano, el perdón no es una dosis aislada e individual, sino un estilo de vida.

Esto es lo que Dios hace por nosotros diariamente. Él es un Dios que perdona, y esta es la seguridad que tenemos: «Si confesamos nuestros pecados, Dios, que es fiel y justo, nos los perdonará y nos limpiará de toda maldad» (1 Juan 1.9).

Jesús nos invita a hacer lo mismo por los demás.

Pedro se acercó a Jesús y le preguntó:

—Señor, ¿cuántas veces tengo que perdonar a mi hermano que peca contra mí? ¿Hasta siete veces?

—No te digo que hasta siete veces, sino hasta setenta y siete veces —le contestó Jesús. (Mateo 18.21–22)

APLICACIÓN CLAVE: ¿Qué impacto produce esto en mi modo de vivir?

El amor de Jesús en nuestros corazones nos capacita para amar a quienes nunca podríamos amar antes.

En el Sermón del Monte, registrado en el Evangelio de Mateo, Jesús dice:

«Ustedes han oído que se dijo: "Ama a tu prójimo y odia a tu enemigo". Pero yo les digo: Amen a sus enemigos y oren por quienes los persiguen, para que sean hijos de su Padre que está en el cielo. Él hace que salga el sol sobre malos y buenos, y que llueva sobre justos e injustos». (Mateo 5.43–45)

Jesús nos está diciendo que el odio ya no es una opción para sus seguidores. A pesar de la forma en que seamos tratados por cualquier otra persona, la única opción es amar.

El amor de Jesús en nuestros corazones nos capacita para amar a quienes no son amados.

Mateo incluye en su Evangelio la enseñanza de Jesús acerca de la reunión de las naciones y la separación de las «ovejas» de los «cabritos», la cual tendrá lugar cuando Jesús venga otra vez:

«*Entonces dirá el Rey a los que estén a su derecha: "Vengan ustedes, a quienes mi Padre ha bendecido; reciban su herencia, el reino preparado para ustedes desde la creación del mundo. Porque tuve hambre, y ustedes me dieron de comer; tuve sed, y me dieron de beber; fui forastero, y me dieron alojamiento; necesité ropa, y me vistieron; estuve enfermo, y me atendieron; estuve en la cárcel, y me visitaron"*». (Mateo 25.43–45)

Nuestro mundo tiene poco tiempo para dedicarlo a los sin techo, los pobres, hambrientos, huérfanos, enfermos, ancianos y encarcelados. Sin embargo, Jesús afirma claramente que sus seguidores se ocuparán de su negocio justo con esas personas, para mostrarles amor a los que no son amados.

El amor de Jesús en nuestros corazones nos capacita para mostrarle al mundo cómo es el verdadero amor.

Jesús establece las reglas generales para cualquiera que quiera ser su seguidor:

El que quiere a su padre o a su madre más que a mí no es digno de mí; el que quiere a su hijo o a su hija más que a mí no es digno de mí; y el que no toma su cruz y me sigue no es digno de mí. (Mateo 10.37–38)

Interpretar este pasaje como que Jesús nos insta a no amar a nuestras familias o abandonarlas por su causa es no tomar en cuenta el contexto de todo el Nuevo Testamento. Jesús está diciendo aquí que nuestro amor por él debería ser tan fuerte y comprometido que todos los demás amores no puedan posiblemente comparárseles. Lo sorprendente acerca de Dios es que cuando sí le amamos hasta este grado, nuestra dedicación y cuidado hacia todas las personas, incluidas nuestras familias, aumentarán en una medida siempre creciente.

La siguiente historia es una sorprendente muestra del amor de Dios y un fuerte ejemplo de cómo Cristo puede cambiar radicalmente una vida.

Chris Carrier de Coral Gables, Florida, tenía diez años cuando un hombre se enojó tanto con el padre de Chris, que secuestró al muchacho. El secuestrador lo quemó con cigarrillos, lo pinchó numerosas veces con un punzón, le disparó en la cabeza, y después lo dejó tirado para que muriera en los pantanos. Milagrosamente, Chris sobrevivió y fue encontrado. El único efecto físico duradero de toda esa terrible situación fue perder la vista en uno de sus ojos. Su atacante nunca fue capturado.

Carrier se convirtió en cristiano y más adelante sirvió como pastor de jóvenes en una iglesia en Florida. Un día le dijeron que un hombre llamado David McAllister, un exconvicto frágil y ciego de setenta y siete años, que vivía en un hogar para ancianos en Miami Beach, había confesado haber cometido el crimen hacía muchos años.

Así que Carrier se dirigió a Miami. ¿Llevó una pistola? ¿Tramó venganza de camino hasta allí? Después de todo, ahora habían cambiado los papeles. El anciano estaba indefenso, al igual que lo había estado Chris cuando McAllister lo torturó y le disparó, dándolo por muerto. No. La venganza no era el motivo de Chris, tal como había sido el de su secuestrador. Carrier iba en la dirección de Dios: hacia el perdón. Y de manera sorprendente, sí, incluso el amor.

Chris comenzó a visitar a McAllister regularmente, y con frecuencia le leía la Biblia y oraba con él. Mediante esas visitas, Carrier finalmente condujo a McAllister a su Señor. Él dijo: «Aunque muchas personas no pueden entender cómo fui capaz de perdonar a David McAllister, desde mi punto de vista, no podía dejar de hacerlo. Si hubiera decidido odiarlo todos estos años, o me hubiera pasado mi vida buscando venganza, no sería el hombre que soy en la actualidad, el hombre al que aman mi esposa y mis hijos, el hombre que Dios me ha ayudado a ser».[27]

Cada día, mientras vivimos nuestra vida, Jesús nos ama de manera incondicional y sacrificada, y nos ofrece un perdón continuo. Él nos pide a sus seguidores que ofrezcamos lo mismo en nuestras relaciones. ¿Por qué? Porque este nuevo tipo de amor nos permite tener relaciones saludables y también ser libres para expresarle el amor de Dios al mundo.

El apóstol Juan lo resume: «Nosotros amamos a Dios porque él nos amó primero» (1 Juan 4.19).

Gozo

«Les he dicho esto para que tengan mi alegría y así su alegría sea completa».

JUAN 15.11

¿Recuerdas a Eeyore y Tigger en los libros de *Winnie-the-Pooh*? Para Eeyore, sin importar qué increíble circunstancia llegase a su camino, el desánimo y el pesimismo seguían siendo el enfoque. Tigger, al ir saltando por la vida sin preocupación alguna en el mundo, nunca percibía que había nada equivocado. En nuestra vida cotidiana resulta fácil mostrar la actitud de Eeyore a la vez que desearíamos tener la perspectiva de Tigger: dos puntos de vista de la vida bastante opuestos.

La marca bíblica del gozo no implica simplemente vencer a nuestro Eeyore interior, ni tampoco ir saltando por la vida con una ignorante dicha; más bien, ha de hallarse al afrontar los altibajos de cada día mediante el contentamiento que Cristo ofrece.

PREGUNTA CLAVE: ¿Qué nos da verdadera felicidad y contentamiento en la vida?

Lo primero es identificar la diferencia entre gozo y felicidad. Para muchas personas en la actualidad, ser feliz depende por completo de si la vida es «toda buena». Si alguien dijera: «Evalúa tu vida en este momento en una escala del 1 al 10», con frecuencia se da una cifra basada en el número de los problemas presentes. La felicidad se desliza de un lado a otro de la escala, basándonos en la percepción de los asuntos negativos que estén sucediendo en ese momento. Los problemas surgen; la felicidad se va al sur. Los problemas comienzan a desaparecer; la escala de la felicidad comienza a subir. Sin embargo, el gozo no depende de las circunstancias. Y en realidad, de modo irónico puede llegar a ser más fuerte cuando aparecen los problemas. El salmista nos recuerda la realidad del gozo que se experimenta cuando descansamos en la presencia de Dios:

> *Me has dado a conocer la senda de la vida;*
> *me llenarás de alegría en tu presencia,*
> *y de dicha eterna a tu derecha.* (Salmos 16.11)

IDEA CLAVE: **A pesar de mis circunstancias, siento contentamiento interior y entiendo mi propósito en la vida.**

El gozo o la alegría tienen más que ver con permanecer en la presencia de Jesús que con evitar los problemas y luchas en nuestras vidas. Regresando a Juan 15, sabemos que la alegría está siempre a nuestra disposición cuando permanecemos en Cristo, a pesar de lo que la vida traiga. Que estas afirmaciones te guíen para ver cómo difiere el gozo verdadero de la mera felicidad.

- La felicidad es un estado de la mente, mientras que el gozo es una mentalidad.
- La felicidad viene y va, mientras que el gozo puede ser constante.
- La felicidad es dependiente, mientras que el gozo es independiente.
- La felicidad es condicional, mientras que el gozo es incondicional.

El apóstol Pablo había aprendido el secreto del gozo que se encuentra en Jesús:

> *No digo esto porque esté necesitado, pues he aprendido a estar satisfecho en cualquier situación en que me encuentre. Sé lo que es vivir en la pobreza, y lo que es vivir en la abundancia. He aprendido a vivir en todas y cada una de las circunstancias,*

tanto a quedar saciado como a pasar hambre, a tener de sobra como a sufrir escasez. *Todo lo puedo en Cristo que me fortalece.* (Filipenses 4.11–13)

Santiago nos hace entender que la definición del gozo en el reino de Dios no tiene nada que ver con eliminar las circunstancias externas negativas, sino más bien con aceptarlas como oportunidades para fortalecer la fe y obtener resolución:

> Hermanos míos, considérense muy dichosos cuando tengan que enfrentarse con diversas pruebas, pues ya saben que la prueba de su fe produce constancia. Y la constancia debe llevar a feliz término la obra, para que sean perfectos e íntegros, sin que les falte nada. (Santiago 1.2–4)

Notemos el resultado final de escoger el gozo eterno: ser maduros, perfectos e íntegros en Cristo. El gozo se convierte en el combustible para el creyente en este camino hacia la madurez. Solamente Jesús puede hacer que nuestras vidas prosperen en medio de los problemas. En él, el gozo se fortalece cuando la vida resulta desafiante.

Y finalmente, hay una fuente de profundo gozo disponible en el lugar íntimo en que nos hallamos al servir a Jesús. Dale un vistazo a esta enseñanza de Lucas 15.3–7.

> Él entonces les contó esta parábola: «Supongamos que uno de ustedes tiene cien ovejas y pierde una de ellas. ¿No deja las noventa y nueve en el campo, y va en busca de la oveja perdida hasta encontrarla? Y cuando la encuentra, lleno de alegría la carga en los hombros y vuelve a la casa. Al llegar, reúne a sus amigos y vecinos, y les dice: "Alégrense conmigo; ya encontré la oveja que se me había perdido". Les digo que así es también en el cielo: habrá más alegría por un solo pecador que se arrepienta, que por noventa y nueve justos que no necesitan arrepentirse».

¡Hay alegría cuando los perdidos son hallados! Cuando nos sumamos a Jesús en su obra compartiendo y viendo a las personas acudir a él, podemos ser parte de la celebración celestial justamente aquí y ahora.

APLICACIÓN CLAVE: ¿Qué cambio produce esto en mi modo de vivir?

El gozo de Cristo sustituirá o reducirá el estrés.

El gozo se convierte en un filtro mediante el cual vemos la vida. ¡No estamos hablando de lentes de color de rosa, sino de tener realmente ojos nuevos! El gozo puede cambiar nuestra perspectiva y nuestra percepción de las circunstancias negativas. No estamos simplemente en negación, metiendo la cabeza en la arena, sino decidimos elevarnos por encima de las circunstancias y adoptar una mentalidad eterna. El estrés puede provenir de muchos factores distintos hoy en día. Podemos preocuparnos e inquietarnos porque sentimos que no tenemos el control. El gozo es un recordatorio continuo de que Dios tiene el control, de que él está a cargo del resultado. El gozo proviene de confiar en el controlador de todas las cosas.

El gozo de Cristo se volverá contagioso por medio de nosotros.

Como dijimos antes, ¿quién no quiere estar cerca de una persona alegre? La alegría anima a otros, al igual que la desesperación los abate. Si escoges el gozo regularmente, no solo serás una persona mucho más accesible y cercana, sino que tu actitud se les contagiará a los demás y causará un gran impacto en todos los entornos donde estés.

El gozo de Cristo atraerá a otros a Cristo.

Una vieja frase dice: «Puedes cazar más moscas con miel que con vinagre». Otro adagio, que con frecuencia se oye en los ambientes deportivos, es: «La actitud lo es todo». Una persona que irradia alegría y vigor con respecto a la vida va a suscitar la pregunta: «¿Qué le hace ser tan diferente?». Cuando aquellos que nos rodean pueden mirarnos y ver que decidimos expresar gozo, independientemente de si la vida es buena o mala en ese momento, estamos ofreciendo el testimonio más fuerte que podemos dar, incluso sin palabras.

Notemos el camino que hemos seguido aquí: desde un enfoque interior de ponerle fin al estrés personal hasta una transformación interna y una atracción externa de las personas a Cristo. A medida que el gozo aumenta en el corazón y la mente del creyente, se infiltra en el alma y luego brota al exterior para influenciar a otros, amar a Dios y amar al prójimo.

Probablemente hayas oído antes la palabra *semblante*. Esta describe no solo la expresión *en* tu cara, sino también la expresión *de* tu cara. La última entrada en los cuadernos de George Orwell decía: «A los cincuenta, cada uno tiene la cara que merece». Finalmente, tu rostro se forma conforme a tu actitud y la perspectiva que tienes de la vida en tu interior.

Cuando ves a personas que parecen enojadas, pero después te das cuenta de que no están frunciendo el ceño, eso se debe a su mal semblante. Sin embargo, ¿has visto a una novia el día de su boda? ¿O a una madre mirando a su hijo recién nacido por primera vez? ¡Habitualmente tienen un semblante radiante! ¿Cómo puedes saber que algo bueno, o malo, le ha sucedido a alguien cercano a ti, incluso antes de que esa persona diga una sola palabra? Por su semblante. A medida que el cristiano madura en la virtud del gozo, el semblante se convierte en un calibrador del crecimiento.

En uno de los boletines anuales de la Sociedad Misionera de la iglesia episcopal metodista apareció esta historia:

Un comerciante hindú le preguntó en la India a Pema, un cristiano nativo: «¿Qué te pones en la cara para hacer que brille así?». Pema respondió: «No me pongo nada». El comerciante dijo: «Sí que lo haces. Todos ustedes los cristianos lo hacen. Lo he visto en Agra, y en Ahmedabad, y en Surat, y en Bombay». Pema se rio, y su cara brillaba feliz mientras decía: «Te diré lo que hace que mi cara brille. Es la felicidad en el corazón. Jesús me da gozo».[28]

Todos tendremos días buenos y días malos. Todos experimentaremos altibajos. No obstante, ¿te ha robado la vida tu gozo, o estás creciendo en esta virtud? ¿Qué refleja tu rostro a los demás? ¿Qué comunica tu actitud con respecto a tu fe? La felicidad será demasiado fugaz, pero el gozo de Jesús está a disposición de tu alma en este momento. Cuando surjan pruebas, decide confiar en él y encontrarás su gozo.

Paz

No se inquieten por nada; más bien, en toda ocasión, con
oración y ruego, presenten sus peticiones a Dios y denle gracias. Y la paz de Dios, que sobrepasa todo entendimiento,
cuidará sus corazones y sus pensamientos en Cristo Jesús.

FILIPENSES 4.6–7

La mayoría de las personas definiría la paz como un sentimiento, una
sensación en el alma. Sin embargo, sustancias temporales como el alcohol y las drogas pueden crear artificialmente en nosotros un ánimo
«pacífico» o sedado. El problema llega cuando los sentimientos se apagan
y nos quedamos una vez más con el caos de nuestra alma.

Como vimos con el gozo, la paz bíblica no está basada en meros
sentimientos o circunstancias. En las Escrituras, la presencia de la paz
se relaciona con tener relaciones correctas con Dios y el prójimo. Leemos sobre ganar favor ante los ojos de Dios y el hombre (Proverbios 3.4)
o aumentar nuestro favor con Dios y el hombre (Samuel, en 1 Samuel
2.26; Jesús, en Lucas 2.52). Esto indica una paz con Dios (vertical) y los
demás (horizontal). Las relaciones son íntegras y el respeto está intacto.
Podemos dormir en paz y sin lamentos, porque los asuntos del corazón
se encuentran bien.

PREGUNTA CLAVE: **¿Dónde encuentro fortaleza para
batallar contra la ansiedad y el
temor?**

Si les pidieras a las personas que dieran una definición de paz en nuestra
cultura, probablemente oirías más sobre la ausencia de problemas que
acerca de la presencia del contentamiento. Una definición bíblica de paz

se refiere no a la sustracción de nada, sino más bien la suma de Jesús. Siempre que Cristo está presente, la paz está disponible.

Así es como el apóstol Pablo lo resumió en Romanos 5.1–2:

> *Ya que hemos sido justificados mediante la fe, tenemos paz con Dios por medio de nuestro Señor Jesucristo. También por medio de él, y mediante la fe, tenemos acceso a esta gracia en la cual nos mantenemos firmes.*

IDEA CLAVE: **Soy libre de la ansiedad porque he encontrado paz con Dios, paz con otros y paz conmigo mismo.**

Me encontraba de regreso después de un viaje de un día cuando mi esposa, Rozanne, llamó para decirme que estaba batallando con algo en nuestra relación y necesitábamos hablar de ello cuando llegara a casa. De inmediato me inundó una ansiedad interior, porque había cosas que no estaban bien en nuestra relación. En cuanto regresé a casa, hablamos. Todo quedó resuelto, y me libré de la ansiedad. La misma verdad existe en mi relación con Dios, e incluso interiormente con respecto a mí mismo.

Jesús nos proporciona la oportunidad de tener paz con Dios. Su muerte en la cruz satisfizo la ira divina contra el pecado. Sin embargo, debemos escoger recibir esta paz que se nos ofrece en la salvación. Repito, Cristo está presente, y por eso hay paz disponible. Consideremos estas palabras de Jesús:

> *La paz les dejo; mi paz les doy. Yo no se la doy a ustedes como la da el mundo. No se angustien ni se acobarden.* (Juan 14.27)

> *Yo les he dicho estas cosas para que en mí hallen paz. En este mundo afrontarán aflicciones, pero ¡anímense! Yo he vencido al mundo.* (Juan 16.33)

En nuestras relaciones, Pablo nos alienta a escoger la paz siempre que sea posible y en cada situación, en tanto tengamos la responsabilidad y el control: «Si es posible, y en cuanto dependa de ustedes, vivan en paz con todos» (Romanos 12.18).

Somos pecadores, al igual que lo son aquellos con quienes tenemos relaciones, por eso la paz nos evadirá a veces; no siempre será una elección de cada uno, ni siquiera de nosotros mismos. Pablo escribe: «Si es posible, y en cuanto dependa de ustedes», llamándonos a hacer todo lo que podamos para vivir en paz, pero entendiendo que incluso cuando otros no lo permitan, podemos estar en paz con nosotros mismos y siempre estar preparados para ofrecerles paz a los demás. ¿Por qué? Porque la paz de Cristo en todo momento está a nuestra disposición.

E incluso con respecto a los enemigos, Dios puede obrar milagros. En Proverbios 16.7, Salomón escribe: «Cuando el Señor aprueba la conducta de un hombre, hasta con sus enemigos lo reconcilia».[5]

La paz es una opción a la cual Cristo nos da acceso por nuestra relación con Dios, en lo profundo de nuestra alma, incluso en medio del ruido del mundo y frente a aquellos que puede que nos odien. Donde él está presente, la paz está presente también. Estos versículos de las Escrituras nos recuerdan este precioso regalo:

> En paz me acuesto y me duermo,
>   porque sólo tú, Señor, me haces vivir confiado. (Salmos 4.8)

> El Señor fortalece a su pueblo;
>   el Señor bendice a su pueblo con la paz. (Salmos 29.11)

> Y se le darán estos nombres:
> Consejero admirable, Dios fuerte,
>   Padre eterno, Príncipe de paz. (Isaías 9.6)

APLICACIÓN CLAVE: ¿Qué cambio produce esto en mi modo de vivir?

La paz de Cristo pone fin a la búsqueda de seguridad de nuestra alma.

Cuando se les pregunta a los cristianos acerca de sus vidas antes de la salvación, oímos un testimonio constante de que estaban buscando paz interior porque no la habían tenido en sus vidas. También con frecuencia les oímos decir a las personas después de orar para recibir a Cristo: «Inmediatamente sentí que una paz me inundaba». Aunque eso es un sentimiento, constituye además la sensación espiritual del depósito de la paz de Cristo en el alma. Esta no es una afirmación caprichosa y figurada, sino un cambio literal del corazón. La presencia de la paz ha llegado para vivir para siempre en un alma en guerra.

Nunca debemos olvidar que el incrédulo no puede hacer acopio de «la paz de Dios, que sobrepasa todo entendimiento» (Filipenses 4.7). Una conversación acerca de la paz puede abrir una gran puerta para llegar a quienes no conocen a Cristo. Después de todo, ¿quién no quiere paz? Cada ser humano a lo largo de la historia la ha buscado. Independientemente de lo que podamos intentar para saciar nuestra alma, nada nos dará satisfacción o logrará lo que Cristo puede hacer. Su tipo de paz es la única diseñada para encajar en nuestros corazones. El libro de Job contiene las siguientes palabras: «Sométete a Dios; ponte en paz con él, y volverá a ti la prosperidad» (Job 22.21).

La paz de Cristo nos da una respuesta adecuada para un mundo que sufre.

Si Jesús es la Respuesta, entonces nosotros tenemos la respuesta. Si él es el Príncipe de paz, nosotros ahora lo tenemos en nuestro corazón. Esto nos permite declarar la paz en situaciones inestables, fomentar la paz en medio de la locura, y dar lugar a la paz en la confusión. De manera parecida a como la calmada presencia de una madre puede aquietar los sollozos de un bebé, somos capacitados para llevar la paz de Cristo a cualquier situación donde estemos presentes.

Nunca deberíamos ganarnos una reputación por causar divisiones y disfunciones, sino más bien vivir de tal manera que seamos conocidos por nuestra armonía y unidad. Esta atmósfera se fundamenta en la mentalidad de Cristo, y como sus templos que nos movemos en el mundo, podemos ser conocidos como proveedores de paz. El salmista escribe: «Los que aman tu ley disfrutan de gran bienestar, y nada los hace tropezar» (Salmos 119.16).

La paz de Cristo nos ofrece una invitación a la atmósfera del cielo.

Tal como la paz inundaba la vida en el jardín para Adán y Eva antes de la caída, la paz una vez más reinará para quienes pasen la eternidad con Dios. Sin embargo, la paz del cielo es la misma paz que llena el alma vacía después de recibir a Cristo como Señor. Podemos experimentar una probada de la eternidad en el momento en que tomamos la decisión de seguirle. Cuando surjan problemas, escoge su paz. Cuando pierdas los nervios, escoge su paz. Cuando los egos choquen, escoge su paz. Esta nueva vida trasciende al entendimiento porque no es de este mundo.

La paz, inexplicablemente, está más presente cuando no debería estarlo en absoluto; podemos sentirla más cuando la vida que nos rodea se halla en guerra. La paz llega cuando más se necesita, como un guerrero en el caballo blanco que aparece por la colina precisamente cuando las cosas parecen estar mal. No podemos describirla; no podemos explicarla; y ciertamente no podemos fabricarla por nosotros mismos.

Los dos versículos con los que comienza este capítulo fueron escritos por el apóstol Pablo cuando se encontraba en la cárcel debido a su fe. Está claro por la lectura de Filipenses que Pablo estaba en completa paz con su vida, aunque se enfrentaba a circunstancias difíciles y que incluso ponían su seguridad en peligro. Estos versículos aparecen hacia el final de la carta. Él le explica al lector cómo aferrarse a una paz que «sobrepasa todo entendimiento».

Cuando se trata de situaciones difíciles que no podemos cambiar o arreglar de inmediato —como relaciones rotas o dolorosas, enfermedades o crisis financieras— acudamos a Dios en oración. Comienza por recordar todas las cosas por las que estás agradecido, hasta la pizca más pequeña de belleza. No dejes piedra sin remover. Luego deposita tus peticiones delante de Dios. Tan solo decláralas ante él con completa sinceridad y claridad. Sé concreto. Entrégale las cosas que están más allá de tu control y tu capacidad para solucionarlas. A medida que participes en esta práctica espiritual de la oración, una paz por encima de tu comprensión comenzará a brotar en el extremo de tus «ramas».

En 1956, cuando Steve Saint tenía cinco años de edad, su padre, Nate, voló con otros cuatro misioneros a las junglas de Ecuador para intentar establecer contacto con la tribu más peligrosa conocida por el hombre: los waodani. Después de varios meses de intercambiar regalos con los nativos, los cinco hombres fueron asesinados con lanzas y rematados con machetes. Años después, Steve descubrió que un miembro de la tribu llamado Mincaye había dado el golpe que finalmente mató a su padre.

Con nueve años, Steve fue al territorio waodani por primera vez para visitar a su tía, que era misionera allí, y regresó de nuevo cada verano después de aquello hasta que ella murió. El afecto que ella sentía por la tribu fue una importante influencia en la vida de Steve.

Cuando tenía catorce años, Steve y su hermana, Kathy, decidieron ser bautizados por un par de miembros de la tribu waodani cerca de la playa donde su padre había sido asesinado. Steve dice que nunca ha olvidado el dolor y el sufrimiento de haber perdido a su papá. «Sin embargo, no puedo imaginar no amar a Mincaye, un hombre que me ha adoptado como su propio hijo, y a los otros waodani», afirma. «Lo que los waodani quisieron para mal, Dios lo utilizó para bien», añade Steve. «Si me dieran la oportunidad de reescribir la historia, no estaría dispuesto a cambiarla».[29]

Esta famosa historia de misioneros mártires y sus familias podría haber tenido un final muy diferente, un final lleno de odio, amargura y rabia. No obstante, ellos siguieron adelante a pesar de una tragedia personal horrible y vieron a Dios obrar milagros. ¿Por qué? Porque mediante el perdón, ambos escogieron la paz de Cristo como respuesta a los waodani y como un regalo eterno ofrecido a la tribu. Una vez más, Dios utilizó a su pueblo para llevar paz y alcanzar a los inalcanzables.

Cuando la paz sea el fundamento de nuestra alma, las paredes de nuestra vida serán estables. Afirmará y mantendrá nuestros pensamientos, emociones, actitudes y sentimientos. Si nos rendimos diariamente a Cristo una vez que amenazan las tormentas de la vida, su paz nos mantendrá firmes y seguros.

> El Señor te bendiga
>   y te guarde;
> el Señor te mire con agrado
>   y te extienda su amor;
> el Señor te muestre su favor
>   y te conceda la paz. (Números 6.24–26)

Dominio propio

Dios ha manifestado a toda la humanidad su gracia, la cual trae salvación y nos enseña a rechazar la impiedad y las pasiones mundanas. Así podremos vivir en este mundo con justicia, piedad y dominio propio, mientras aguardamos la bendita esperanza, es decir, la gloriosa venida de nuestro gran Dios y Salvador Jesucristo.

TITO 2.11–13

La Biblia a menudo se refiere a nuestro cuerpo, al igual que al pecado que creamos mediante nuestras decisiones, como la «carne». Actuamos estimulados por la naturaleza de pecado. La carne quiere ocuparse de sí misma y ser siempre lo primero, sin importar cuál sea el costo para cualquiera, irónicamente incluido el propio yo. La carne causa daño, incluso hasta el punto de la autodestrucción.

En nuestro estado natural estamos separados de Dios debido al pecado, en esencia sin tener opción alguna, sino optar al final por el yo. Aunque podemos tomar algunas buenas decisiones y hacer algunas buenas obras, no somos capaces de mantener la regularidad en nuestra conducta a causa de quiénes somos. Sin embargo, como lo explica nuestro pasaje clave en Tito, la gracia de Dios después de la salvación nos da una nueva opción. En cada ocasión, ahora podemos elegir o nuestro propio camino o el camino de Dios. Podemos decir que no en cualquier momento que decidamos obedecer a Dios. Por medio de Cristo, somos capaces de practicar el dominio propio en lugar de estar fuera de control.

PREGUNTA CLAVE: ## ¿Cómo me libera Dios de las adicciones y los hábitos pecaminosos?

Jesús vino a la tierra en la carne para poder redimir la carne. Cuando hablamos de dominio propio, pensamos en domar y derrocar la carne. El apóstol Pablo escribe en Romanos 8.3–4:

> En efecto, la ley no pudo liberarnos porque la naturaleza pecaminosa anuló su poder; por eso Dios envió a su propio Hijo en condición semejante a nuestra condición de pecadores, para que se ofreciera en sacrificio por el pecado. Así condenó Dios al pecado en la naturaleza humana, a fin de que las justas demandas de la ley se cumplieran en nosotros, que no vivimos según la naturaleza pecaminosa sino según el Espíritu.

Esencialmente, hay un ataque interior continuo librándose dentro de nosotros. Las tentaciones, los pensamientos y las actitudes fluyen por nosotros, queriendo que el yo permanezca en el trono y se salga con la suya. Sin embargo, hay otra influencia que también debemos abordar:

> No amen al mundo ni nada de lo que hay en él. Si alguien ama al mundo, no tiene el amor del Padre. Porque nada de lo que hay en el mundo —los malos deseos del cuerpo, la codicia de los ojos y la arrogancia de la vida— proviene del Padre sino del mundo. (1 Juan 2.15–16)

El «mundo» es una influencia destructiva externa que también actúa sobre nosotros. Estos versículos de las Escrituras definen al mundo como la codicia de nuestro corazón causada porque queremos todo lo que vemos, con el orgullo como la raíz final que impulsa este problema sistémico. Debido a esta realidad, ciertamente no es ninguna coincidencia que el *orgullo* y el *yo* vayan de la mano.

Ya sea que la motivación por poner en primer lugar al yo provenga de nuestra fuente interna, una externa, o incluso de ambas, el flujo de comunicación está en la carne diciéndole a nuestro corazón qué hacer. La carne manda, a veces incluso acosa, al corazón.

Por lo tanto, ¿qué haremos? ¿Cómo es posible que podamos contrarrestar este constante ataque?

Regresemos a Juan 15. Los nutrientes de Jesús fluyen desde la vid hasta las ramas, produciendo su fruto y no el nuestro. Nosotros permanecemos en él. Escogemos a Dios por encima del yo. Nos bajamos del trono y nos situamos sobre el altar.

A veces, la mejor manera de entender plenamente un concepto como el dominio propio es redefiniéndolo, mirándolo a través de una lente diferente.

IDEA CLAVE: Tengo el poder de controlarme por medio de Cristo.

El dominio propio como un fruto del Espíritu podría entenderse mejor como el control de Dios. Me controlo a mí mismo entregándole el control a Dios. Me rindo; la carne tira la toalla; Dios toma el mando. En realidad, el dominio propio se logra mejor cuando está unido a la práctica de la rendición total. ¿Cómo puede alguien hacer un fuerte progreso en el dominio propio sin antes rendirse al Espíritu de Dios? ¿Cómo puede alguien rendirse totalmente a Dios sin desarrollar dominio propio? Ambas cosas trabajan independientemente y a la vez juntas, cada una apoyando y fortaleciendo a la otra.

Pablo establece una poderosa analogía en su carta a los efesios: «No se emborrachen con vino, que lleva al desenfreno. Al contrario, sean llenos del Espíritu» (Efesios 5.18).

La analogía es poderosa. Negativamente, cuando *nos rendimos a las bebidas espiritosas*, finalmente el poder del alcohol toma control de nuestra mente y nuestro cuerpo, y por lo general conduce a consecuencias negativas. De la misma manera, cuando *nos rendimos al Espíritu*, finalmente el Espíritu toma el control de nuestras vidas y nos conduce a vivir la buena voluntad de Dios. El dominio propio no se trata de *intentarlo con más fuerza*, sino de *rendirse con más fuerza*.

Tener dominio propio es rendirse al poder de Dios para hacer las cosas que deberíamos y no hacer aquellas que no deberíamos. El escritor de Proverbios utilizó las murallas de protección de una ciudad como una analogía para el dominio propio.

Más vale ser paciente que valiente;
más vale dominarse a sí mismo que conquistar
ciudades. (Proverbios 16.32)

Como ciudad sin defensa y sin murallas
es quien no sabe dominarse. (Proverbios 25.28)

El punto distintivo aquí es que una persona que resulta exitosa en el dominio propio ha ganado una victoria mayor que el guerrero que ha conquistado una ciudad. También podría decirse que quien mantiene el dominio propio guarda los límites de su vida, las murallas, a salvo. Este es un artilugio defensivo eficaz contra la influencia de fuerzas exteriores.

APLICACIÓN CLAVE: ¿Qué cambio produce esto en mi modo de vivir?

Sintoniza cualquier canal de noticias algún día en cualquier parte del mundo, ya sea una ciudad pequeña o una ciudad metropolitana, y verás historias de personas que perdieron el dominio propio. Asesinatos, asaltos, abusos, borracheras, delitos sexuales, mentiras, y la lista continúa. El denominador común en cada delito que termina en una fotografía en las noticias es una persona que cedió ante la conducta en la cual él o ella se vieron tentados a participar. Sin duda, algunos deciden que no les importan en absoluto las consecuencias, pero la inmensa mayoría finalmente lamentará no haber podido contener la emoción o el sentimiento que encendió el fuego que ahora consume su vida. Imagina cuántas personas que están en las cárceles hoy en día dirían: «Daría cualquier cosa por ser capaz de regresar el tiempo y controlar mis acciones».

Ya que ninguno de nosotros está exento de tentaciones ni de descender por un camino resbaladizo hacia la decadencia, permitir que el dominio propio sea una virtud creciente y activa puede que salve nuestras vidas y las de las personas que queremos.

186 | PENSAR, ACTUAR, SER COMO JESÚS

Cuando desarrollemos la virtud del dominio propio, nuestro pecado disminuirá y nuestro carácter aumentará.

Aprenderemos a decir junto con Juan el Bautista: «A él [Jesús] le toca crecer, y a mí menguar» (Juan 3.30). Cuando Cristo ocupa cada vez más territorio en nuestro corazón, nuestra carne interfiere mucho menos. A medida que esta transformación aumenta, la tenaza del pecado nos libera y las cualidades de Dios aparecen en proporciones siempre crecientes.

A medida que desarrollemos la virtud del dominio propio, nuestra relación con Dios madurará a un ritmo acelerado.

El dominio propio no se trata solamente de la disciplina para dejar de hacer cosas que nos destruyen, sino también de la disciplina para hacer las cosas que nos edifican. Cuando desarrollamos la sana disciplina de participar en las prácticas espirituales, aceleramos nuestro ritmo de crecimiento espiritual.

A medida que desarrollemos la virtud del dominio propio, nuestras relaciones con los demás se desarrollarán y fortalecerán a un ritmo acelerado.

Nuestra conexión con otros se ve impulsada cuando aumentamos nuestro dominio propio. Los desacuerdos, las discusiones, los arrebatos de enojo, las palabras mal dichas y las emociones desviadas pueden mantenerse a raya al controlar la lengua, que representa una fortaleza para el dominio propio. Llegarás a ser un mejor cónyuge, padre, madre, familiar, empleado, miembro de la iglesia y persona en general si trabajas primero en ti mismo para reprimir tu propia carne.

El difunto George Gallup Jr. era un buen amigo mío que me ayudó de manera importante al principio de mi viaje de formación de estas treinta ideas de la vida cristiana. En una de nuestras sesiones de todo el día en Princeton, Nueva Jersey, apartados en la armería del histórico Club Nassau, nos encontrábamos hablando de esta virtud del dominio propio.

Yo estaba asegurando orgullosamente que los cristianos tan solo necesitan enderezar sus actos y tener dominio propio. Con el semblante siempre bondadoso y amable de George, él me detuvo y dijo: «Randy, tú no eres alcohólico, ¿verdad?». Sorprendido por la pregunta, respondí: «No, no lo soy». Él siguió diciendo: «Bueno, yo sí. Mi padre también fue alcohólico. Cuando bebí mi primer trago, me sucedió algo que probablemente no te sucedió a ti ni a muchos otros. Quedé enganchado y no pude detenerme. Incluso como cristiano lo intenté una y otra vez. Me sentí muy derrotado, y estaba arruinando mi vida. Entonces, en un momento de tranquila desesperación, escuche a Jesús susurrarme: "George, si nunca logras deshacerte por completo de este problema, está bien. Yo morí por esta batalla en tu vida, y te sigo amando profundamente"». Hizo una pausa por un momento, reflexionando en ese tierno encuentro con el Salvador, y luego dijo: «Desde aquel mismo momento no he bebido ni un trago. Han pasado más de treinta años».

En aquella reunión añadimos la frase «por medio de Cristo» a la idea clave del dominio propio: «Tengo el poder de controlarme *por medio de Cristo*». Rendirnos al amor, la gracia y la presencia de Cristo en nosotros es la única manera en que podemos resultar victoriosos. Aunque no todo cristiano que batalla con una adicción puede que logre la liberación que experimentó George, la verdad del compromiso y el profundo amor de Cristo se aplica a todos nosotros.

Cuando Cristo regrese, nuestra bendita esperanza que habrá sido hecha una realidad, recibiremos un cuerpo totalmente nuevo que será libre de la infección del pecado. Estaremos vivos eternamente en el cielo, donde el yo no gobernará más, sino solo Dios. El pecado y sus devastadores efectos serán eliminados para siempre, junto con el dolor y las lágrimas creados por la tentación y el pecado.

Permanecer en Cristo hoy en día puede permitirnos vencer al mundo y la carne. El dominio propio es posible cuando Dios tiene el control de nuestra vida.

Esperanza

Tenemos como firme y segura ancla del alma una esperanza que penetra hasta detrás de la cortina del santuario, hasta donde Jesús, el precursor, entró por nosotros.

HEBREOS 6.19–20

Mi mamá tenía un temor debilitante a volar. Para visitar a la familia que vivía fuera del estado, viajar en avión nunca había sido una opción para ella. Todo eso cambió cuando nació nuestra hija en Texas. La única manera en que mamá podía ver a su nueva nieta era volando desde Cleveland a Dallas. Ella reunió toda su valentía e hizo el viaje para poder sostener en sus brazos a Jennifer. La esperanza de ver a su nueva nieta le permitió vencer su falta de fe en los viajes por aire, ya que deseaba desesperadamente ver a la persona que la esperaba al final del viaje.

La fe nos ofrece la creencia de la eternidad, pero vivimos y somos impulsados por la esperanza de que Jesús nos espera al final de nuestro viaje.

PREGUNTA CLAVE: ¿Cómo manejo las dificultades y las luchas de la vida?

Al mirar de cerca la virtud de la esperanza, es importante entender claramente lo que es la fe. Cuando decidimos ejercitar la fe no tenemos ni idea de lo que habrá a continuación, pero creemos que Dios lo sabe, y creemos que él tiene el futuro bajo su control a pesar de todo. El autor de Génesis describe cómo obró Dios en la vida de Abram y cómo respondió Abram:

> El Señor le dijo a Abram: «Deja tu tierra, tus parientes y la casa de tu padre, y vete a la tierra que te mostraré.

Haré de ti una nación grande,
  y te bendeciré;
haré famoso tu nombre,
  y serás una bendición.
Bendeciré a los que te bendigan
  y maldeciré a los que te maldigan;
  ¡por medio de ti serán bendecidas
  todas las familias de la tierra!».

Abram partió, tal como el Señor se lo había ordenado. (Génesis 12.1–4)

Abram expresó su fe. Escuchó a Dios y actuó según lo que se le había dicho que hiciera. El autor de Hebreos proporciona esta memorable definición de la fe: «La fe es la garantía de lo que se espera, la certeza de lo que no se ve» (Hebreos 11.1).

Si la fe le da comienzo al viaje, entonces la esperanza le pone fin. La esperanza implica saber absolutamente dónde terminará el camino de la fe; es estar confiado en cuanto a dónde concluye la historia. La esperanza nos da la capacidad de soportar las dificultades y los reveses que hay a lo largo del camino de la fe. Seguimos caminando con la esperanza de a dónde conduce el camino.

IDEA CLAVE: Puedo lidiar con las dificultades de la vida debido a la esperanza que tengo en Jesucristo.

Para entender mejor la esperanza bíblica debemos determinar lo que *no* es la esperanza. Si vivimos con la esperanza de nuestras circunstancias actuales, que mejorarán o al menos permanecerán igual, esta es una mala idea. No tenemos tal garantía. No podemos mantener este tipo de esperanza.

Salomón observó sabiamente que todos envejecemos, que el cabello y los dientes se caerán, que las cosas dejan de funcionar, y que finalmente nosotros y las personas a las que queremos moriremos. Poner nuestra esperanza en esta vida conduce a desengaños colosales. Salomón declaró que la vida sin referencia alguna a Dios es un «absurdo, ¡es correr tras el viento!» (Eclesiastés 1.14).

Sin embargo, Cristo ofrece algo más; él provee lo verdadero y viable: la esperanza de la vida eterna. En su carta a los romanos, Pablo escribe: «Porque en esa esperanza fuimos salvados. Pero la esperanza que se ve, ya no es esperanza. ¿Quién espera lo que ya tiene? Pero si esperamos lo que todavía no tenemos, en la espera mostramos nuestra constancia» (Romanos 8.24–25).

Como cristianos, debemos poner nuestra esperanza en la promesa de lo que Dios nos ha dicho que llegará y en la promesa de que Jesús está al otro lado de esta vida. Y el extra grandioso es que seremos reunidos con todos aquellos que han ido delante de nosotros al cielo:

> *Fíjense bien en el misterio que les voy a revelar: No todos moriremos, pero todos seremos transformados en un instante, en un abrir y cerrar de ojos, al toque final de la trompeta. Pues sonará la trompeta y los muertos resucitarán con un cuerpo incorruptible, y nosotros seremos transformados. Porque lo corruptible tiene que revestirse de lo incorruptible, y lo mortal, de inmortalidad. Cuando lo corruptible se revista de lo incorruptible, y lo mortal, de inmortalidad, entonces se cumplirá lo que está escrito: «La muerte ha sido devorada por la victoria».* (1 Corintios 15.51–54)

Deposita tu esperanza en lo que experimentarás un día en el nuevo reino de Dios: vida eterna en la presencia misma de Dios. Esto nos da la capacidad de soportar los golpes y las heridas a lo largo del camino de la vida.

APLICACIÓN CLAVE: ¿Qué cambio produce esto en mi modo de vivir?

La esperanza en Cristo nos da un lugar diferente donde mirar.

Día tras día, tenemos muy pocas opciones aparte de permanecer enfocados en el mundo físico en el cual vivimos. Tenemos facturas que hay que pagar, problemas que están a la espera de ser resueltos, y personas que demandan nuestra atención. La esperanza de un futuro donde Dios ya reside y tiene el control, unida a un hogar por toda la eternidad en su jardín renovado y ampliado, nos alienta a seguir mirando hacia adelante y fijar nuestros ojos en él, no en el mundo. Para el cristiano, la mejor realidad está aún por llegar.

El autor de Hebreos describe cómo la esperanza nos da un lugar diferente donde mirar: «Corramos con perseverancia la carrera que tenemos por delante. Fijemos la mirada en Jesús, el iniciador y perfeccionador de nuestra fe» (Hebreos 12.1-2).

La esperanza en Cristo nos da una manera diferente de pensar.

Nuestra mente puede ser nuestro mayor enemigo o nuestro más fuerte aliado. Nuestro modo de pensar determina lo que haremos y en qué nos convertiremos. Enfocarnos en la esperanza para el presente, nuestro futuro y la eternidad crea una mentalidad positiva, optimista, que ve el «vaso medio lleno». En nuestra cultura miserable y que va en un espiral descendente, la persona que tiene una actitud de esperanza y pensamientos edificantes no solo será más saludable, sino también atraerá a otros a Cristo a causa de su mismo ser.

El apóstol Pablo describe este modo diferente de pensar: «Concentren su atención en las cosas de arriba, no en las de la tierra» (Colosenses 3.2).

La esperanza en Cristo nos da un modo de vivir diferente.

¿Conoces a alguien que vive según el mantra: «Si pensabas que hoy fue malo, tan solo espera hasta mañana»? A pocas personas les gusta estar cerca de alguien así. ¿Por qué? ¡Porque todos queremos desesperadamente disfrutar de la vida! Queremos sentir contentamiento y vivir con la esperanza de que tendremos un día bueno y un mañana más brillante. La nueva vida en Cristo no es solo un modo de vivir diferente, sino también es el mejor modo de vivir. Las decisiones del estilo de vida y la dirección futura impulsadas por la realidad de la expectativa divina conforman una vida basada en nada más que la esperanza.

En palabras del salmista: «Cobren ánimo y ármense de valor, todos los que en el SEÑOR esperan» (Salmos 31.24).

———————————————

Desde el surgimiento del cristianismo hasta la época actual, los mártires, aquellos que mueren debido a su fe en Cristo, han representado un fuerte segmento de la población de creyentes. ¿Por qué decidiría alguien morir en lugar de renunciar a Cristo? ¿Por qué sufriría alguien tortura a manos de dictadores malvados debido a no querer rescindir una creencia? ¿Por qué sufrirían personas por falta de alimentos, agua y cuidados médicos únicamente debido a que son cristianas? ¿Qué las impulsa a situar su fe por encima de cualquier otra cosa en la vida? ¿La respuesta? La esperanza. ¿Cuál otra podría ser la respuesta a estas preguntas? Para millones de personas, la esperanza de Cristo las ha impulsado a sobrevivir a pronósticos que dejan perplejo y a morir pacíficamente bajo circunstancias indescriptibles. El anhelo de ver a su Salvador al otro lado animó sus corazones para soportar hasta el final.

Cuando llegues a tu último día aquí en la tierra, ¿quieres afrontarlo con terror, o deseas hacerle frente con esperanza? La estupenda noticia es que puedes enfrentar la muerte con esperanza, pero la noticia aún mejor es que no tienes que aguardar hasta entonces. Puedes experimentar esta esperanza ahora mismo. Por lo tanto, súbete al avión de la fe, con el seguro conocimiento de lo que te aguarda y quién te espera al final del viaje. Y en esta vida, puedes hacerte eco de las palabras del salmista en Salmos 33.20–22:

> Esperamos confiados en el SEÑOR;
> > él es nuestro socorro y nuestro escudo.
> En él se regocija nuestro corazón,
> > porque confiamos en su santo nombre.
> Que tu gran amor, SEÑOR, nos acompañe,
> > tal como lo esperamos de ti.

Paciencia

El que es paciente muestra gran discernimiento; el que es agresivo muestra mucha insensatez.

PROVERBIOS 14.29

Tráfico. Fechas límite. Personas molestas. Demoras en la fila. Mantenernos en espera. Personas irritantes. Observar cómo se descarga un archivo. Que nos digan que el cheque está en el correo otra vez. Personas frustrantes. Malas ideas. Información inepta. Personas incompetentes.

¿Notaste los personajes recurrentes en esta breve lista de las áreas de la vida donde tendemos a volvernos impacientes? *Las personas*. El noventa y nueve por ciento de las veces en que batallamos con ser pacientes, las palabras, acciones o actitudes de otra persona son los instigadores. Podemos ser irrespetuosos con la persona a la que más queremos en la vida, pero también con un extraño al que nunca más volveremos a ver. La impaciencia no muestra favoritismo alguno en cuanto a sus víctimas.

¿No resulta interesante que cuando hablamos de paciencia en la actualidad con frecuencia nos referimos a la *im*paciencia? Decimos cosas como: «Estás probando mi paciencia». O tal vez: «Se me está acabando la paciencia». O posiblemente: «Estoy a punto de perder la paciencia contigo». ¡Mucho de lo que tiene que ver con nuestro uso de la palabra *paciencia* en realidad se refiere a nuestra falta de ella!

PREGUNTA CLAVE: **¿Cómo proporciona Dios la ayuda que necesito para manejar el estrés?**

A medida que vamos volando por la vida a la velocidad del rayo, los niveles de paciencia parecen haber cambiado de modo dramático, y no para mejor.

Considera los siguientes escenarios mientras reflexionamos en cómo nuestra incapacidad de esperar ha influenciado la cultura moderna:

- escribir correos electrónicos contra redactar cartas escritas a mano (o a máquina) enviadas en el correo
- hablar por teléfonos celulares contra conversar por las líneas terrestres
- recoger comida en las ventanas para llevar contra sentarse para disfrutar de una comida bien preparada en casa
- cocinar en microondas contra cocinar en la estufa
- descargar música en iTunes contra comprar un CD
- ver películas en la computadora contra rentar un DVD
- utilizar café en bolsitas individuales contra usar cafeteras para varias tazas

Nos sentimos cada vez más frustrados porque tenemos que esperar cinco minutos para obtener lo que queremos, mientras que tan solo hace unos años podríamos haber tenido que esperar cinco horas. Ya no queremos esperar, nada. La vieja broma nos describe bien: «¡Señor, dame paciencia, y dámela ahora!». Por eso la paciencia es una virtud crucial para el cristiano. ¡Si eres conocido como una persona paciente, sin duda alguna destacarás!

Dios le proporciona ayuda a nuestras almas impacientes de diversas maneras.

1. Mediante el ejemplo. La paciencia de Dios al tratar con nosotros nos proporciona un modelo continuo de cómo deberíamos responder a otros y ante situaciones difíciles.
2. Mediante la capacitación. El Espíritu de Dios nos da la fortaleza para ver la vida a través de sus ojos y no solo ver la urgencia del asunto. Su perspectiva, que comparte con nosotros, puede ayudarnos a ver el cuadro general.
3. Mediante el aliento. La Escritura está llena de palabras inspiradoras y motivadoras a fin de disminuir nuestro paso y esperar por el tiempo y la provisión de Dios.

IDEA CLAVE: Soy lento para la ira y soporto con paciencia bajo las inevitables presiones de la vida.

En su carta a los efesios, el apóstol Pablo escribe: «[Vivan] siempre humildes y amables, pacientes, tolerantes unos con otros en amor» (Efesios 4.2). En este versículo, él sitúa la paciencia en el mismo grupo de la humildad, la amabilidad y el amor. ¿No tiene sentido que una persona humilde, amable y amorosa sea también paciente?

En las Escrituras, la palabra griega *makrothymia* se traduce con frecuencia al español como «paciencia». Se trata de una palabra compuesta: *makro*, que significa «largo», y *thymia*, que significa «enojo». Cuando unimos las dos palabras, conlleva la idea de «tardar un largo tiempo para arder con enojo».

Un escenario sencillo podría ayudar aquí. Imagina que estás en una situación irritante y alguien pone un termómetro espiritual en tu boca para supervisar cuánto tiempo necesitas a fin de que tu temperatura aumente. Un año después, te encuentras en la misma situación. ¿Mostraría el termómetro que necesitas más tiempo para que tu temperatura aumente que el año anterior? Si es así, estás creciendo en paciencia, lo cual significa tardar cada vez más tiempo en sucumbir a la frustración y la agitación.

Algunas traducciones de la Biblia utilizan el término *muy sufrido*: dos palabras independientes que se unen para comunicar una idea. Y la idea consiste en que mostraremos control en las situaciones en que más sentimos que tenemos derecho a criticar, quejarnos, defendernos o incluso atacar la conducta de otro. No obstante, esta virtud profundiza aún más y conlleva la noción de que reflejaremos misericordia hacia la otra persona como una señal de nuestra fortaleza de carácter. No solo nos negaremos a defendernos, sino declinaremos cualquier oportunidad de ofender a la otra persona. Seremos «muy sufridos» antes de ofendernos.

El Nuevo Testamento utiliza otra palabra compuesta para la paciencia: *hypomone*, de *hypo* («bajo») y *mone* («permanecer»). Esta virtud nos alienta a «permanecer bajo» las presiones inevitables de la vida. Con frecuencia se traduce como «perseverancia». Podemos imaginar esta presión como una bolsa muy grande y pesada que llevamos sobre nuestra espalda.

Ciertamente hay presiones autoimpuestas que deberíamos evitar por completo, como comprometernos demasiado en nuestra lista de quehaceres, extender en exceso nuestros recursos, o colocarnos en situaciones comprometedoras. También están las situaciones que se hallan fuera de nuestro control: enfermedades, un cónyuge que atraviesa un período oscuro y difícil, un hijo que nace con un defecto de nacimiento, accidentes que se llevan la vida de un ser querido.

En estas situaciones inevitables, podríamos ser capaces de aliviar nuestra presión haciendo lo equivocado: volvernos adictos a medicamentos con receta para aliviar el dolor, divorciarnos o buscar venganza. Dios nos alienta a «permanecer bajo la presión» de esa situación porque es lo correcto: por ejemplo, mantenernos en una relación y continuar trabajando en ella, perdonar y seguir adelante. Dios también puede darnos los recursos y la motivación para trabajar lentamente hacia el cambio en las circunstancias difíciles. Lo fundamental es que aunque el escape pueda parecer la solución *más rápida*, Dios quiere ofrecer la *mejor* solución para cada uno dentro de las circunstancias. Si estuviéramos supuestos a renunciar, él debe ser quien lo diga.

Juntas, estas dos palabras forman nuestra idea clave: soy lento para la ira [*makrothymia*] y soporto con paciencia [*hypomone*] bajo las inevitables presiones de la vida.

El autor de Hebreos nos recuerda lo importante que es ser personas de paciencia:

Así que no pierdan la confianza, porque ésta será grandemente recompensada. Ustedes necesitan perseverar para que, después de haber cumplido la voluntad de Dios, reciban lo que él ha prometido. (Hebreos 10.35–36)

¿Cuánto tiempo necesitas para perder la paciencia? Lo interesante acerca de responder esta pregunta personal es que con frecuencia nos consideramos más pacientes de lo que en verdad somos. Aunque puede que ciertamente reconozcamos las relaciones o situaciones con las que batallamos, quienes responderán con más precisión son las personas más cercanas a nosotros. Cónyuge. Hijos. Amigos cercanos. Compañeros de trabajo. Otros miembros de la iglesia.

¿Por qué? Porque tenemos más probabilidades de ser impacientes con las personas con las que más tiempo pasamos. Con los extraños o las personas fuera de la comunidad, habitualmente somos capaces de mantener en nuestro interior las luchas. La oscuridad y el deseo de explotar permanecen en nuestro corazón; solo los retenemos. Sin embargo, mientras más tiempo pasamos con las personas, al final la oscuridad tiene que salir a la luz. Pero eso no es todo; mientras más tiempo pasamos con las personas, más pueden irritarnos y más probable es que estén cerca cuando surja el estrés. Con frecuencia, debido a los propios problemas de nuestros familiares o amigos, ellos saben qué botones presionar para hacernos saltar. Desde luego, nosotros les hacemos lo mismo a ellos.

APLICACIÓN CLAVE: ¿Qué cambio produce esto en mi modo de vivir?

Se cuenta la historia de un hombre que en una conversación con Dios le pregunta: «¿Cuánto tiempo es para ti un millón de años?». «Como un minuto», responde Dios. El hombre hace una pausa y pregunta: «Entonces, ¿cuánto es para ti un millón de dólares?». Dios le dice: «Como una moneda». Con una sonrisa astuta en su cara, el hombre continúa: «Entonces, Dios, ¿podrías por favor darme una moneda?». Y Dios le contesta: «Claro, en un minuto».

La historia anterior constituye una broma sobre la verdad de que Dios no está limitado por nuestro tiempo o nuestras circunstancias, una verdad que desafía nuestra perspectiva de que Dios debería respondernos inmediatamente en lugar de cuando él escoja hacerlo según su plan.

Irónicamente, en nuestro viaje cristiano, la única forma en que Dios puede enseñarnos paciencia y ayudarnos a crecer en esta virtud es dándonos circunstancias en las que debamos esperar en él. Con demasiada frecuencia nos cansamos de este proceso y comenzamos a intentar hacer que sucedan las cosas.

Soportar con paciencia y confiar en Cristo nos ayuda a ver que cualquier cosa que Dios lleve a cabo siempre será mejor que lo que nosotros intentemos hacer que suceda.

El apóstol Pedro nos recuerda los propósitos amorosos de Dios: «El Señor no tarda en cumplir su promesa, según entienden algunos la tardanza. Más bien, él tiene paciencia con ustedes, porque no quiere que nadie perezca sino que todos se arrepientan» (2 Pedro 3.9). En la raíz de la impaciencia está la falta de confianza. Hay veces que Dios quiere que esperemos; sin embargo, dudamos en cuanto a si alguien actuará en nuestro favor, de modo que decidimos no esperar. Nosotros mismos emprendemos la acción, apartados de la dirección de Dios. En nuestra impaciencia mostramos orgullo, pensando que podemos hacer las cosas mejor por nosotros mismos. Si confiamos en alguien, esperaremos que esa persona actúe. Si verdaderamente confiamos en Dios, esperaremos su tiempo a la vez que nos comprometemos a servirle mientras esperamos.

La historia de Abram y Saray ilustra de manera poderosa este principio. Dios les promete que tendrán un hijo. Pasan diez años y siguen sin tener ninguno. Entonces piensan: *Dios debe necesitar nuestra ayuda. Deberíamos intervenir y ponernos manos a la obra:*

> *Saray, la esposa de Abram, no le había dado hijos. Pero como tenía una esclava egipcia llamada Agar, Saray le dijo a Abram:*
> *—El Señor me ha hecho estéril. Por lo tanto, ve y acuéstate con mi esclava Agar. Tal vez por medio de ella podré tener hijos.*
> *Abram aceptó la propuesta que le hizo Saray.* (Génesis 16.1-2)

No se necesita un consejero profesional para saber que eso es una mala idea. El resultado es desastroso. Querer ir por delante del plan de Dios es siempre una mala idea.

> *Soportar con paciencia y confiar en Cristo nos ayuda a ver que recibir algo más adelante es con frecuencia un plan mucho mejor que recibirlo ahora.*

Mientras más rápidamente queremos que ocurra un suceso en la vida, con frecuencia más significa que no estamos preparados para manejar la responsabilidad que conlleva. Los anuncios de televisión y las invitaciones de las tarjetas de crédito se aprovechan de este rasgo de la naturaleza humana. «Sencillamente *tenemos* que tener...» es siempre un fuerte indicador de que deberíamos esperar.

A medida que maduremos en Cristo veremos con más claridad por qué su tiempo es perfecto. Dios sabe mejor cuándo necesitamos algo;

por lo tanto, confiar en que su corazón y su mano sean los que provean es mucho mejor que poner por delante de él nuestras demandas egoístas.

Alguien dijo una vez con mucha sabiduría: «Dios nunca se mueve apresuradamente, pero cuando se mueve, por lo general lo hace con rapidez».

Soportar con paciencia y confiar en Cristo nos ayuda a ver el crecimiento en nuestra relación con Dios: en sus caminos, su tiempo y sus resultados.

Esperar en Dios siempre proporcionará el mejor final, dándonos la capacidad de ver las circunstancias tal como él las ve. Esto, a su vez, influenciará nuestras relaciones con nuestro prójimo. La paciencia es un músculo espiritual que se hace más fuerte a medida que esperamos quietamente a que Dios responda. Este es el modo en que el autor de Eclesiastés lo resume: «Vale más el fin de algo que su principio. Vale más la paciencia que la arrogancia» (Eclesiastés 7.8).

Bondad

Asegúrense de que nadie pague mal por mal; más bien, esfuércense siempre por hacer el bien, no sólo entre ustedes sino a todos.

1 TESALONICENSES 5.15

Nuestro versículo clave de las Escrituras nos manda a que nos esforcemos no para arreglar las cuentas, sino más bien para hacer lo correcto a pesar de todo. La respuesta del cristiano debería ser la *acción* de Jesús, y no la *reacción* del mundo.

Una popular calcomanía para los autos de hace unos años decía: «Realiza un acto de bondad al azar hoy». Esta es una obvia estrategia contra los «actos de violencia al azar». Con frecuencia, cuando una persona decide ser bondadosa con alguien, planeará una lista de cosas buenas que hacer. Sin embargo, incluso algunos actos intencionales no hacen a una persona bondadosa. ¿Por qué? Demasiado a menudo se trata sencillamente de esfuerzos que tienen corta vida a fin de influenciar o atraer a otro para el beneficio de la persona que hace esa obra.

Un hombre iba caminando hacia las grandes puertas de cristal de un edificio de oficinas al mismo tiempo que una ejecutiva se acercaba. Él abrió la puerta de par en par y dio un paso atrás, sonriendo mientras le indicaba a ella que pasara primero. Ella se detuvo, se le quedó mirando y le dijo: «Me está abriendo la puerta porque soy una mujer, ¿verdad?». El hombre sonrió y respondió con calma: «No, señora. Le estoy abriendo la puerta porque soy un caballero».

El hombre le estaba haciendo saber que sus acciones estaban determinadas no por *el género de ella*, sino por *la naturaleza de él*. Esa es la marca bíblica de la bondad. Esta actúa tal como es, sin importar la circunstancia. No hay ningún acto al azar, sino una proactividad redimida.

PREGUNTA CLAVE: ¿Qué significa hacer lo correcto en mis relaciones?

Es probable que conozcas a alguien que ocasionalmente hace una buena obra por ti, pero no describirías a esa persona como una persona bondadosa. Sin embargo, también puedes pensar en alguien que con regularidad irradia una buena naturaleza porque así es esa persona. Piensa en la diferencia entre decir: «Qué bondadoso de tu parte», y afirmar: «Eres una persona muy bondadosa». La bondad bíblica es el resultado de un estilo de vida cristiano intencional. Una persona cuya naturaleza es buena será amable. Una persona amable será una buena persona.

Mientras que la amabilidad tiene una connotación relativamente clara en nuestra cultura, la bondad puede quedar abierta a diversas interpretaciones y las normas propias de la persona. Considera las palabras de Jesús a un hombre rico que le hizo una pregunta acerca de qué obra buena tenía que hacer para obtener la vida eterna: «¿Por qué me preguntas sobre lo que es bueno? —respondió Jesús—. Solamente hay uno que es bueno. Si quieres entrar en la vida, obedece los mandamientos» (Mateo 19.17).

Para nuestros propósitos aquí, definamos la bondad en términos de reflejar regularmente el carácter de Dios en nuestros motivos y acciones. A medida que la bondad gana terreno debido a la madurez de un creyente, los que están cerca de esa persona observarán un fruto que los dirige hacia Dios, aquel que es verdaderamente bueno. Este fruto saldrá del espíritu de la persona, haciendo que otros digan: «Hay algo diferente en este individuo. Ha cambiado de maneras dramáticas».

Jesús era bueno en todo su ser. La bondad gobernaba cada uno de sus motivos, pensamientos, palabras y acciones. En su bondad y por medio de ella, continuamente mostraba amabilidad mediante sus milagros, sus habilidades y enseñanzas, ya fuese en sus relaciones individualmente o con las masas. La bondad estaba impulsada por su amor a Dios; su amabilidad estaba impulsada por su amor al prójimo. Ambas cosas trabajan juntas; están entrelazadas.

En cada situación y circunstancia, Jesús es Dios; por lo tanto, es bueno. Para que nosotros seamos buenos por naturaleza y mostremos su bondad, debemos amar y vivir a partir de su Espíritu. Cuando Jesús enseñó acerca de los árboles buenos y el fruto bueno y sobre los árboles malos y el fruto malo, dijo: «El que es bueno, de la bondad que atesora en el corazón produce el bien; pero el que es malo, de su maldad produce el mal, porque de lo que abunda en el corazón habla la boca» (Lucas 6.45).

IDEA CLAVE: Escojo ser amable y bueno en mis relaciones con los demás.

Resulta útil estudiar las palabras para «amable» y «bueno» en los idiomas originales de la Biblia a fin de ver la fuerza del significado a todo color, en lugar de verla sencillamente en blanco y negro.

Hesed es la principal palabra hebrea en el Antiguo Testamento para «amabilidad». Mi profesor de hebreo en el seminario quería mostrarnos la profunda belleza de estudiar la Biblia en el idioma original. Para ilustrarlo, nos enseñó que *hesed* proviene de la misma raíz en hebreo que se utiliza para *cigüeña*. La cigüeña es la única ave que puede adoptar a un pájaro extraño que no sea de su especie y amarlo y cuidarlo como si fuera de su familia. Del mismo modo, Dios nos ha adoptado y nos muestra la misma amabilidad y amor que alguien le mostraría a un hijo biológico. *Hesed* denota un amor leal a largo plazo. Como cristianos, somos llamados a imitar el carácter de Dios desde adentro hacia afuera.

Kalos es una palabra griega traducida como «bueno» en el Nuevo Testamento. Se refiere a una belleza externa y estética. Cuando miramos el Gran Cañón, una flor exótica o un magnífico amanecer y susurramos: «Esto es bueno», hacemos uso del término *kalos*.

Y aunque nuestro Creador Dios nos invita a empaparnos y disfrutar de la belleza, *kalos* no es la palabra que utiliza cuando nos llama, mediante la enseñanza del apóstol Pablo, a ser amables y buenos. En la famosa lista del fruto del Espíritu en Gálatas 5.22–23, Pablo utiliza otras dos palabras griegas. *Chrestos* (traducida como «amabilidad») y *agathos* (traducida como «bondad») se refieren a actos externos hacia otros que son generados primeramente a partir de un sentido de moral interior de lo que es correcto y mejor. Hacemos lo que hacemos por los demás porque interiormente en nuestro corazón hemos decidido que eso es lo correcto que debemos hacer para beneficio de esa persona.

Imaginemos entrar a la casa de alguien y ver un recipiente de atractiva fruta sobre la mesa de la sala. Vas y agarras una fruta, le das un mordisco... ¡y enseguida te rompes un diente! ¿Qué sucedió? La fruta artificial producida en una fábrica parece increíblemente real a juzgar por el tamaño, el color y el detalle, pero es por naturaleza una fruta falsa. La fruta falsa tiene solo un propósito: contemplarla. Es estupenda para mirarla, pero no tiene ningún valor personal real. Hay veces que un motivo oculto hace que un acto de amabilidad resulte artificial. Podemos hacer algo para vernos bien, o incluso para dar la sensación de ser inofensivos, pero el motivo está equivocado. Le decimos a alguien un elogio en público, pero lo hacemos solo para conseguir algo que queremos. Le compramos a alguien un regalo, pero nuestro verdadero objetivo es lograr que esa persona haga algo por nosotros, con frecuencia algo mucho más valioso que lo que nosotros le regalamos. Las apariencias sinceras pueden disfrazar motivos muy deshonestos. Algunas frutas son falsas. Algunas acciones solo parecen ser bondadosas, pero no son buenas.

El libro de Proverbios advierte sobre quienes parecen buenos, pero se proponen hacer mal:

Como baño de plata sobre vasija de barro
son los labios zalameros de un corazón malvado.

El que odia se esconde tras sus palabras,
pero en lo íntimo alberga perfidia.
No le creas, aunque te hable con dulzura,
porque su corazón rebosa de abominaciones. (Proverbios 26.23–25)

Cualquier fruta artificial nunca sabrá bien para el alma. Si le damos un mordisco, lo lamentaremos. Sin embargo, la fruta de verdad puede verse muy bien y tener un sabor estupendo, produciendo alimento y sostén.

APLICACIÓN CLAVE: ¿Qué cambio produce esto en mi modo de vivir?

Con un corazón puro para hacer lo correcto por los demás, buscamos edificar a otros.

Cada mañana, le pedimos a Dios que nos dé oportunidades de tomar el bien que él está depositando en nuestros corazones y dárselo a los demás. Enfocamos cada día con la perspectiva de alentar a otros. En cada conversación y encuentro intentamos hacer o decir algo amable, porque eso edifica a las personas. En Cristo tenemos una cuenta bancaria con bondades sin límites y buscamos bendecir a los demás regalándolas.

Con un corazón puro para hacer lo correcto por los demás, no devolvemos mal por mal.

Tan solo porque alguien nos haya ofendido, no lo consideramos como una licencia para devolver esa maldad. Muchos se sienten justificados para ser desagradables con las personas que primero fueron desagradables con ellos. No es así con Dios. Jesús nos dice: «Si alguien te da una en la mejilla derecha, vuélvele también la otra» (Mateo 5.39). En los tiempos de Jesús, cuando alguien le daba una bofetada a otro en la mejilla, no tenía intención de hacerle daño físicamente, sino de insultar a esa persona en público. Cuando esto le sucede a un cristiano que está creciendo, Jesús le dice que lleve ese insulto al corazón para considerar su respuesta. La oscuridad que solía residir en el corazón ya no está ahí. Poco a poco ha sido expulsada. Entonces el corazón le envía un mensaje a la boca para que diga: «No tengo un insulto que devolverte, así que supongo que vuelve a ser tu turno».

En el versículo clave de este capítulo, Pablo nos dice: «Asegúrense de que nadie pague mal por mal» (1 Tesalonicenses 5.15). La palabra griega para «mal» es *kaka*. ¿Acaso no es una palabra adecuada para ello? Sabemos que «la *kaka* tiene lugar» en un mundo caído, pero nos negamos a devolvérsela a los demás. Más bien, buscamos devolver bien por mal, sabiendo que eso conducirá a la persona ya sea a la locura o al arrepentimiento. Pablo escribe en Romanos 12.19–21:

> No tomen venganza, hermanos míos, sino dejen el castigo en las manos de Dios, porque está escrito: «Mía es la venganza; yo pagaré», dice el Señor. Antes bien,
>
> «Si tu enemigo tiene hambre, dale de comer;
>   si tiene sed, dale de beber.
> Actuando así, harás que se avergüence de su conducta».
>
> No te dejes vencer por el mal; al contrario, vence el mal con el bien.

Con un corazón puro para hacer lo correcto por los demás, hacemos lo difícil por amor.

Sabemos que hay veces en que lo que es moralmente correcto hacer en una relación, en la que nos hemos ganado el derecho a hacerlo, es confrontar a un amigo o familiar, porque es lo mejor para esa persona. Así que lo hacemos en oración, con amabilidad y tacto, tal como las Escrituras nos recuerdan:

> Hermanos, si alguien es sorprendido en pecado, ustedes que son espirituales deben restaurarlo con una actitud humilde. Pero cuídese cada uno, porque también puede ser tentado. (Gálatas 6.1)

> Más bien, al vivir la verdad con amor, creceremos hasta ser en todo como aquel que es la cabeza, es decir, Cristo. (Efesios 4.15)

> Más confiable es el amigo que hiere
> que el enemigo que besa. (Proverbios 27.6)

Cuando un amigo está claramente tomando un camino equivocado, ¿quién lo amará lo suficiente para advertirle? ¡Tú! Puede que él te rechace hoy, pero finalmente serás tú quien a la larga habrá demostrado ser su amigo. Estás dispuesto a perder hoy, porque en tu corazón sabes que eso es lo correcto que debes hacer.

Cristo fue ejemplo de una vida de completa amabilidad y bondad hacia los demás. Cuando otros mordían el fruto de la vida de Jesús, siempre descubrían que estaba maduro, era dulce, nutritivo y refrescante. Experimentaban la verdad del testimonio del salmista en Salmos 34.8:

> Prueben y vean que el SEÑOR es bueno;
> dichosos los que en él se refugian.

Como le hemos entregado nuestra vida a Cristo, los nutrientes de su vida se abrirán camino hasta nuestra boca, nuestras manos y nuestros pies, produciendo un fruto sorprendentemente delicioso para que los demás lo disfruten. La expresión de sus caras después de haber probado el fruto de nuestros árboles pondrá una sonrisa en nuestro rostro y nos hará conscientes de que Dios está llevando a cabo su buen plan para nosotros. La oración de Pablo por los tesalonicenses es una oración para nosotros también:

> Por eso oramos constantemente por ustedes, para que nuestro Dios los considere dignos del llamamiento que les ha hecho, y por su poder perfeccione toda disposición al bien y toda obra que realicen por la fe. (2 Tesalonicenses 1.11)

Fidelidad

Que nunca te abandonen el amor y la verdad:
llévalos siempre alrededor de tu cuello
y escríbelos en el libro de tu corazón.
Contarás con el favor de Dios
y tendrás buena fama entre la gente.

PROVERBIOS 3.3–4

La mayoría de las personas relacionaría la virtud de la fidelidad en el contexto de un pacto matrimonial, ya sea en el sentido positivo de ser fiel o en el sentido negativo de ser infiel. Cuando dos personas expresan un compromiso la una con la otra para toda la vida, el matrimonio puede ser ciertamente una de las mejores imágenes culturales de esta virtud. Sin embargo, tristemente, para demasiadas parejas el matrimonio también puede convertirse en la peor imagen. Algunos cónyuges deciden que la fidelidad tiene un límite y que ya no vale la pena el esfuerzo. Después están las personas como Robertson McQuilken, que aceptó y personificó la definición bíblica de fidelidad.

McQuilken renunció como presidente del Instituto Bíblico Columbia en 1990 al darse cuenta de que necesitaba enfocar su atención en cuidar de su esposa, Muriel, que sufría las primeras etapas de la enfermedad de Alzheimer. A continuación aparece un extracto de una carta que él le escribió al equipo del instituto:

> Recientemente se ha hecho obvio que Muriel está contenta la mayor parte del tiempo que permanece conmigo, y casi nunca el tiempo en que me encuentro lejos de ella. No es tan solo que se sienta «descontenta». La sobrecoge por completo el temor, incluso el terror, de haberme perdido, y siempre comienza a buscarme cuando me voy de casa. Por lo tanto, está claro para mí que ella

me necesita ahora todo el tiempo. La decisión quedó tomada, en cierto sentido, hace cuarenta y dos años, cuando prometí cuidar de Muriel «en la salud y en la enfermedad [...] hasta que la muerte nos separe». Por lo tanto, como les dije a los alumnos y al profesorado, como un hombre de palabra, la integridad tiene algo que ver con esto. Pero también la justicia. Ella se ha ocupado de mí de forma plena y sacrificada todos estos años; si yo cuidase de ella durante los próximos cuarenta años, no habría cancelado toda mi deuda.

Sin embargo, la obligación puede ser triste y estoica. Pero hay algo más: yo amo a Muriel. Ella es una delicia para mí: su dependencia infantil y su confianza en mí, su cálido amor, los ocasionales destellos de ese ingenio que solía tener, su ánimo feliz y su difícil adaptación ante su continua frustración. Yo no tengo que cuidar de ella. ¡Se me permite hacerlo! Es un alto honor cuidar de una persona tan maravillosa.[30]

Robertson McQuilken es una inspiración moderna y un ejemplo de fidelidad que está motivado por un profundo amor y un compromiso tanto con Cristo como con su esposa.

PREGUNTA CLAVE: ¿Por qué resulta tan importante ser leal y comprometido con los demás?

El ejemplo supremo de fidelidad en el Antiguo Testamento lo vemos en la relación de Dios con la nación de Israel. Independientemente de lo que el pueblo hacía, lo rápidamente que le daban la espalda, o las veces que lo desobedecían, Dios siguió siendo vigilante y estando a su disposición. El salmista declara esta verdad:

> El SEÑOR ha hecho gala de su triunfo;
> ha mostrado su justicia a las naciones.
> Se ha acordado de su amor y de su fidelidad
> por el pueblo de Israel;
> ¡todos los confines de la tierra son testigos
> de la salvación de nuestro Dios! (Salmos 98.2–3)

En el Nuevo Testamento, Jesús mostró una sorprendente fidelidad tanto hacia el Padre como hacia nosotros, logrando la redención de la humanidad en la cruz. Él se mantuvo fiel a quien era y a su llamado a llevarnos de regreso a Dios.

Como hemos afirmado para todas las virtudes, el verdadero camino de la fidelidad bíblica no consiste en un suceso o acontecimientos aislados, sino en un modo de vida. No necesitamos simplemente hacer cosas fieles; debemos ser personas fieles. De este modo, el resultado serán acciones llenas de fe que brotan de un corazón fiel.

IDEA CLAVE: He establecido un buen nombre con Dios y los demás basado en mi lealtad a esas relaciones.

El Evangelio de Lucas contiene la siguiente descripción de Jesús durante su crecimiento hacia la madurez: «Jesús siguió creciendo en sabiduría y estatura, y cada vez más gozaba del favor de Dios y de toda la gente» (Lucas 2.52).

Esta es una frase crucial y fundamental en las Escrituras, porque es el puente entre la niñez de Jesús y el comienzo del cumplimiento de su llamado divino como un hombre joven. La Biblia establece el nacimiento y la presencia de Jesús en la tierra mediante hechos y referencias históricas, y después va al grano, avanzando directamente hasta el comienzo del ministerio de Jesús y su camino hacia la cruz. Este es uno de esos versículos clave donde se comunica mucho con muy pocas palabras.

- Jesús crecía en *sabiduría*. Su conocimiento y su carácter se desarrollaban adelantados a su edad.

- Jesús crecía en *estatura*. Creció como un muchacho normal y sano hasta convertirse en adulto.

- Jesús crecía en *el favor de Dios*. Él permaneció fiel a Dios durante la niñez, la adolescencia y la juventud.

- Jesús crecía en *el favor de la gente*. Su fidelidad a Dios y su cada vez mayor sabiduría dieron como resultado buenas relaciones y un buen nombre como un hombre de honor e integridad.

Nuestra idea clave y este versículo nos alientan en todos los niveles posibles a entender que la fidelidad y el compromiso con Dios darán como resultado la mejor vida posible que podamos vivir; nunca exenta de problemas y pruebas, pero avanzando coherentemente en el camino correcto hacia el carácter y las cualidades de nuestro Padre.

En la parábola de las bolsas de oro, Jesús describe la recompensa para quienes hayan sido fieles con los recursos de Dios en la tierra: «Su señor le respondió: "¡Hiciste bien, siervo bueno y fiel! En lo poco has sido fiel; te pondré a cargo de mucho más. ¡Ven a compartir la felicidad de tu señor!"» (Mateo 25.21). Darles a las bendiciones de Dios el mejor uso como manera de expresar nuestro amor y el compromiso con él produce una bendición continuada: la consecuencia de la fidelidad.

APLICACIÓN CLAVE: ¿Qué cambio produce esto en mi modo de vivir?

La virtud de la fidelidad se traducirá de dos maneras en nuestra vida.

- Seremos fieles a Dios. Sin importar quién continúe o se aparte, permanecemos en Dios. No esperamos a que otros den un paso de fe; nosotros dirigimos. No nos echamos atrás cuando no es políticamente correcto obedecer los mandamientos de Dios; simplemente lo hacemos. Cuando Dios nos mira, ve seguidores comprometidos. Nuestra mejor motivación para esta decisión es nuestro amor a Dios y el conocimiento de que él siempre sabe lo que es mejor para nosotros. Nuestra propia fidelidad está motivada y dirigida por su profundo compromiso con nuestras vidas y la eternidad. Nuestro compromiso a la fidelidad nos conduce a amar a Dios cada vez más.

Los cristianos no somos llamados a ser exitosos según el mundo define el éxito. Somos llamados a ser fieles a Dios en lo que nos llame a hacer. Actuamos fielmente en fe hacia Dios y le dejamos los resultados a él. Si muero con cinco mil millones de dólares en el banco, pero no conozco a Dios ni le he sido fiel, he fracasado. Si termino arruinado, pero conozco a Dios y he sido fiel a su llamado en mi vida con la fuerza que da su Espíritu, he sido verdaderamente exitoso. Un cristiano genuino acepta este axioma y escapa a muchas de las tentaciones que pueden desviarnos.

- Seremos fieles a los demás. La segunda manera en que se ve esta virtud es en nuestras relaciones horizontales. Las personas que nos rodean llegan a saber que somos leales, dignos de confianza y coherentes. Se puede contar con nosotros. Estaremos disponibles. Escucharemos con atención. Responderemos a la llamada de ayuda. Somos ejemplos de la fidelidad de Dios mediante nuestras vidas dadas libremente a los demás. Nuestro compromiso a la fidelidad nos conduce a amar a nuestro prójimo cada vez más.

El Diccionario Urbano en línea es una publicación para la jerga nueva y las palabras que se añaden a nuestro vocabulario regularmente. Uno de los términos que está en su página es *no despegarse*, definido como «la capacidad de perseverar y soportar hasta el punto de vencer un obstáculo particularmente difícil».[31] La fidelidad es el acto continuado de no despegarse en las relaciones y las circunstancias.

Es importante entender que ser fiel a Dios nunca se trata de cumplir con un requisito para mantener nuestra relación con él, sino más bien tiene que ver con responderle por amor y devoción debido a lo que Cristo ha hecho por nosotros. Decidimos permanecer en él no por obligación, sino por deseo.

La fidelidad debe ser una prioridad, sin importar quién nos observa. Ya sea que estemos solos o en una multitud, somos fieles; en los buenos momentos o en los malos, somos fieles; cuando estamos confiados o tenemos duda, somos fieles. Si queremos verdaderamente influenciar a las personas para Cristo, ser fieles tiene que ser algo más que una cualidad deseable; debe convertirse en un estilo de vida.

Amabilidad

Que su amabilidad sea evidente a todos. El Señor está cerca.

FILIPENSES 4.5

En un sondeo nacional dirigido por la organización Gallup sobre las treinta ideas clave en este libro, la amabilidad quedó situada en último lugar. La cualidad de la amabilidad parece ser rara y evasiva en nuestra cultura, sin importar si alguien es cristiano o no. Ambos grupos admitieron que esta característica se echaba en falta, llegando a ser un problema constante en sus propios corazones.[32]

«¿Es usted conocido como alguien que levanta la voz?» fue la pregunta que los hizo derrumbarse. De las treinta afirmaciones, esta le causó la mayor dificultad a la mayoría de las personas. Mientras que los cristianos puntuaron ligeramente más alto a la hora de demostrar amabilidad que los no cristianos, algunos admitieron enseguida su intensa lucha para expresar esta cualidad.

PREGUNTA CLAVE: ¿Cómo demuestro calma y consideración hacia los demás?

¿Qué hay en esta virtud en particular que nos hace ponernos nerviosos? Como sociedad, e incluso en la iglesia, ¿por qué estamos tan irritables? ¿Tan tensos? ¿Tan estresados? ¿Por qué es la amabilidad tan ajena para tantas personas? Una pregunta más importante que plantearse es la siguiente: si Cristo está presente en nuestras vidas, ¿por qué no somos cristianos marcadamente más amables que aquellos que no siguen al amable Sanador?

Cuando abrimos la Biblia, encontramos algunas perspectivas sobre cómo poder llegar a ser más como Jesús por causa de aquellos a quienes Dios ha puesto en nuestras vidas.

IDEA CLAVE: Soy amable, considerado y apacible en mis tratos con los demás.

Cuando Pablo utilizó la palabra *amabilidad* en nuestro versículo clave, en Filipenses 4.5, eligió la palabra griega *epieikeia*, que denota una actitud amable, considerada y decente. En lugar de demandar con fuerza sus derechos, sin importar cuál sea el costo para los demás, quienes poseen este rasgo buscan la paz de manera calmada.[33]

Cuando Pablo escogió la palabra *amabilidad* para describir un aspecto del fruto del Espíritu en Gálatas 5.22, eligió la palabra griega *prautes*. En la época de Pablo, esta palabra estaba vinculada al mundo de la medicina y conllevaba la idea de un «medicamento suave». Podríamos decir que una persona amable es alguien «fácil para el estómago». Esta es una imagen visual perfecta, ¿no es cierto? Pensemos en el estómago agitado, en ese sentimiento casi de náusea que tenemos cuando sabemos que vamos a tener un encuentro con una persona orgullosa, que aunque pueda tener razón la mayoría de las veces, dispensa dosis de una medicina que es demasiado fuerte para nosotros.

Esta palabra también se utilizaba con respecto a los animales domados. Pensemos en un caballo. El peso promedio de estos animales es de unos 450 kilos y tienen el potencial de herir gravemente o incluso matar a un ser humano. Sin embargo, podemos acercarnos a la inmensa mayoría de los caballos, acariciarlos, subirnos a ellos y considerarlos amables. ¿Es esto un reflejo de su potencia y su fuerza? No. Es un indicador de su naturaleza: lo que ellos son después de haber sido entrenados. La amabilidad para un caballo implica una decisión de permitir que su potencia y su fuerza sean controladas. Una persona mansa y amable no es una persona débil, sino más bien es alguien fuerte, seguro y maduro. Utiliza su fortaleza para hacerles frente a gigantes y retos reales en su vida, pero decide no tratar mal a los demás.

Juntas, estas dos palabras griegas, *epieikeia* y *prautes*, reflejan lo contrario a la enojada dureza que surge del orgullo personal y un egoísmo dominante.[34] Cristo quiere que seamos mansos y amables por causa de los demás.

APLICACIÓN CLAVE: ¿Qué cambio produce esto en mi modo de vivir?

En el libro de Proverbios, Salomón nos recuerda la importancia de demostrar amabilidad en el modo en que tratamos a los demás:

La respuesta amable calma el enojo, pero la agresiva echa leña al fuego. (Proverbios 15.1)

- **Somos corteses.** Dedicamos el tiempo a evaluar una situación y ver la historia completa. No nos movemos por la vida como un elefante en una cristalería, sino nos interesamos por las personas a lo largo del camino. Intentamos no dar por sentadas las cosas. Con frecuencia nos encontramos haciendo la pregunta: «¿Cómo estás?». Queremos ser conocidos por hacer pequeñas cosas tras bambalinas para alentar a las personas.

- **Somos considerados.** Cuando estamos en posición de tomar una decisión, consideramos el impacto que tendrá sobre otros. Escuchamos sus comentarios antes de actuar. Hacemos lo posible por ponernos en el lugar de la otra persona. Estudiamos a aquellos que Dios ha puesto en nuestras vidas para descubrir qué los vigoriza, qué los impulsa y qué botones no presionar.

- **Somos calmados.** Aunque habrá momentos en que la pasión y la agresión serán correctas y necesarias, hay una gran fortaleza en nuestras convicciones cuando nos mantenemos en calmada confianza. ¡Un padre o una madre calmados son más eficaces que un enojado lunático! Los niños se desconciertan cuando los miramos a los ojos y les hablamos con calma. Cuando un individuo duro y enojado se nos acerca, resistimos la tentación a combatir el fuego con fuego, y nos alejamos si es necesario para calmar la situación. Debido a que es fácil volvernos rudos, impacientes y arrogantes cuando estamos demasiado ocupados y estresados, queremos vivir vidas en las que tengamos tiempo para respirar, oler las rosas y calmarnos.

Pensemos en esta pregunta de autoevaluación con respecto a la virtud de la amabilidad: si tuvieras planes con alguien para el domingo en la tarde, ¿estaría esa persona temiendo el tiempo que pasará contigo, o se sentiría emocionada por la visita? ¿Estaría esperando que tú fueras calmado o abrasivo? ¿Anticiparía que te mostrarás amable y atento, o ensimismado y distraído? ¿Se iría después sintiéndose alentado o desalentado? ¿Agotado o renovado?

Sin embargo, el problema de este escenario es que la autoevaluación resulta engañosa. No podemos ver y entender plenamente nuestra falta de amabilidad. Lo que nosotros hacemos es normativo; nosotros mismos somos el estándar de comparación. Nuestra falta de amabilidad no nos molesta demasiado. Nuestros arrebatos están justificados en nuestra mente debido a la rudeza y la estupidez de personas insensibles e ignorantes. Alguien tiene que solucionar el lío que los demás están causando. Nuestra falta de amabilidad no es un problema, sino una solución. Al menos es así como tendemos a considerarlo.

Si queremos conocer la verdadera medida de nuestra amabilidad, tenemos que preguntarles a otros. La amabilidad es un fruto. Constituye algo externo, y todos estarán comiendo de nuestro fruto cuando pasan tiempo con nosotros. Si es amargo, lo sabrán; si es dulce, lo sabrán. El problema radica en que si verdaderamente nos falta la virtud de la amabilidad, esas personas tendrán miedo a decir la verdad para que no las ataquemos. Tenemos que encontrar a alguien que esté lo bastante seguro en Cristo para decirnos la verdad con amor.

Hace unos años teníamos una casa pequeña y maravillosa en una acogedora calle con pacanas en los suburbios de Texas. Yo hacía todo lo posible por ser un buen dueño de casa con un presupuesto muy pequeño. En Texas, es casi una necesidad tener un buen sistema de aspersores de agua, que nosotros no teníamos. No podíamos permitirnos contratar a una empresa para que lo instalara, así que uno de los miembros de mi plantilla de personal que había instalado uno de esos sistemas (al menos me condujo a creer que lo había hecho) llegó para ayudarme a realizar el trabajo.

Como podrías sospechar, no lo hicimos correctamente. Yo no sabía en absoluto cuáles serían las implicaciones de ese error. A las cinco de la mañana cada día, los aspersores se ponían en funcionamiento en el patio trasero y lanzaban chorros de agua por encima de mi valla hasta el tejado de tablas de madera de mi vecino. No fue algo bueno con el tiempo. Para empeorar aún más las cosas, mi vecino era un caballero inglés jubilado que hacía todo con una excelencia meticulosa, lo cual era posible al tener tiempo ilimitado, bastante dinero y una personalidad perfeccionista.

Una soleada tarde de domingo me encontraba trabajando en el patio y mi vecino me llamó. Comencé a charlar sobre cosas del barrio con él. Enseguida me interrumpió y procedió a hablar sobre el agua que estaba cayendo sobre su tejado. ¡Ojalá se hubiera quedado en eso! Sin embargo, no fue así. La emprendió conmigo a lo grande. Digamos que hubo palabrotas y amenazas de demanda. Quedé devastado. Sentía náuseas en el estómago. Su marca de medicina no me cayó bien. Me disculpé y solucioné el problema, pero nuestra relación quedó dañada. Quería confrontarlo, pero sinceramente él me daba miedo.

Aproximadamente un mes después, llamó a nuestra puerta. Yo estaba en el trabajo, pero mi esposa, Rozanne, lo atendió. Algunas ramas de uno de los árboles de mi propiedad estaban colgando sobre su tejado. Le preguntó a Rozanne si yo las cortaría, y él estaba dispuesto a ayudar a pagar el costo. Rozanne, una persona segura que no le tenía miedo a mi vecino (al menos no aún), procedió a decirle unas palabras de calmada verdad a su vida que dudo que él hubiera escuchado antes.

Le dijo: «Estoy segura de que Randy estaría más que contento de derribar este árbol, pero usted realmente hirió sus sentimientos hace unas semanas». Después procedió a recapitular la brutal conversación desde mi perspectiva. Cuando ella terminó, él confesó que no se había dado cuenta de su falta de amabilidad hacia mí ni que me había aplastado del modo en que lo hizo. Algo sucedió en su interior, porque le dijo a mi esposa: «Mire, yo soy un viejo gruñón. Dígale que venga a verme cuando llegue a casa».

Con temor e inquietud, lo hice. Mi vecino se disculpó. Yo corté el árbol haciéndome cargo de los gastos y nos convertimos en los mejores amigos.

La falta de amabilidad de mi vecino habría continuado como un patrón si no hubiera sido por la confrontación amorosa y constructiva de mi esposa. A lo largo del proceso, yo también aprendí a ser un mejor vecino. Antes de comenzar a hacer proyectos en la casa, consulto con mis vecinos para asegurarme de no estar dañando sus inversiones y avivando su enojo.

¿Qué lecciones aprendí? Que no me gusta vivir cerca de personas que produzcan molestias en mi estómago. Cuando me trago la medicina que ellos me dan, podría ser bueno para mí, pero es demasiado abrasiva para mi cuerpo. Como seguidor de Cristo, sin duda no quiero ser una «píldora que tragar» para las personas a las que Dios pone en mi vida a fin de que las ame. Afortunadamente, tengo una esposa amorosa y amable que me dirá la verdad con amor. A medida que he pedido comentarios y aprendido más sobre cómo ser manso, poco a poco estoy siendo más como Cristo y las personas no tienen miedo de acercarse a mí.

Jesús hace la invitación. «Vengan a mí todos ustedes que están cansados y agobiados, y yo les daré descanso. Carguen con mi yugo y aprendan de mí, pues yo soy apacible y humilde de corazón, y encontrarán descanso para su alma. Porque mi yugo es suave y mi carga es liviana» (Mateo 11.28–30). Quiero ser capaz de decirles eso a las personas que Dios ha puesto en mi vida. ¿Y tú? ¡Con Cristo en nosotros, podemos ser más mansos y amables! Sé que no estoy preparado del todo, pero pronto quiero invitar abiertamente al equipo de Gallup a que me haga una visita y me pregunte, mejor aún, les pregunte a mi familia y mis vecinos: «¿Cómo le va a Randy con el fruto de la amabilidad?».

Humildad

No hagan nada por egoísmo o vanidad; más bien, con humildad consideren a los demás como superiores a ustedes mismos. Cada uno debe velar no sólo por sus propios intereses sino también por los intereses de los demás.

FILIPENSES 2.3–4

En 1884, un mensajero despertó al rey Humberto de Italia a medianoche y le informó que había estallado una epidemia de cólera en Nápoles. Aunque estaba programado que el rey estuviera en Monza al día siguiente para una magnífica recepción, les telegrafió a sus invitados: «Banquete en Monza; cólera en Nápoles; voy a Nápoles. Si no vuelven a verme, adiós». John Stoddard cuenta lo que sucedió a partir de ahí:

Al llegar a Nápoles, el rey Humberto encontró solamente a las personas comunes en la estación para recibirlo. Los ricos, la aristocracia e incluso la mayoría de los oficiales habían huido. Sin embargo, al rey eso no le importaba. Eran las personas a quienes había ido a salvar. Durante semanas, trabajó incesantemente para refrenar la plaga y aliviar a los que sufrían; entró a los hospitales, sostuvo las manos de los enfermos y los moribundos entre las suyas propias, y mediante su ejemplo hizo avergonzarse a otros de modo que pusieran manos a la obra. Después de una semana, uno de sus ministros le dijo: «Su Majestad, ayer hubo tres mil cuatrocientos casos. Esto comienza a ser alarmante. ¿No debiera regresar a Roma?». El rey respondió: «Usted puede regresar si lo desea. Yo me quedaré hasta que vea Nápoles libre del cólera». Y mantuvo su palabra.[35]

Cuando un rey desciende de su trono para servir a quienes gobierna y arriesgar su vida, ofrece una grandiosa imagen del significado de la humildad. ¿Acaso no es eso lo que Jesús hizo por nosotros? Él bajó de su trono y se humilló haciéndose hombre (ver Filipenses 2.6–8). En la mayoría de los reinos, las personas ofrecen sus vidas para salvar al rey; el Rey Jesús ofreció su vida para salvar a las personas. La humildad no tiene nada que ver con la humillación. *No* se trata de mantener una baja autoestima o tener falta de confianza. Jesús ciertamente no sufrió de baja autoestima, y aun así vivió una vida de completa humildad. Muchos han llegado a considerar que un cristiano humilde es prácticamente alguien insignificante para los demás. En realidad, un creyente tiene un fuerte sentimiento de valía propia y una posición de identidad segura como un individuo que ya no siente la necesidad de elevar la carne o inflar el orgullo personal. El rey Humberto seguía siendo el rey, estuviese sentado en el trono en Roma o sirviendo de rodillas en un hospital para el cólera en Nápoles. El estado de su corazón es lo que determinaba su verdadero lugar y posición.

Con respecto a nuestro aspecto físico, la palabra *modestia* denota que no presumimos de nuestros rasgos y evitamos revelarnos de tal manera que haga que otros se sientan incómodos o invite a una atención equivocada. Pensemos en la humildad como la modestia del corazón. Trabajamos no para presumir en cuanto a quiénes somos, o revelar nuestro yo de una manera que haga sentirse incómodos a otros o invite a una atención equivocada hacia nosotros. Para el cristiano, la humildad significa que la vida no «se trata de mí», sino más bien se trata de Dios y los demás.

En Proverbios 15.33, Salomón lo resume de la siguiente manera: «El temor del Señor es corrección y sabiduría; la humildad precede a la honra».[3]

PREGUNTA CLAVE: ¿Qué significa valorar a otros antes que a mí mismo?

La humildad es lo contrario a la arrogancia. Una persona arrogante quiere que su presencia domine una habitación, mientras que una persona humilde desea que la contribución que hace en una habitación beneficie a los que están en ella. Practicar la humildad no se trata de volverse invisible y pasar desapercibido; tiene que ver con ser franco y modesto para sacar lo mejor de quienes nos rodean. La arrogancia con frecuencia hace suposiciones en cuanto a lo que otros pueden pensar o sentir, mientras que la humildad no hará tal cosa. Una persona humilde es cálida y agradable con cualquiera con quien se pone en contacto.

Cuando Jesús asistió a una cena donde las personas se peleaban por encontrar los mejores asientos, contó una historia acerca de buscar el lugar más bajo y después ser invitado a reubicarse en un lugar mejor. Él resumió la enseñanza con estas palabras: «Todo el que a sí mismo se enaltece será humillado, y el que se humilla será enaltecido» (Lucas 14.11). Según la perspectiva de Jesús, aquellos que desean exaltarse a sí mismos están en el extremo opuesto de los que son sus seguidores. Al final, su reino será revelado como contrario a la manera en que las cosas son en este mundo actual. Todos aquellos que hayan vivido para ser exaltados serán en cambio humillados, mientras que quienes hayan servido tanto a él como al prójimo serán recompensados.

IDEA CLAVE: **Decido estimar a otros más que a mí mismo.**

Las Escrituras relacionan de manera regular a la humildad y la sabiduría. Consideremos esta perspectiva de Salomón en Proverbios 11.2: «Con el orgullo viene el oprobio; con la humildad, la sabiduría». O esta de Santiago en el Nuevo Testamento: «¿Quién es sabio y entendido entre ustedes? Que lo demuestre con su buena conducta, mediante obras hechas con la humildad que le da su sabiduría» (Santiago 3.13). De manera magistral, la sabiduría reúne conocimiento, experiencia de la vida y una capacidad personal que le permite a la persona vivir la vida exitosamente. La persona sabia tiene una amplia visión para poder ver su lugar y no sentirse amenazada por la posición de nadie más, ya que está segura en la suya propia. De este modo, la persona sabia es libre para ser una persona humilde.

Nos resultaría difícil encontrar a cualquiera en las Escrituras más adecuado para el salón de la fama de Dios que Moisés. Aun así, veamos cómo describe Números 12.3 a este pilar del Antiguo Testamento: «Moisés era muy humilde, más humilde que cualquier otro sobre la tierra». Este es un fuerte indicador del hecho de que Dios lo escogió y bendijo su vida.

La persona en las Escrituras que Dios puede que haya humillado más también terminó llegando a ser uno de los hombres más eficaces en la historia del reino de Dios. Cuando se nos presenta por primera vez a Saulo en Hechos 7, está supervisando la ejecución de Esteban. Este líder bien educado tenía la misión de eliminar a todos los seguidores de Cristo. Hechos 8.3 señala: «Saulo, por su parte, causaba estragos en la iglesia: entrando de casa en casa, arrastraba a hombres y mujeres y los metía en la cárcel». Sin embargo, en Hechos 9 todo cambió. Llegó la humildad cuando Jesús confrontó a Saulo.

—¿Quién eres, Señor? —preguntó.

—Yo soy Jesús, a quien tú persigues —le contestó la voz—. Levántate y entra en la ciudad, que allí se te dirá lo que tienes que hacer.

Los hombres que viajaban con Saulo se detuvieron atónitos, porque oían la voz pero no veían a nadie. Saulo se levantó del suelo, pero cuando abrió los ojos no podía ver, así que lo tomaron de la mano y lo llevaron a Damasco. Estuvo ciego tres días, sin comer ni beber nada. (Hechos 9.1–9)

El espíritu enseñable de Pablo le permitió situarse en su lugar para más adelante escribir a los Romanos: «Por la gracia que se me ha dado, les digo a todos ustedes: Nadie tenga un concepto de sí más alto que el que debe tener, sino más bien piense de sí mismo con moderación, según la medida de fe que Dios le haya dado» (Romanos 12.3). ¡Qué increíble contraste, el cual demuestra una vez más el fruto que Cristo puede producir en una vida rendida y sometida!

APLICACIÓN CLAVE: ¿Qué cambio produce esto en mi modo de vivir?

La humildad produce un seguro conocimiento de nuestra identidad en Cristo.

Cristo nos ofrece una nueva vida en todos los aspectos, creando así una nueva identidad. Su muerte y resurrección proporcionan seguridad ahora y en la eternidad. Nuestro recién hallado conocimiento de lo que ha hecho por nosotros provoca un estado de agradecimiento y humildad en nuestro corazón a medida que continuamente encontramos nuestra vida y nuestro aliento en él, tal como Lucas nos recuerda en el libro de Hechos: «En él vivimos, nos movemos y existimos» (Hechos 17.28).

La humildad produce libertad para elevar y estimar a los demás.

Con nuestra nueva posición en Cristo, ahora tenemos todos los recursos que necesitamos para practicar el mayor de los mandamientos: amar a Dios y al prójimo. El continuo crecimiento de la humildad nos permite no sentir ninguna amenaza o inseguridad al colocar la voluntad de Dios y las necesidades de los demás por encima de las propias. Somos hechos libres en nuestra alma para servir.

La humildad redirige todas nuestras relaciones para que se traten del bienestar de los demás.

Cuando aprendemos a estimar de modo habitual a los demás por encima de nosotros mismos, el siguiente paso es interesarnos por las personas del modo en que Jesús querría que lo hiciéramos. Buscamos servir a todos aquellos con los que tenemos una relación. Ya no utilizamos a los demás como un medio para lograr nuestros propios fines, sino convertimos en una práctica el preguntar cómo podemos ser parte del plan de Dios para las personas. Intentamos seguir el consejo de Pablo: «Que nadie busque sus propios intereses sino los del prójimo» (1 Corintios 10.24). Veremos necesidades que nunca vimos antes, oiremos sobre daños que nunca habíamos oído antes, hablaremos palabras de vida que nunca habíamos hablado antes, y tocaremos corazones de maneras en que no lo habíamos hecho antes. Esto es simplemente ser modelo de la vida que Cristo llevó en la tierra.

La humildad produce un profundo sentimiento de interés por las personas en nuestro círculo.

Cuando Jesús se movía entre las multitudes, demostraba una sorprendente capacidad para encontrar a quienes tenían las mayores necesidades.

Desde la mujer que tocó el borde de su manto hasta Zaqueo, Nicodemo o la mujer que fue atrapada viviendo en adulterio, nadie estaba exento de la atención y el interés de Jesús. Los ingresos, la educación, el género y el estatus cultural no influían en su ministerio a las personas. Dondequiera que iba, miraba con compasión a los que lo necesitaban. Esta es también nuestra descripción de trabajo, impulsada desde un corazón humilde para servir como él sirvió. Desde la cajera en el supermercado hasta el médico, desde el hombre o la mujer sin techo hasta los políticos, tratamos igual a todos.

La humildad produce un deseo de reflejar a Cristo en todas las cosas.

La humildad suprema se encuentra cuando situamos nuestro corazón en la posición constante de poner en primer lugar la gloria de Dios y buscar primero su reino y su justicia (ver Mateo 6.33). Mientras más nos sumergimos en el ministerio de Cristo a los demás, más experimentamos la vida abundante que él ofrece. Verle cambiar vidas mediante nuestra obediencia es contemplar la humildad en su mejor momento.

Para los cristianos que crecen, un fuerte sentimiento de autoestima fluye de la «estima de Dios» en el interior, lo cual nos libera para enfocarnos en la «estima de los demás». Cuando entablamos cualquier conversación con otra persona, la oración es: *Amado Dios, ayúdame a poner a esta persona por encima de mí mismo y traerla hacia ti.* A medida que el mundo se vuelve cada vez más ensimismado, la humildad no solo será una de las virtudes más atractivas y refrescantes del Espíritu de Dios para un mundo que busca y sufre, sino también una gran bendición para nuestras propias vidas al ofrecerle nuestro corazón diariamente al Señor a medida que lo exaltamos a él y solo a él. Estos versículos de las Escrituras nos señalan hacia esta gran bendición:

> *Recompensa de la humildad y del temor del Señor*
> *son las riquezas, la honra y la vida. (Proverbios 22.4)*

> *Revístanse todos de humildad en su trato mutuo, porque*
> *«Dios se opone a los orgullosos, pero da gracia a los humildes».*
> (1 Pedro 5.5)

Jesús se humilló a sí mismo y a su debido tiempo Dios Padre «lo exaltó hasta lo sumo y le otorgó el nombre que está sobre todo nombre» (Filipenses 2.9). Él promete hacer lo mismo por nosotros: «Humíllense delante del Señor, y él los exaltará» (Santiago 4.10).

PARTE 4

Transformación

La revolución de pensar, actuar y ser

Sobre esta piedra edificaré mi iglesia, y las puertas del reino de la muerte no prevalecerán contra ella. Te daré las llaves del reino de los cielos.

MATEO 16.18–19

Los dos últimos capítulos nos ayudarán a tomar toda esta enseñanza y crear una estrategia como aplicación para nuestras vidas. La meta es desarrollar un plan para nuestras propias creencias, prácticas y virtudes, haciendo el movimiento desde la cabeza hasta el corazón para bendecir a otros y glorificar a Dios, tal como Jesús querría que hiciéramos.

Luego de haber presentado las virtudes de Cristo producidas como fruto en nuestra vida, comencemos con el término de la revolución de pensar, actuar y ser.

Ahora llegamos a una rotación de cambio completa. El ímpetu y la madurez espiritual comienzan a producirse cuando el creyente avanza en la presencia de Dios, mientras que actuar como Jesús aporta un sentimiento cada vez más profundo de ser como él, impulsando la revolución. Aquí encontramos el proceso de santificación, donde la santidad y la bendición forjan un cimiento que resulta siempre fortalecedor para el creyente. Este es el punto en que los miembros de una comunidad comienzan a ver y estar de acuerdo en que las virtudes de Dios sin duda están creciendo en calidad y cantidad en las ramas del creyente. El cielo y la tierra están de acuerdo en que estás siendo como Jesús.

Ampliemos ahora y veamos cómo nosotros, como esas revoluciones individuales del cambio, encajamos en el cuadro general.

Para nuestros propósitos sencillos aquí, definamos a la iglesia como «la colección de creyentes individuales que permanecen juntos en unidad mediante su fe mutua en Jesús; el cuerpo de Cristo, es decir, la extensión de la presencia de Cristo en la tierra comisionada para cumplir su propósito de practicar y extender las buenas nuevas de salvación para todos». A fin de que la iglesia se vea como Jesús para el mundo, los creyentes individuales que forman parte de ella deben comprometerse a ser más como él en sus propias vidas. El proceso de discipulado al cual Jesús comisionó a sus seguidores en Mateo 28.19–20 debe tener su pleno efecto en la vida de cada uno de los miembros. El cristiano debe aprender progresivamente a «obedecer todo» lo que Jesús ha ordenado hacer.

Aunque el viejo adagio «somos solamente tan fuertes como lo es nuestro eslabón más débil» puede no ser necesariamente cierto en el ministerio global del cristianismo, sigue habiendo un principio general aquí: mientras más fuertes sean los creyentes individuales, más fuerte será la iglesia en general. Para personalizar, mientras más fuerte seas tú en Cristo, más fuerte haces a la iglesia global, el cuerpo de Cristo. Esta cosmovisión produce un mayor nivel de responsabilidad y propósito en cuanto a tu propio crecimiento espiritual personal. ¡En pocas palabras, eres importante!

Pedro fue uno de los primeros discípulos en experimentar esta revolución individual. En un período de veinticuatro horas, cuando Jesús más necesitaba su apoyo, Pedro lo deshonró públicamente tres veces (ver Mateo 26.29–75). Siendo un pescador común con grandes esperanzas de grandeza, él estaba lleno de un temor y una inseguridad comunes en el hombre. Sin embargo, después de que el prometido Espíritu Santo descendiera sobre él en el aposento alto, Pedro abrió las puertas de par en par y proclamó con poder a Jesús ante un mundo hostil. Los resultados fueron nada menos que milagrosos. Pedro creció diariamente, y de ser un pescador rudo, impetuoso e impulsivo que cortaba orejas pasó a ser una persona fiel, firme y amorosa que vivió el resto de sus días defendiendo a Jesús y al final entregó su vida en nombre de él.

La presencia de Dios

Pedro nos dice que esa misma oportunidad, esa revolución personal que experimentó, está a disposición de todos los cristianos, y también a tu disposición.

> *Su divino poder, al darnos el conocimiento de aquel que nos llamó por su propia gloria y potencia, nos ha concedido todas las cosas que necesitamos para vivir como Dios manda. Así Dios nos ha entregado sus preciosas y magníficas promesas para que ustedes, luego de escapar de la corrupción que hay en el mundo debido a los malos deseos, lleguen a tener parte en la naturaleza divina.* (2 Pedro 1.3–4)

La presencia misma de Dios, viva en medio del campamento de los antiguos israelitas, es la misma presencia que está a disposición del seguidor individual de Jesús en la actualidad. El mismo Espíritu Santo que cayó sobre Pedro y lo capacitó para vivir la vida cristiana es el mismo poder que está vivo en ti y en mí. ¡La vida de resurrección que levantó a Jesús de la muerte está en nosotros! Con nuestras propias fuerzas, no logramos ni siquiera una oración, pero con el viento del Espíritu Santo a nuestras espaldas, unido a nuestro esfuerzo comprometido e intencional, ciertamente podemos hacer progresos.

¿Cuál es la razón o el propósito de la poderosa presencia de Dios en nuestras vidas? Pedro pasa a responder la pregunta directamente:

> *Esfuércense por añadir a su fe, virtud; a su virtud, entendimiento; al entendimiento, dominio propio; al dominio propio, constancia; a la constancia, devoción a Dios; a la devoción a Dios, afecto fraternal; y al afecto fraternal, amor. Porque estas cualidades, si abundan en ustedes, les harán crecer en el conocimiento de nuestro Señor Jesucristo, y evitarán que sean inútiles e improductivos.* (2 Pedro 1.5–8)

El objetivo final de nuestro crecimiento espiritual es la virtud: quiénes estamos llegando a ser como personas, lo cual significa sencillamente «ser como Jesús». Pablo declaró la misión de la iglesia de esta manera: estar con «dolores de parto hasta que Cristo sea formado en ustedes» (Gálatas 4.19).Jesús fue un ejemplo perfecto de estas virtudes durante su tiempo en la tierra; nosotros meramente buscamos seguir su patrón en nuestra vida. La presencia de Dios depositada en nuestras vidas en el momento de nuestra conversión nos capacita y revela este movimiento de cambio desde adentro hacia afuera.

¿Por qué es tan importante ser como Jesús? Porque sus cualidades son las que influencian positivamente a otras personas en nuestros círculos de influencia y atraen a los de fuera para que quieran pertenecer a esta comunidad que vive coherentemente el camino de Dios. Cualidades como la bondad, la amabilidad y la fidelidad pueden tener poco valor en el mundo de un ermitaño; sin embargo, son esenciales para la felicidad de las personas que nos rodean. Nuestro crecimiento espiritual es primordialmente para el bien de los demás y, mediante eso, para glorificar a Dios. Hazte a ti mismo esta sencilla pregunta: «¿Soy más feliz cuando estoy con personas impacientes, arrogantes, egoístas y pesimistas, o con quienes están llenos de amor, alegría, amabilidad y paz?». ¿Qué personas reflejan la imagen de Cristo? A medida que cada individuo es más como Jesús, el lugar de pertenencia se vuelve contagioso para aquellos que están fuera y anhelan pertenecer.

Es apropiado aquí insertar un descargo de responsabilidad y decir que Jesús nos advirtió que no todo el mundo se sentiría atraído o apreciaría esta vida en nosotros. Siempre habrá quienes desprecian a cualquiera que esté relacionado con Jesús (ver Marcos 13.13; Lucas 6.22). Incluso al entender esto, no debemos ser desviados de nuestro deseo de mostrarlo y hablar de él con un mundo perdido.

La ilustración siguiente muestra el ciclo de la pertenencia, que lleva al crecimiento, el cual nos mueve hacia el servicio, todo lo cual da como resultado un sentimiento más profundo de conexión. En el proceso de avanzar hacia el crecimiento es donde encontramos el «Ser» de «Pensar, actuar, ser». Y, desde luego, el núcleo y el catalizador de todo el proceso es la presencia misma de Dios.

Con esta revolución única —este ciclo del impulso espiritual que siempre gira— llega la oportunidad del cambio real. A medida que crecemos, cambiamos paso a paso hacia la semejanza de Cristo. Esta es una confirmación de nuestra conversión y la evidencia de que el Espíritu Santo está ciertamente en nosotros. El tipo de progreso que hacemos importa para nosotros, aquellos que están siendo influenciados por nosotros, y aquellos que han ido delante de nosotros cuyo legado seguimos.

Pablo está de acuerdo con las enseñanzas de Pedro y describe lo que sucede cuando somos guiados por el Espíritu en vez de serlo por la carne:

> *Las obras de la naturaleza pecaminosa se conocen bien: inmoralidad sexual, impureza y libertinaje; idolatría y brujería; odio, discordia, celos, arrebatos de ira, rivalidades, disensiones, sectarismos y envidia; borracheras, orgías, y otras cosas parecidas. Les advierto ahora, como antes lo hice, que los que practican tales cosas no heredarán el reino de Dios.*
>
> *En cambio, el fruto del Espíritu es amor, alegría, paz, paciencia, amabilidad, bondad, fidelidad, humildad y dominio propio. No hay ley que condene estas cosas. Los que son de Cristo Jesús han crucificado la naturaleza pecaminosa, con sus pasiones y deseos. Si el Espíritu nos da vida, andemos guiados por el Espíritu. (Gálatas 5.19–25)*

Jesús personifica de manera completa y perfecta el fruto del Espíritu. Él posee el cien por ciento de cada aspecto y muestra cada uno exactamente como es necesario para cualquier situación de la vida. Ser como Jesús en virtud para el bien de la comunidad —creando un impacto horizontal— y para la gloria de Dios —produciendo intimidad vertical— es el objetivo final de nuestra búsqueda de vida en el Espíritu. A medida que esto se convierte en una realidad en nuestras vidas individuales colectivamente, nuestra comunidad se convierte en el lugar al cual siempre hemos querido pertenecer.

La revolución de la mente

En su carta a los filipenses, Pablo reafirma la meta del crecimiento espiritual con estas notables palabras:

> Por tanto, si sienten algún estímulo en su unión con Cristo, algún consuelo en su amor, algún compañerismo en el Espíritu, algún afecto entrañable, llénenme de alegría teniendo un mismo parecer, un mismo amor, unidos en alma y pensamiento. No hagan nada por egoísmo o vanidad; más bien, con humildad consideren a los demás como superiores a ustedes mismos. Cada uno debe velar no sólo por sus propios intereses sino también por los intereses de los demás. (Filipenses 2.1–4)

Él nos dice claramente que valoremos a los demás y busquemos los intereses de las otras personas. En el siguiente versículo, proclama a Jesús como el modelo: «La actitud de ustedes debe ser como la de Cristo Jesús».

Si queremos progresivamente *ser* como Jesús, debemos progresivamente aceptar la misma *mentalidad* de Jesús. Si queremos *ser* como Jesús, debemos primero *pensar* como Jesús.

Por lo tanto, en nuestra ilustración añadimos «Pensar» al proceso. No se trata de una búsqueda intelectual, sino más bien de adoptar el estado mental de Cristo. A medida que pertenecemos, crecemos y servimos, somos, y entonces comenzamos a pensar como Jesús querría que lo hiciéramos. Esto nos conduce a servir a otros tal como le servimos a él.

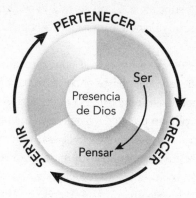

La virtud externa fluye de un pozo interno de creencia. Por ejemplo, si *tenemos* gozo en nuestras vidas y las personas que nos rodean lo ven, se debe a que hay una creencia interna que actúa como un nutriente que fluye por medio de nosotros para producir este fruto. Si *carecemos* de gozo en nuestras vidas, tal como es confirmado por las personas que nos rodean, se debe a que falta una creencia interna.

Para utilizar otro ejemplo, consideremos a una persona que carece de la virtud de la *humildad*. Probablemente será alguien que carece de la creencia en su nueva *identidad en Cristo*. Permíteme explicarlo. Cuando nos convertimos en cristianos mediante la fe en Cristo, se nos enseña que nos hemos convertido en hijos de Dios y herederos del reino de Dios (ver Romanos 8.17). Por lo tanto, somos importantes debido a nuestra posición como sus hijos. Las personas que carecen de humildad con frecuencia presumen de sus logros y relaciones con los demás. A menudo lo hacen para que las consideren importantes. Esta falta de humildad señala la ausencia de esta creencia cristiana particular en la vida interior del que presume. Si el creyente quiere crecer en la virtud de la humildad, la cual resulta esencial para una comunidad saludable, tendrá que enfocarse en la creencia de su identidad en Cristo.

Los conceptos en los que Jesús y sus apóstoles nos piden que creamos son los nutrientes que producen el fruto del Espíritu en nuestras vidas para que otros lo prueben (ver Juan 15.1–17). Por cada virtud que Dios quiere ver mostrada en el exterior de nuestras vidas debe haber al menos una creencia correspondiente avivándose dentro de nosotros. El interior produce el exterior. El fruto comienza dentro de la vid, invisible, antes de surgir a la superficie. Si no se está avivando en el interior, el fruto nunca madurará y llegará a las ramas de nuestras vidas para que otros lo prueben.

En la introducción presentamos el concepto de una creencia que comienza en la cabeza y viaja hasta el corazón para producir un cambio. Nuestra mente inicialmente toma la información, la procesa, busca entenderla y desarrolla un punto de vista: pensamientos y sentimientos acerca de la proposición. La mente envía esa información al corazón, que es el centro ejecutivo de nuestra voluntad, para la consideración de la idea. Si el corazón rechaza la idea, puede que digamos en público que la entendemos, o incluso la creemos, pero en lo profundo de nuestro ser no es así. Si nuestro corazón acepta la idea, comenzará a establecer quiénes realmente somos. Es algo automático. Vivimos a partir de nuestro corazón; es nuestro modo por defecto.

¿Recuerdas al tacaño de la sección «Pensar como Jesús» en la introducción? Él entiende en su mente que es socialmente adecuado ser hospitalario, lo cual sabe que es una virtud. Cree que la hospitalidad es la *respuesta correcta*, pero no la considera como un *modo de vida*. En su corazón es un avaro, y finalmente saldrá a la superficie su verdadera cara en su relación con los demás. Eso también resulta cierto de nosotros; es sencillamente la forma en que somos. Vivimos solo según las creencias que nuestro corazón ha aceptado.

Un día, cuando regresaba a casa de un viaje, me crucé en el aeropuerto con un hombre que pertenece a la congregación donde yo sirvo. Él mencionó mi reciente sermón acerca de un asunto en cierto modo controvertido y contracultural. Me elogió diciendo: «He oído decenas de sermones sobre este tema y entendía lo que estaban diciendo, pero nunca lo creí». El hombre entendía en su corazón cada uno de los mensajes como «la respuesta correcta», pero esta vez su corazón lo aceptó todo. Y debido a que su corazón lo aceptó, la aplicación se volvió mucho más fácil. Finalmente esto se convertirá, a medida que él crezca en tal verdad, en un modo de vida; un nuevo modo por defecto, por así decirlo. Por eso el escritor de sabiduría ruega: «Por sobre todas las cosas cuida tu corazón, porque de él mana la vida» (Proverbios 4.23).

Así que si quieres *ser* como Jesús, tienes que *pensar* como Jesús: a partir del corazón. Si quieres experimentar el fruto del Espíritu en tu vida cotidiana, debes creer en tu corazón lo que el Espíritu también cree.

Si quieres estar preparado para la vida en la comunidad que Dios ha formado en Cristo, debes ejercitar el músculo de tu corazón para que bombee las creencias de Dios ahora. Si no quieres ser un avaro egoísta que aplasta los espíritus de otros, debes guardar tu corazón de la intrusión de «las obras de la carne» (Gálatas 5.19).

De nuevo vemos que lo que verdaderamente creemos comienza en la mente, pero no es una parte real de nuestras vidas hasta que hace el viaje de treinta centímetros para establecer residencia en el corazón. Esto sucede cuando una creencia se toma en serio.

Por lo tanto, aún permanece la gran pregunta: «¿Cómo hacemos que una creencia pase de nuestra cabeza a nuestro corazón?».

La revolución de las acciones

Practicamos nuestra fe. Cuando observamos la vida de Jesús, notamos que él practicaba una serie de disciplinas espirituales en su relación con el Padre y otras personas. Esta ilustración ahora contiene la palabra «Actuar» para mostrar nuestro movimiento hacia el servicio. La mentalidad conduce a la acción. Y una vez más, todo esto es producido por la presencia de Dios y mediante ella.

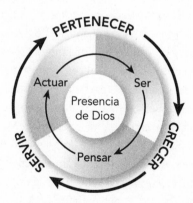

Las prácticas que Jesús modeló y enseñó —como adorar, orar, memorizar las Escrituras, servir a las necesidades de los pobres, dedicar tiempo para ayudar a otros en necesidad, establecer prioridades en nuestras vidas según los planes de Dios, e incluso el acto de la rendición total— se ofrecen para llevar las enseñanzas de Jesús desde la cabeza hasta el corazón. Esto es lo que significa «obedecer todo» lo que Jesús ordenó (Mateo 28.19). Si queremos que los nutrientes de Cristo bombeen desde nuestro corazón hasta nuestras manos, pies, boca y actitudes, debemos permanecer en Jesús y guardar sus mandamientos (ver Juan 15.5, 9–10).

En la introducción conté la historia de mi propia lucha con el cielo y la esperanza. Ahora, ya que entendemos mejor la creencia central de la eternidad, profundicemos un poco más aquí. Mediante la fe en Cristo se nos promete vida eterna en el nuevo reino de Dios. Esta creencia es totalmente transformadora. Si creemos en verdad esto a partir del corazón, producirá en nuestras vidas la increíble virtud de la esperanza. Podemos lidiar con las dificultades de la vida y hacerle frente a la muerte debido a la esperanza que tenemos en Jesucristo y la promesa de vida eterna. Si aceptamos esto en nuestro corazón, podemos vivir con esperanza, incluso mientras nos enfrentamos a las situaciones más difíciles. ¿Por qué? ¡Porque al final ganamos en Cristo!

¿Cómo llevas esta creencia de la eternidad desde tu cabeza hasta tu corazón para poder experimentar verdaderamente la esperanza? La respuesta: *actuando como Jesús*. Lee y medita diariamente la Palabra de Dios acerca del cielo, el regreso de Cristo y el establecimiento del nuevo reino. Aprende y canta cantos increíbles acerca de la vida prometida que llegará. Ora. Da gracias a Dios por esta promesa e invítalo a mostrarte más de lo que ha de venir. Llega a conocer mejor a Dios. Mientras más confíes en él, más aceptarás y creerás lo que prometió. Comparte tu fe con un vecino. Háblale a un amigo acerca de la esperanza que hay en tu interior y cómo estás creciendo en ella. Al participar en estos actos, poco a poco la creencia se establecerá en tu corazón, donde vives tu vida.

Antes de darte cuenta, alguien dirá de pasada: «Mira, te ves más contento. Las cosas no parecen molestarte como solían hacerlo. Al parecer tienes más esperanza, y eso es verdaderamente alentador para mí. Me encantaría pasar más tiempo contigo». La esperanza es un fruto que otras personas pueden ver en ti, beneficiándose de tu ejemplo. Lo notarás en tu actitud y tu enfoque de la vida. Tendrás un brío nuevo en tu paso.

Así que en este ejemplo viste una carencia de creencia y fruto en el concepto de la eternidad y la esperanza. Decidiste obedecer a Jesús en esta área. Emprendiste la acción. Leíste, memorizaste, oraste, cantaste y compartiste. Aplicaste. Creciste. Las personas fueron bendecidas.

¡Ahora vemos una rotación completa! ¡La revolución de pensar, actuar y ser! Encontramos en esta experiencia los dos significados de la palabra *revolución*: primero, el giro completo implicado en el proceso de santificación, al igual que un radical cambio de vida del alma. ¿Lo ves? Una revolución de un círculo completo *y* una revolución de cambio están teniendo lugar.

Hoy tienes más esperanza que la que tenías hace un año. Eres un poco más semejante a Cristo, quien afrontó cada día, e incluso la cruz, con un increíble sentimiento de esperanza mediante la promesa de su Padre.

No obstante, esta esperanza no es solo para ti. Se les ofrece a los miembros de tu familia y a la comunidad de creyentes a la que perteneces. Ellos encuentran fortaleza y aliento en tu recién hallada esperanza. Sin embargo, todo no se detiene ahí; las personas fuera de la iglesia —tus vecinos, compañeros de estudios, compañeros de trabajo, la familia extendida y otras personas que aún no conocen a Jesús— notan la diferencia y quieren tener lo que tú tienes. Estás siendo más como Jesús, lo cual refuerza el testimonio de tu vida y la comunidad cristiana, de modo que otros ven tal cosa y quieren ser también un miembro de la familia.

Nuestra meta es *ser* como Jesús. Para *ser* como Jesús, debemos *actuar* como Jesús. Para *actuar* como Jesús, a partir del corazón, debemos *pensar* como él. Debemos practicar regularmente la vida espiritual. A medida que lo hacemos, estas increíbles verdades, estas creencias, pasan de nuestra cabeza a nuestro corazón. Y cuando llegan a nuestro corazón, a partir del cual vivimos, comienza a producirse el verdadero cambio.

Capacitados por el Espíritu de Dios

Nuestro propio compromiso solo no es suficiente para vencer las tentaciones impulsadas por nuestros corazones egoístas y llenos de pecado. Es ahí donde llega la presencia de Dios para posibilitar la revolución de pensar, actuar y ser en nuestras vidas. Dios ha establecido su presencia en nuestro interior, de modo que podemos vencer el poder de nuestra propia carne. Pablo habla poderosamente acerca de esto en Romanos 8.1–11:

> *Por lo tanto, ya no hay ninguna condenación para los que están unidos a Cristo Jesús, pues por medio de él la ley del Espíritu de vida me ha liberado de la ley del pecado y de la muerte. En*

efecto, la ley no pudo liberarnos porque la naturaleza pecaminosa anuló su poder; por eso Dios envió a su propio Hijo en condición semejante a nuestra condición de pecadores, para que se ofreciera en sacrificio por el pecado. Así condenó Dios al pecado en la naturaleza humana, a fin de que las justas demandas de la ley se cumplieran en nosotros, que no vivimos según la naturaleza pecaminosa sino según el Espíritu. Los que viven conforme a la naturaleza pecaminosa fijan la mente en los deseos de tal naturaleza; en cambio, los que viven conforme al Espíritu fijan la mente en los deseos del Espíritu. La mentalidad pecaminosa es muerte, mientras que la mentalidad que proviene del Espíritu es vida y paz. La mentalidad pecaminosa es enemiga de Dios, pues no se somete a la ley de Dios, ni es capaz de hacerlo. Los que viven según la naturaleza pecaminosa no pueden agradar a Dios.

Sin embargo, ustedes no viven según la naturaleza pecaminosa sino según el Espíritu, si es que el Espíritu de Dios vive en ustedes. Y si alguno no tiene el Espíritu de Cristo, no es de Cristo. Pero si Cristo está en ustedes, el cuerpo está muerto a causa del pecado, pero el Espíritu que está en ustedes es vida a causa de la justicia. Y si el Espíritu de aquel que levantó a Jesús de entre los muertos vive en ustedes, el mismo que levantó a Cristo de entre los muertos también dará vida a sus cuerpos mortales por medio de su Espíritu, que vive en ustedes.

Sin Cristo, estamos condenados y no tenemos opción, sino residir en la carne. Nuestra mente se inclina hacia las decisiones egoístas. Nuestras acciones solo pueden ser de la carne: el único espíritu que hay en nuestro interior. Cuando Cristo entra en nuestras vidas, se introducen un nuevo Espíritu y un nuevo camino. Ahora tenemos la opción de no vivir atados a la carne, sino resistirnos a ella. Ya no vivimos bajo la mortaja de la condenación. Nuestra mente puede escoger al Espíritu. Nuestro corazón puede reflejar al Espíritu. Nuestras acciones pueden mostrar al Espíritu. ¿Podemos aún escoger ser gobernados por la carne? Desde luego que sí. Pero ahora tenemos el poder y la motivación para elegir a Cristo: su mente, su corazón, sus acciones.

Una vez más vemos la importancia y la centralidad de la presencia de Dios en la vida del creyente.

La revolución de ser

La revolución de pertenecer, crecer y servir es un movimiento comunal que proviene directamente de Hechos 2.42–47. Los seguidores de Cristo en la iglesia primitiva se dedicaban a *pertenecer*: «tener comunión» y llevar a cabo el «partimiento del pan». La misma comunidad de personas se dedicaba a *crecer*: en «la enseñanza de los apóstoles» y la «oración». En este contexto de pertenencia y crecimiento, comenzaron a *servir*: satisfacer las necesidades de las personas que les rodeaban. Estos actos motivaron el favor de sus vecinos; como resultado, «se añadían personas» diariamente a ellos, lo cual nos lleva de nuevo a un deseo más profundo y comprometido de *pertenecer*, produciéndose así una revolución completa.

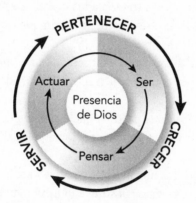

La revolución de pensar, actuar y ser es un movimiento individual dentro del ciclo comunal. La rueda de la iglesia gira por la fuerza de los individuos que se comprometen a ser como Jesús. El nuevo creyente se suma a la iglesia y así *pertenece*. Esta persona entonces se compromete a *pensar* como Jesús en concierto con la iglesia (*crecer*). Estudia las Escrituras y habla con Dios. El individuo luego se compromete a *actuar* como Jesús, lo cual no solo resulta en *servir* a los demás, sino que también se refuerza la creencia en el corazón debido a la práctica y la experiencia.

El creyente es ahora un poco más alegre, paciente, amable, y muestra muchas más virtudes que un año antes, reforzando la calidad de la pertenencia a la familia de la iglesia; por lo tanto, tenemos la revolución interior de creyentes individuales unida a la revolución externa de la iglesia, impulsada por la presencia misma de Dios. La meta es que el ciclo se produzca repetidamente durante toda la vida del creyente. A medida que la iglesia colectivamente es más como Jesús, la persona de fuera se ve cada vez más atraída a querer pertenecer.

Dios quiere que se produzca esta revolución de pensar, actuar y ser en tu vida. Desea que seas más como Jesús, sin duda para tu propio beneficio. Quiere que experimentes alegría, paz y esperanza a diario. Sin embargo, también quiere y necesita que tú seas más como Jesús para beneficio de otros: tu cónyuge, tus hijos, amigos, vecinos, compañeros de trabajo y miembros de la iglesia. La visión de pertenecer a la comunidad cristiana es especial. No abarca tan solo a un grupo de personas que se reúnen con frecuencia o incluso se juntan simplemente para apoyar una buena causa, sino a una congregación de personas que se tratan las unas a las otras como Jesús trataría a los demás si estuviera en la habitación. Y en realidad, él reside en ti, de modo que *está* realmente en la habitación, lo cual es el punto.

¿Prefieres pasar tiempo con una persona que te conceda la gracia para cometer errores, o con alguien que califica cada movimiento que haces?

¿Prefieres estar con una persona que está llena de alegría y es optimista en cuanto a la vida, o con una persona que se deprime por todo y se muestra negativa?

¡Dios quiere que seas una persona positiva para los demás! Ese es su llamamiento en tu vida. Esto constituye tu misión, tu propósito central.

Para que tal cosa se convierta en realidad en nuestras vidas, debemos instalar en lo profundo de nuestros corazones el sistema de creencias único y verdadero enseñado en las Escrituras. Debemos *pensar* como Jesús. Y para llevar estas creencias clave desde nuestra cabeza hasta nuestro corazón, a partir del cual vivimos, debemos *actuar* como Jesús. Necesitamos practicar las disciplinas espirituales para convencer a nuestro corazón de que se entregue por completo a estas verdades, que las acepte por completo y no solo las crea. Y debido a que el objetivo final de nuestro crecimiento espiritual es la virtud, debemos *ser* como Jesús.

Si creemos a partir del corazón, podemos hacer progresos, como sugiere anteriormente en este capítulo el pasaje de 2 Pedro. El espíritu humano es una fuerza poderosa. Por sí mismo puede construir la Torre de Babel, pero logros como ese se quedarán muy lejos de la grandiosa visión de Dios para nuestras vidas (ver Génesis 11.1–9). Una cosa es construir una torre; otra totalmente distinta es cambiar un corazón.

Es ahí donde el poder de la presencia de Dios, que habita en el centro de nuestros corazones, se pone a trabajar. Cuando rendimos nuestra voluntad, lo mismo que nuestro «corazón» y «espíritu», a la voluntad de Dios, él toma el control al igual que lo pueden hacer las bebidas espiritosas, como hablamos anteriormente en nuestras reflexiones sobre la virtud 4 (dominio propio).

Cuando una comunidad entera de creyentes se mantiene unida y adopta esta mentalidad de Cristo, no solo se crea un lugar ideal al que pertenecer, sino además una revolución, atrayendo a otros a querer pertenecer también.

La revolución individual de ser crea la revolución comunal de pertenecer dentro de la iglesia. Tu revolución personal de pensar, actuar y ser comienza cuando tú «anhelas ser» como Jesús, porque perteneces a él. Esta verdad y este desafío constituyen nuestras reflexiones en el capítulo final.

Cómo llegar a ser una persona nueva en Cristo

Por lo tanto, si alguno está en Cristo, es una nueva creación. ¡Lo viejo ha pasado, ha llegado ya lo nuevo!

2 CORINTIOS 5.17

Jesús te está invitando a ser una persona nueva y mantener en marcha la revolución de pensar, actuar y ser hasta que estés a su lado en la eternidad. Él quiere:

- sanarte de tu *pasado*: poner el dolor, la vergüenza y la culpabilidad en el espejo retrovisor
- producir un cambio en tu *presente*: experimentar la plenitud de la bendición de Cristo hoy
- invitarte a participar plenamente en sus planes *futuros*: regresar al jardín en el nuevo reino que está construyendo para toda la eternidad

Antes de que Jesús dejara esta tierra, les dio a sus discípulos una increíble promesa y les ofreció una persuasiva invitación:

No se angustien. Confíen en Dios, y confíen también en mí. En el hogar de mi Padre hay muchas viviendas; si no fuera así, ya se lo habría dicho a ustedes. Voy a prepararles un lugar. Y si me voy y se lo preparo, vendré para llevármelos conmigo. Así ustedes estarán donde yo esté. Ustedes ya conocen el camino para ir adonde yo voy. (Juan 14.1–4)

Jesús no está solo preparando un lugar para ti: también está preparándote *a ti* para ese lugar. Poco a poco, día a día, mediante la fe y el poder de su presencia, él quiere transformarte a su imagen y semejanza. Todo el movimiento de Jesús está capacitado por su presencia. Al igual que una gigantesca turbina de viento solamente gira cuando sopla el viento invisible, así lo hacen también nuestras vidas y la iglesia debido al viento del movimiento del Espíritu. El viento del Espíritu es entonces activado en nuestras vidas cuando hacemos exactamente lo que Jesús hizo cada día de su vida mientras estaba en la tierra: someterse a la voluntad del Padre y confiar en el poder del Espíritu Santo para lograr todas las cosas. Imagina millones de pequeños «molinos de viento espirituales» girando en sincronía por cada barrio en cada ciudad del mundo. Esta es la visión de Cristo, y él te invita a formar parte de ella.

Espero y oro que en este punto del libro estés preparado para declarar tu lealtad a Jesús y aceptar su invitación a comenzar la revolución de pensar, actuar y ser en tu propia vida, para así convertirte en una persona nueva en Cristo. Él te hace una invitación a vivir verdaderamente por una causa noble: el establecimiento del reino de Dios. Jesús no te pide que seas una «ofrenda muerta» por su causa; quiere que seas un «sacrificio vivo» en su reino (Romanos 12.1).

Es el momento de tomar una decisión transformadora. No puedes poner un pie a cada lado de la línea. No puedes sentarte a horcajadas sobre la verja. Toma una pluma, no se permiten lápices, y marca en el círculo tu decisión ahora. Escoger la mitad inferior significa «Estoy fuera», declinando la invitación de Cristo; escoger la mitad superior significa «Estoy dentro», aceptando su invitación por completo.

Si elegiste en el círculo «Estoy fuera», la primera pregunta que debes responder es: «¿Por qué?». ¿Necesitas más información? ¿Más tiempo? ¿Tienes algunas preguntas difíciles que debes responder antes? ¿Te preocupa tener que renunciar a algo o comenzarlo nuevo? Te aliento a que busques a un cristiano de confianza en tus círculos o a un pastor o sacerdote a fin de obtener las respuestas que necesitas. Te invito a seguir buscando, pero por favor, debes saber que la gracia y la misericordia de Jesús están a tu disposición y listas para ti en cualquier momento. Es mi oración que encuentres tus respuestas y la Verdad pronto, para que puedas regresar aquí otra vez y anunciar: «¡Estoy dentro!».

Si pusiste en un círculo «Estoy dentro», asegúrate de decírselo a alguien enseguida. ¡En realidad, díselo a todo el mundo! El apóstol Pablo escribe: «Porque con el corazón se cree para ser justificado, pero con la boca se confiesa para ser salvo» (Romanos 12.1). Para ti, la siguiente pregunta bien puede ser: «¿Y ahora qué?». Decidir cambiar tu vida, al igual que sumarte a la misión de cambiar el mundo, puede resultar un poco abrumador. ¡Al igual que un mosquito que vuela y se mete en medio de una colonia nudista, sabes qué hacer, pero no sabes por dónde comenzar!

En este capítulo final, me gustaría ofrecerte algunos pasos prácticos.

El factor VIM

Tuve el privilegio hace varios años de escribir la versión para estudiantes del increíble libro del difunto Dallas Willard titulado *Renovation of the Heart* [Renueva tu corazón].[36] En el proceso de lectura y escritura de esta obra de verdad, llegué a convencerme de una vez por todas de la importancia de la rendición del *corazón*, no solo de la *cabeza*, en el viaje cristiano.

El doctor Willard bosqueja un importante proceso de tres aspectos, utilizando la palabra *vim* para hacer que los creyentes se motiven y se muevan. *Vim* proviene de la palabra latina *vis*, y significa «tener dirección, fortaleza, poder, motivación, energía y vigor». Willard utiliza astutamente la palabra como un acrónimo:

V — Visión
I — Intención
M — Medio

Los padres, maestros y pastores con frecuencia no motivamos a los estudiantes porque comenzamos con «el medio» e ignoramos la visión. Damos mandamientos: arregla tu cama, cómete las verduras, siéntate derecho, haz tus tareas, lee la Biblia, realiza buenas obras.

Esta estrategia fracasa casi todas las veces. En realidad, así fue para mí. Yo batallaba en la escuela. Para ser sincero, estaba aburrido por completo. Afortunadamente, con una amorosa disciplina, pude terminar la secundaria y a duras penas llegar a la universidad. Y algo interesante sucedió allí. Fui a una universidad para llegar a ser pastor. A esas alturas, tenía una visión para mi vida. De repente, percibí una imagen clara de hacia dónde me dirigía. Todas las clases tenían sentido. Me encontraba motivado, porque tenía a la vista una meta final. Después de mis dos semestres de aprender cómo estudiar, saqué estupendas calificaciones y pasé a realizar mi maestría... sin que nadie me dijera que debería o necesitaba hacerlo.

Willard concluye que con frecuencia fracasamos en nuestro liderazgo porque ponemos el medio delante de la visión. Poner «el carro del medio» por delante del «caballo de la visión» sencillamente no funciona. Liderar a las personas comunicando solamente el medio es como empujar cuesta arriba: exasperante para estudiantes y maestros, hijos y padres.

Debemos comenzar con la visión, y hasta que aceptemos esto en el corazón, la transformación será casi imposible. Así que aquí comenzamos.

V — Visión

El primer paso es aceptar la visión de Jesús para tu vida. Jesús quiere que *seas* como él.

Hazte las preguntas:

1. ¿Cómo mejoraría mi vida y mis relaciones serían fortalecidas si de manera sacrificada e incondicional amara y perdonara a los demás? (Amor)

2. ¿Cómo mejoraría mi vida y mis relaciones serían fortalecidas si tuviera contentamiento y propósito interior a pesar de mis circunstancias? (Gozo)

3. ¿Cómo mejoraría mi vida y mis relaciones serían fortalecidas si fuera libre de la ansiedad, ya que las cosas están bien con Dios, los demás y conmigo mismo? (Paz)

4. ¿Cómo mejoraría mi vida y mis relaciones serían fortalecidas si tardara mucho tiempo para enojarme y soportara pacientemente bajo las presiones de la vida? (Paciencia)

5. ¿Cómo mejoraría mi vida y mis relaciones serían fortalecidas si escogiera hacer lo correcto en mis relaciones con los demás? (Bondad)

6. ¿Cómo mejoraría mi vida y mis relaciones serían fortalecidas si estableciera un buen nombre delante de Dios y los otros, basándome en mi lealtad a largo plazo en esas relaciones? (Fidelidad)

7. ¿Cómo mejoraría mi vida y mis relaciones serían fortalecidas si fuera amable, calmado y considerado en mis tratos con los demás? (Amabilidad)

8. ¿Cómo mejoraría mi vida y mis relaciones serían fortalecidas si tuviera el poder por medio de Cristo para controlarme? (Dominio propio)

9. ¿Cómo mejoraría mi vida y mis relaciones serían fortalecidas si lidiara con las dificultades de la vida y afrontara con valentía la idea de la muerte mediante la esperanza que tengo en Jesucristo? (Esperanza)

10. ¿Cómo mejoraría mi vida y mis relaciones serían fortalecidas si escogiera estimar a otros por encima de mí mismo? (Humildad)

Si fueras este tipo de persona, ¿qué cambio se produciría en tu vida? ¿Qué impacto provocaría esto en las personas que te rodean? ¿Y qué tal si entonces esas personas también aceptaran esta visión y te ofrecieran a ti esas mismas virtudes? Verías una comunidad llena de las cualidades de Dios. Esta es la descripción de la vida en el reino venidero. Jesús te invita a comenzar a vivir este nuevo modo de vida en este momento.

¿Quieres en verdad ser este tipo de persona? ¿Es esa tu visión? ¿Es ser como Jesús más importante para ti que tu carrera, cuánto dinero ganes y cuántos títulos académicos colecciones? La lista continúa. ¿Has entendido las implicaciones, los resultados y las libertades que esta visión te ofrece? ¿Comprendes que probablemente serás más exitoso en todos los aspectos si llegas a ser una persona así?

Como padre, puedo decir sin reservas que quiero que cada uno de mis hijos sea este tipo de persona. Y para todos los que no son padres o madres, confío en que puedas decir que quieres que tus seres queridos sean también así. Y si deseamos eso para las personas que amamos, debemos mostrarles el camino mediante el patrón de nuestras vidas. El apóstol Pablo escribe: «Hermanos, sigan todos mi ejemplo, y fíjense en los que se comportan conforme al modelo que les hemos dado» (Filipenses 3.17).

En los días en que estoy dispuesto a conformarme con menos o tomar atajos para asegurar resultados temporales, me recuerdo a mí mismo el legado que estoy transmitiéndoles a mis hijos. Es bueno y correcto, pero también bíblico, querer ser como Jesús para beneficio de los demás. Progresivamente, esta visión se está apoderando de mi vida.

Me encanta el golf, e incluso más cuando puedo jugarlo con mis hijos que ahora son adultos. La última vez que nuestros dos hijos menores, que están solteros, estuvieron en casa, fuimos a jugar al golf. Debido a que teníamos un carrito y tres golfistas, decidí caminar e invité a mis muchachos a que fueran en el vehículo. En el hoyo cinco, el coordinador del juego llegó a donde estábamos. Después de hablar con mis hijos, se acercó a mí mientras avanzaba un poco más retrasado con mi bolsa a la espalda. Me preguntó por qué era yo el que iba caminando. Aunque vacilé en cuanto a decírselo, en esta ocasión decidí revelar lo que sentía, así que respondí: «Quiero modelar para ellos lo que significa que un hombre sirva a su familia». Debo confesar que ese no es el hombre que solía ser. Sin embargo, ahora siento que Cristo está avivando en mí el deseo de ser más como él. ¡Y no solo quiero más, sino también deseo más *incluso* para mis hijos!

A continuación aparece una caja que representa tu visión clave, así como una lista de opciones comunes. Solo puedes poner una opción de tu corazón en tu caja de visión. ¿Cuál será?

- Ser famoso

- Ser rico

- Producir un impacto

- Ser como Jesús

- Tener éxito en mi carrera

- Ser inteligente

- Servir a Dios

- Tener una casa grande

- Conducir el auto de mis sueños

- Ser guapo

- Ser una celebridad

- Ser un atleta exitoso

- Casarme

- Tener una familia

Aunque ninguna de esas cosas está equivocada por sí misma y casi todas resultan absolutamente buenas, la visión que Jesús dice que impulsará de forma adecuada a todas ellas es «ser como Jesús». Ser como Jesús producirá una profunda satisfacción en nuestras relaciones con Dios y los demás. Esto resume la meta de las Escrituras para nosotros. Si eres como Jesús, todas las demás cosas encajarán adecuadamente en su lugar.

Si no elegiste la opción «ser como Jesús», está bien. Fingirlo no te llevará a ninguna parte. En realidad, muchos cristianos dicen que Jesús es su visión, pero diariamente viven una de las otras opciones. Ser sincero es el primer paso para encaminar las cosas. Tiene que ser el anhelo de *tu* corazón, no el del mío o de alguna otra persona. Sin embargo, necesitas saber que, a menos que escojas «ser como Jesús», los dos pasos siguientes en este proceso de tres aspectos serán arduos y pesados. Si escogiste «ser como Jesús», la siguiente letra en el proceso VIM te conducirá a un progreso firme y regular.

I — Intención

Nuestros cuatro hijos desarrollaron en sus corazones la visión de la «independencia» (es decir, obtener su licencia de conducir). Ellos poseían esa visión, de modo que intencionalmente se propusieron obtener su licencia de conducir el primer día posible: el día de su dieciséis cumpleaños. Todos nuestros hijos lograron con éxito esa meta excepto el menor. Su dieciséis cumpleaños fue en domingo, y el lugar del examen estaba cerrado, pero enseguida la obtuvo el lunes por la mañana. ¡Sí, él fue el primero de la fila!

La *intención* sigue a la *visión*. Alguien que tiene una visión, pero no tiene intención, es solamente un soñador. Nuestros hijos necesitaban algo más que una visión de independencia; precisaban definir una intención y un plan. Así sucede también con la vida espiritual. Debemos ser intencionales (deliberados, premeditados, calculadores y decididos) en cuanto a ser como Jesús. Pedro lo resume de la siguiente manera:

> *Esfuércense por añadir a su fe, virtud; a su virtud, entendimiento; al entendimiento, dominio propio; al dominio propio, constancia; a la constancia, devoción a Dios; a la devoción a Dios, afecto fraternal; y al afecto fraternal, amor. Porque estas cualidades, si abundan en ustedes, les harán crecer en el conocimiento de nuestro Señor Jesucristo, y evitarán que sean inútiles e improductivos. En cambio, el que no las tiene es tan corto de vista que ya ni ve, y se olvida de que ha sido limpiado de sus antiguos pecados. Por lo tanto, hermanos, esfuércense más todavía por asegurarse del llamado de Dios, que fue quien los eligió. Si hacen estas cosas, no caerán jamás, y se les abrirán de par en par las puertas del reino eterno de nuestro Señor y Salvador Jesucristo. (2 Pedro 1.5–11)*

Rozanne, mi maravillosa esposa durante más de treinta años, quería aprender más sobre las áreas específicas de su vida que necesitaban atención y quizá cambio. Después de completar una herramienta de autoevaluación, los resultados mostraron un fruto que estaba ligeramente dañado y necesitaba atención: la virtud del gozo. De las cuatro declaraciones que definen el gozo bíblico, mi esposa parecía tener la mayor dificultad con esta: «las circunstancias no dictan mi estado de ánimo». En la evaluación, Rozanne había recibido comentarios de varios amigos cercanos y familiares. Y sinceramente, evaluamos a Rozanne más bajo en esa declaración de lo que ella se había valorado a sí misma, lo cual no es inusual que suceda. La mayoría de nosotros no reconocemos el área en que más necesitamos crecer, o al menos no podemos identificarla tan claramente como otros lo hacen. Aunque no tenemos la intención, con frecuencia nos engañamos a nosotros mismos. La introspección simplemente no es suficiente para impulsarnos hacia el cambio real y duradero en nuestras vidas.

Rozanne atravesó por un doloroso proceso en el cual se dio cuenta de cosas concretas en su vida que no estaban en consonancia con la vida de Jesús.

- Negación: «Esto no es cierto sobre mí».
- Enojo: «¿Quién te crees que eres al evaluarme tan bajo?».
- Victimización: «¿Por qué la emprendes conmigo?».
- Racionalización: «Sí, quizá sea cierto, pero se debe solamente a las circunstancias en las que me encuentro».
- Aceptación: «Las personas que me evaluaron corrieron un riesgo y simplemente dijeron la verdad con amor en cuanto a cómo ven mi vida. Se preocupan por mí y quieren ayudar. ¡Vaya, esto debe ser cierto sobre mí!».

Finalmente, Rozanne llegó al lugar de la aceptación, y aún puedo recordar el día en que mi esposa se apropió de esa carencia de gozo en su vida. Reconoció que en Cristo tenía el poder de sobreponerse a sus circunstancias y experimentar gozo. Y por lo tanto, pudo pasar de la *visión* («ser como Jesús») a la *intención* («tener contentamiento interior y propósito a pesar de las circunstancias»).

¿Crees que las personas que intencionalmente establecen una meta para avanzar hacia su visión tienen más probabilidades de que les vaya mejor que a quienes no lo hacen? La Universidad Regent usó las treinta ideas clave destacadas en este libro para realizar un estudio comparando a quienes tenían una visión *y* una meta para su desarrollo espiritual con aquellos que solamente tenía una visión, pero ningún plan particular para el modo en que iban a crecer. ¿Los descubrimientos? Los que tenían una meta clara e intención crecían considerablemente más que quienes carecían de ellas.[37]

Esto era cierto para los primeros discípulos, y es cierto para Rozanne, para mí y para ti también. La visión debe ser seguida por una intención con enfoque láser.

M — Medio

Para ir más allá de las meras «buenas intenciones», necesitamos establecer un plan detallado y práctico a fin de progresar hacia la semejanza con Cristo. En la lucha de Rozanne para experimentar gozo, llegó a aceptar el hecho de que no iba a aumentar su nivel de gozo simplemente *intentando* estar más gozosa. Había una creencia subyacente que necesitaba ser cambiada. La causa más común para la falta de gozo es una creencia débil en Dios como un Dios bueno y personal. Si una persona cree verdaderamente en su corazón que «Dios se involucra en su vida cotidiana y se interesa por ella», eso marca una gran diferencia en el nivel de gozo que tiene. Rozanne sabía que necesitaba identificar las disciplinas espirituales que podían ayudarla a llevar la creencia de Dios como un Dios personal desde su cabeza hasta su corazón. Para hacer eso, requería practicar las habilidades de una persona gozosa. Por lo tanto, identificó el medio para avanzar espiritualmente y experimentar el gozo que Cristo prometió. Ella utilizó cuatro prácticas que la ayudaron en esto de una manera especial.

1. **Estudio de la Biblia sobre un Dios personal.** Mi compañero de enseñanza Max Lucado y yo llevamos a toda nuestra congregación a vivir la experiencia de *La Historia* en 2008–2009.[38] Mediante esta experiencia, Rozanne descubrió que todas sus circunstancias, tanto negativas como positivas, eran una parte de la historia superior de Dios obrando para su interés supremo dentro de su historia inferior. A medida que participó en este estudio, vio con una claridad renovada el modo en que su actitud hacia las circunstancias de la vida le había robado el gozo en el pasado, y decidió cambiar su perspectiva.

2. **Estudio de la Biblia sobre el gozo.** Filipenses es el tratado que hay en la Biblia sobre el gozo. Irónicamente, el autor, Pablo, escribió esta carta mientras estaba bajo arresto domiciliario. El estudio bíblico de Rozanne se centró en veinte disciplinas prácticas para aumentar el gozo de la persona, y no solo aprendió sobre ellas, sino también las aplicó. Además, leyó un libro titulado *Truffles from Heaven* [Trufas del cielo], que le hizo entender que se estaba obsesionando con sus circunstancias oscuras en lugar de centrarse en Cristo y las bendiciones (trufas) que él le enviaba cada día.[39] Tener este tipo de disciplina mental fue determinante para Rozanne, y refleja el principio que Pablo enseña en Filipenses 4.8–9:

> *Hermanos, consideren bien todo lo verdadero, todo lo respetable, todo lo justo, todo lo puro, todo lo amable, todo lo digno de admiración, en fin, todo lo que sea excelente o merezca elogio. Pongan en práctica lo que de mí han aprendido, recibido y oído, y lo que han visto en mí, y el Dios de paz estará con ustedes.*

3. **Adoración y oración.** Rozanne participó en una experiencia única de adoración que incluía un programa específico de ejercicios utilizando música para expresar quién es en Cristo y su amor por ella. Mediante esta disciplina, oró y le entregó a él sus cargas diarias. Y desde luego, las endorfinas liberadas mediante el ejercicio produjeron una perspectiva más positiva de la vida.

4. **Comunidad bíblica.** Al confesarles a su familia y su comunidad su lucha y su deseo de crecer, ella nos invitó a ayudarla a lo largo del camino. Lo que más recuerdo fue «la mirada». Siempre que Rozanne comenzaba a permitir que sus circunstancias se llevasen lo mejor de ella, el pequeño grupo que conocía su meta de crecer simplemente levantaba las cejas (le lanzaba «la mirada») y no decía nada.

La decisión intencional de mi esposa de crecer en su experiencia del gozo de Dios no solo mejoró de manera radical su propia vida, sino también las vidas de quienes la rodeaban. Confieso que tuve períodos en el pasado en que buscaba una excusa para quedarme en la oficina más tiempo; actualmente, no quiero apartarme de su lado... nunca. Es verdaderamente un «gozo» estar con ella.

Para todos nosotros que nos tomamos en serio llegar a ser una persona nueva en Cristo, este proceso de santificación no sucede de la noche a la mañana. Cada paso en este caminar lleno de gracia traerá vida a nuestras almas cansadas y llenas de culpabilidad. He descubierto que aún sigo creciendo, incluso después de muchos años de practicar esto. Jesús me está convirtiendo en un mejor esposo, padre, amigo, vecino y pastor a medida que aprendo a caminar con él. Jesús no mueve la vida cristiana delante de nosotros como si fuera una zanahoria en un palo que nunca podemos alcanzar. La vida abundante es algo que está a nuestra disposición en este momento. ¡Jesús nos la ofrece a ti y a mí hoy!

¡Sí! Ven pronto, Señor Jesús

¿Y si un pequeño grupo de personas que están cerca de ti se sumaran a esta revolución de pensar, actuar y ser, una rotación mutua de pertenecer a Jesús y ser como él? ¿Y si un grupo en el barrio cercano al tuyo también hiciera lo mismo? Y después el siguiente. Y el siguiente. Una revolución. Dos revoluciones. Tres revoluciones. Poco a poco, día a día, individuos y comunidades en general *pensando, actuando* y *siendo* como Jesús.

En este momento, la única decisión que necesitas tomar es decir sí para ti mismo. Si estás dentro, totalmente, dilo ahora, decláralo en voz alta.

«¡Sí, quiero ser como Jesús!».

«Quiero pensar, actuar y ser... ¡para convertirme en una nueva persona en Cristo!».

Reconocimientos

El marco de tiempo promedio a fin de escribir un libro para mí y también para la mayoría de mis amigos escritores gira en torno a los nueve meses. Este libro difiere en que representa un viaje de más de veinte años. Muchas personas han formado parte de mi vida, han tocado mi vida y han hablado a mi vida con sus palabras, pero principalmente con sus propias vidas vividas delante de mí.

Rozanne y yo nos conocimos cuando yo tenía únicamente quince años y solo un año espiritualmente hablando. Hemos hecho el viaje juntos cada día desde entonces. Nuestra pasión mutua por ser más como Jesús es sin lugar a dudas el consejo matrimonial número uno que le ofreceríamos a cualquiera. Rozanne ha estado siempre varios pasos por delante de mí y me ha discipulado en muchas áreas mediante su gracia y su profundo amor por mí (y pensar en ello acaba de hacer que se me llenen los ojos de lágrimas). Te amo más hoy que cuando nos conocimos, no porque pudieras ser más adorable, sino porque Cristo me ha enseñado a amar. Prometo mantener la promesa que te hice en 1981 de estar a tu lado hasta mi último aliento.

Este libro está dedicado a nuestros cuatro hijos adultos: Jennifer, David, Stephen y Austin. Rozanne y yo estuvimos muy motivados a enseñarles a nuestros hijos sobre la increíble vida que se nos ofrece en Cristo. Nuestra vida juntos parece una frase sacada de Deuteronomio 6: «Incúlcaselas [estas palabras o mandamientos] continuamente a tus hijos. Háblales de ellas cuando estés en tu casa y cuando vayas por el camino...». Nuestra oración es que nuestros hijos les transmitan estas verdades y esta vida a sus hijos (a nuestra nieta, Ava, y al que se está desarrollando en el vientre de nuestra hija, Jennifer), y a los veinte o más que llegarán (¡bueno, esa es una petición de oración!).

A Desmond y Gretchen, los cónyuges de nuestros dos hijos mayores. Somos muy bendecidos de que se hayan sumado a nosotros en nuestro viaje, y nosotros al de ustedes.

A Mike y Bev Reilly. Ustedes han creído en nuestra familia y nos han apoyado mucho, y me siento obligado a mencionarlos en cada oportunidad que tengo. El clan Frazee nunca podrá agradecerles lo suficiente el profundo amor que nos han demostrado durante estos últimos treinta años.

Debo mencionar a Bob Buford. Él es el responsable de invitarme a pensar junto con algunas personas muy inteligentes, lo cual me hizo destinar las pocas neuronas que poseo a esta idea de que las personas realmente lleguen a ser como Jesús. Bob no solo me invitó a participar, sino que también apoyó y financió la aventura.

Algunas de las personas realmente inteligentes que hablaron a mi vida y a esta estrategia son el difunto George Gallup Jr., el difunto Dallas Willard, J. I. Packer, Larry Crabb y Greg Hawkins. Verás las huellas de ellos en las páginas a medida que lees. En el maravilloso plan de Dios, Greg y yo, veinte años después, trabajamos a tiempo completo en esto, con mucha esperanza de realizar serios progresos a medida que Dios nos impulsa.

A la plantilla del personal de Pantego Bible Church. Estas personas estuvieron en la trinchera conmigo desde el principio, cuando tan solo estábamos apuntando al objetivo. Aquellos fueron buenos tiempos, y nunca olvidaré su colaboración en el evangelio.

A la congregación de la Iglesia Oak Hills. Dios nos ha llevado a ustedes y los ha llevado a ustedes a nosotros «para un momento como este». Continuamos persiguiendo la plena implicación de lo que significa pensar, actuar y ser como Jesús no solo en nuestras vidas individuales, sino también como una comunidad de creyentes. ¿Qué sucedería si...?

A mi compañero en el ministerio y amigo Max Lucado. La mayoría de las personas en el planeta han leído tus increíbles escritos. Yo tengo el privilegio de conocer al hombre que está detrás de ellos, y cada día me quedo boquiabierto de asombro a medida que tu vida destila gracia.

A Mark Tidwell y el personal de la Iglesia Oak Hills. Lo que este equipo hace día tras día es ponerle «piernas» a la misión de este libro y las vidas cotidianas de personas reales. Los mejores días están aún por llegar.

A Steve Green. Has caminado conmigo paso a paso para llevar estas ideas y esta visión a una obra tangible que las personas puedan utilizar para ayudarlas a crecer. Uno de estos días voy a escribir un libro sencillo sin cuarenta recursos de apoyo que lo acompañan. No realmente, pues, ¿qué diversión habría en eso?

A mi asistente, Nancy Zack. Nancy ha servido intachablemente junto a Rozanne y a mí durante diez años. Yo ni siquiera sé qué debo hacer o cómo proceder después de haber terminado de escribir estos párrafos. Una rápida llamada a Nancy resolverá eso. Creo que puedes hacerte una idea.

Al hombre cuyo nombre aparece en la cubierta de este libro conmigo: Robert Noland. Dios hizo colisionar nuestras historias hace veinte años y nos hicimos amigos. Ahora estamos descubriendo lo que Dios está haciendo con nosotros. Tu vida personifica las palabras de este libro. No podría haberlo terminado a tiempo sin ti.

Al equipo de Zondervan y HarperCollins Christian Publishing. Sus nombres son demasiado numerosos para mencionarlos individualmente. Debería poner aquí a todo el directorio de personal debido al inmenso apoyo que recibo de parte de muchos departamentos. Desde el director general Mark Schoenwald hasta la persona que aún tengo que conocer: gracias. En este libro en particular, estoy profundamente agradecido por la buena perspectiva de mi editor, Ryan Pazdur, y a un hombre maravilloso que es el último que pone el toque en todo lo que he hecho por siempre en Zondervan: Dirk Buursma.

Finalmente, a mi Dios y Salvador. Me parezco mucho al Gedeón del Antiguo Testamento: una persona que es la menos calificada para esta tarea, dada mi historia. Sin embargo, a mi Dios le encanta utilizar a las personas menos probables para hacer su obra. Gracias por permitirme ser una parte de lo que tú haces. ¡A ti, Dios, sea la gloria!

—*Randy Frazee*

Mi gratitud más profunda a mi esposa, Robin; a mis hijos, Rhett y Rheed; a Randy por su amistad, confianza y visión para el discipulado; y a Jesús, como quien anhelo pensar, actuar y ser.

—*Robert Noland*

Llévalo al siguiente nivel

Permite que te presente un recurso para utilizar junto con este libro a medida que conviertes en realidad tu visión de fe. Hace años, cuando estas ideas clave se estaban formulando en mi pensamiento, tuve el privilegio de trabajar junto con el difunto George Gallup Jr. a fin de crear una herramienta de evaluación para ayudar a los cristianos a «hacer todo esfuerzo» por ser como Jesús. El resultado final fue *The Christian Life Profile Assessment Tool Workbook* [Manual de la herramienta de evaluación del perfil de la vida cristiana].[40]

La herramienta de evaluación ofrece la oportunidad de evaluarte a ti mismo con respecto a las treinta ideas clave presentadas en este libro: creencias, prácticas y virtudes. Cada idea contiene cuatro declaraciones con una base bíblica. Tu evaluación la llevas a cabo en una escala de 0 a 5. Mientras más alto sea el número, más fuerte es la comprensión que tienes de un concepto en particular.

Luego invitas a tres personas a evaluarte solamente en las diez virtudes. Recuerda: las virtudes son el «fruto» de tu vida que otros pueden ver y «probar». Nadie más sabe lo que verdaderamente crees en tu corazón o si tus prácticas espirituales son genuinas, pero pueden decir si eres amable, gozoso o humilde, por ejemplo.

Entonces haces un recuento y comparas tus respuestas con las de las otras tres personas, y esto crea tu perfil personal comparado con el perfil de Jesús: el único con el que deberías compararte. Cuando veas áreas de fortaleza confirmadas, elegirás una virtud en la cual enfocar tu atención. Tu *intención* es crecer en esta área, no actuar por condenación o culpabilidad, sino más bien por visión y pasión. La pregunta es: «¿Cuánto mejor podrían ser mi propia vida y las de otros que me rodean si pudiera llegar a ser más como Cristo en esta área?». Y declaras: «Todo lo puedo en Cristo que me fortalece» (Filipenses 4.13).

Encuentra un grupo pequeño de personas con mentalidad parecida y da el salto. Participa en la herramienta de evaluación del perfil de la vida cristiana en tu viaje para apropiarte de tu vida en Cristo: tu búsqueda de pensar, actuar y ser como Jesús.

Notas

1. *Christianity Today* amablemente me concedió tres días del tiempo del doctor Packer cuando él era «profesor residente» con ellos. Su tarea era hacerme comentarios sobre las treinta ideas clave escritas en este libro y la herramienta de evaluación del perfil de la vida cristiana, del que hablo con más detalle en el apéndice. Una de las perspectivas esenciales del doctor Packer fue su sugerencia de que la esperanza es una virtud clave de la vida cristiana, la cual no se encontraba en mi lista. A medida que sigas leyendo, verás el impacto que este comentario ha tenido en mi vida.

2. Fui muy influenciado por el libro *The Spirit of the Disciplines* [El espíritu de las disciplinas] de Dallas Willard. Hace años, Willard iba a estar en Arlington, Texas, para dar un discurso. Yo le pagué al grupo que lo invitaba quinientos dólares para comprar parte del tiempo del doctor Willard mientras se encontraba en la ciudad. Desde la primera reunión en adelante se desarrolló una maravillosa relación. Más tarde tuve el privilegio de adaptar el sobresaliente libro de Willard, *Renovation of the Heart* [Renueva tu corazón], a fin de hacer una edición interactiva para estudiantes.

3. Todo este viaje comenzó hace años cuando fui desafiado por un hombre de negocios llamado Bob Buford a encontrar una manera de medir el crecimiento espiritual. Bob me condujo a un sobresaliente libro de George Gallup Jr. y Timothy Jones titulado *The Saints Among Us* [Los santos entre nosotros]. Él organizó que me reuniera con Gallup en varias ocasiones. Gallup le dio forma a mi modo de pensar sobre el valor de transformación de las creencias, prácticas y virtudes.

4. Cuando reescribí *Renueva tu corazón* para estudiantes, Dallas Willard me enseñó que «corazón» es sinónimo de «voluntad» y «espíritu» en las Escrituras.

5. Dallas Willard, *The Spirit of the Disciplines* (San Francisco: HarperSanFrancisco, 1990) [*El espíritu de las disciplinas* (Miami: Vida, 2010)].

6. Greg L. Hawkins y Cally Parkinson, *Move: What 1,000 Churches Reveal about Spiritual Growth* (Grand Rapids: Zondervan, 2011), p. 19.

7. Cuando una persona asiste al seminario, es expuesta a varias clases bajo el título de Teología Sistemática. Estos temas han sido identificados como temas centrales de las Escrituras. Mientras que no hay ninguna lista oficial, a continuación aparecen relacionados los temas principales:

1. Bibliología: el estudio de la Biblia
2. Teología: el estudio de Dios
3. Cristología: el estudio de Cristo
4. Neumatología: el estudio del Espíritu Santo
5. Angelología: el estudio de los ángeles
6. Antropología: el estudio de los seres humanos
7. Hamartiología: el estudio del pecado
8. Soteriología: el estudio de la salvación
9. Eclesiología: el estudio de la iglesia
10. Escatología: el estudio de los últimos tiempos

Las creencias clave contenidas en este libro se apoyan en esta lista, pero se enfocan más en la transformación personal. Podríamos llamarle a esta lista una «teología de la formación espiritual» en vez de teología sistemática. Tras haber dicho eso, he combinado algunos puntos de la lista anterior, eliminando dos y añadido algunos subtemas que tienen grandes implicaciones para nuestra transformación personal en Cristo. Trabajé durante varios años con un grupo de gigantes espirituales para reducir esta lista a los temas esenciales que influencian más nuestra transformación espiritual. Entre esos gigantes están J. I. Packer y Dallas Willard, quienes endosaron estos diez temas como los más esenciales, aunque ellos enfocan las cosas desde perspectivas teológicas diferentes.

1. Dios: teología, cristología y neumatología han sido combinadas.
2. Dios personal: uno de los temas más singulares y poderosos bajo el estudio de Dios es su relación personal con su creación. Para los practicantes de la mayoría de las otras religiones, su dios no es considerado un ser personal y que se involucra en sus vidas cotidianas. Por lo tanto, he añadido esta como una creencia clave.
3. Salvación: hamartiología y soteriología han sido combinadas. El problema (pecado) y la solución (salvación) se han juntado para formar una conexión ininterrumpida. Ya que esta es más una teología de formación espiritual, no quise destacar la doctrina del pecado como una categoría primaria, lo cual sugeriría que necesitamos desarrollar esta área.
4. La Biblia: lo mismo que bibliología.
5. Identidad en Cristo: este es un poderoso subtema sacado de la soteriología. La persona nueva que llegamos a ser en Cristo tiene importantes implicaciones para nuestro desarrollo espiritual; por lo tanto, lo he apartado como un tema propio.
6. Iglesia: lo mismo que eclesiología.

7. Humanidad: lo mismo que antropología.
8. Compasión: un tema dominante en el Antiguo y el Nuevo Testamento es el llamado de Dios a los creyentes a acercarse a los pobres, los oprimidos y los necesitados. Cuando se acepta esta creencia, crea una poderosa remodelación del modo en que empleamos nuestro tiempo.
9. Mayordomía: este es otro tema sacado de la doctrina de la salvación. La salvación no habla solo de nuestra conversión inicial (justificación), sino también de todo nuestro viaje (santificación y finalmente glorificación). Cuando expresamos nuestra fe en Cristo, reconocemos que todo acerca de nosotros le pertenece a Dios. Obviamente, esto tiene potentes implicaciones para el modo en que utilizamos nuestro tiempo y consideramos nuestras posesiones.
10. Eternidad: lo mismo que escatología

8. En el útil libro de Roger E. Olson, *The Mosaic of Christian Belief* (Downers Grove, IL: InterVarsity, 2002), él se propone identificar el cuerpo de verdad dentro de estos temas clave de teología sistemática que todos los cristianos aceptan o en torno a los cuales se encuentran unidos. Cada capítulo habla de lo que él cree que es una aceptable diversidad dentro de estas creencias y qué posiciones han sido una herejía o han estado fuera del ámbito del cristianismo ortodoxo. Desde luego, hay algunas creencias, como la Trinidad y la naturaleza de Cristo, que fueron muy debatidas en la iglesia primitiva durante los tres primeros siglos. No estoy diciendo que aquellos cristianos que mantenían una perspectiva divergente no fuesen cristianos. Sin embargo, la iglesia finalmente llegó a posiciones definitivas dentro de cada una de estas áreas. En este libro busco mantenerme dentro del ámbito de creencias que todos, o al menos la mayoría de los cristianos, aceptarían. En alguna ocasión confieso profundizar un poco más en una creencia, porque creo que añade una aclaración e inspiración necesarias. Cuando lo haga, intentaré ser fiel y hacérselo saber al lector.
9. A. W. Tozer, *The Knowledge of the Holy* (Nueva York: HarperCollins, 1978), p. 1 [*El conocimiento del Dios santo* (Miami: Vida, 1996)].
10. Frank Newport, «More Than 9 in 10 Americans Continue to Believe in God», 3 junio 2011, www.gallup.com/poll/147887/americans-continue-believe-god.aspx.
11. Stephen Seamands, en *Ministry in the Image of God* (Downers Grove, IL: InterVarsity, 2005), acepta esta perspectiva sociológica de la imagen de Dios en nosotros, sugiriendo que observemos cómo los miembros de la Trinidad se relacionan entre ellos y lo adoptemos como modelo para el modo en que nos relacionamos unos con otros.
12. 2 Timoteo 3.16. En este pasaje, Pablo se refiere a los libros del Antiguo Testamento. Sin embargo, cuando estudiamos de qué forma Pablo

y los otros apóstoles, como Pedro, entendían los escritos del Nuevo Testamento de la misma manera, este pasaje ciertamente se aplica también a los veintisiete libros del Nuevo Testamento (ver 2 Pedro 3.16).

13. F. F. Bruce, *The Books and the Parchments*, rev. ed. (Westwood, NJ: Revell, 1963).

14. Benjamin B. Warfield, *An Introduction to the Textual Criticism of the New Testament*, 7th ed. (London: Hodder & Stoughton, 1907), pp. 12–13.

15. En el tercer concilio de Cartago en el año 397 A.D., se alcanzó un acuerdo sobre los veintisiete libros del Nuevo Testamento que están en nuestra Biblia actual. La traducción de Jerónimo al latín (400 A.D.) contenía los sesenta y seis libros.

16. Wycliffe, «The Worldwide Status of Bible Translation (2013)», www.wycliffe.org/About/Statistics.aspx (consultado en línea el 8 de mayo de 2014).

17. Søren Kierkegaard, *Provocations: Spiritual Writings of Kierkegaard*, ed. Charles E. Moore (Farmington, PA: Plough, 2002), p. 201.

18. Citado en «3,600-Mile Ant Supercolony Found in Europe», 15 abril 2002, *USA Today* en línea, http://usatoday30.usatoday.com/news/world/2002/04/15/ant-colony..

19. Pew Research Center, «Millennials: Confident. Connected. Open to Change», www.pewsocialtrends.org/2010/02/24/millennials-confident-connected-open-to-change/.

20. Barbara Barton, *Pistol Packin' Preachers: Circuit Riders of Texas* (Lanham, MD: Taylor, 2005), pp. 105–24.

21. Blaise Pascal, *Pénsees*, trad. W. F. Trotter (reimpreso 1670, London: Dent, 1910), parte III, §233.

22. Amazima Ministries, «Amazima Founder, Katie Davis», www.amazima.org/katiesstory.html.

23. Carol Kelly-Gangi, *Mother Teresa: Her Essential Wisdom* (Nueva York: Fall River, 2006), p. 2.

24. Frank Newport, «Mother Teresa Voted by American People as Most Admired Person of the Century», 31 de diciembre de 1999, www.gallup.com/poll/3367/mother-teresa-voted-american-people-most-admired-person-century.aspx.

25. Howard Dayton, citado en *Leadership*, 2.2 (Primavera 1981), p. 62; Francis Schaeffer Institute of Church Leadership, «Biblical Stewardship», http://biblicalstewardship.net/bible-passages-on-stewardship/ (consultado en línea el 15 de mayo de 2014).

26. Hay diversas variaciones de esta historia, incluida una que se relata en Henri Nouwen, *Clowning in Rome* (Nueva York: Random House, 2000), pp. 83–84.

27. Chris Carrier, «I Faced My Killer Again», Christianity Today

International, 22 de abril de 1997, www.christianity.com/11622274/ (consultado en línea el 15 de mayo de 2014).

28. Methodist Episcopal Church Missionary Society, *The Gospel in All Lands* (Charleston, SC: Nabu, 2012), p. 232.

29. The 700 Club, «Steve Saint: The Legacy of the Martyrs», www.cbn.com/700club/guests/bios/steve_saint010305.aspx (consultado en línea el 15 de mayo de 2014).

30. Dave Boehi, «Till Death Do Us Part», www.familylife.com/articles/topics/marriage/staying-married/commitment/till-death-do-us-part#.Utv_eXl6gUg.

31. Urban Dictionary, «sticktoittiveness», www.urbandictionary.com/define.php?term=sticktoittiveness.

32. «The Spiritual State of the Union», un estudio conducido por The Center of Religion and Urban Civil Society at the University of Pennsylvania (Princeton, NJ: Gallup organization and the George H. Gallup International Institute, November 2002), pp. 24, 29.

33. Larry Richards, *Expository Dictionary of Bible Words* (Grand Rapids: Zondervan, 1985), p. 303.

34. Ibíd., p. 304.

35. John Stoddard, *John L. Stoddard's Lectures: Florence. Naples. Rome* (Boston: Balch Brothers, 1898), pp. 149–50.

36. Dallas Willard, *Renovation of the Heart: Putting On the Character of Christ* (Colorado Springs: NavPress, 2002). Student edition: Dallas Willard y Randy Frazee, *Renovation of the Heart: An Interactive Student Edition* (Colorado Springs: NavPress, 2005) [*Renueva tu corazón: sé como Cristo* (Barcelona: Clie, 2004)].

37. Richard L. Miller, *A Correlation Study to Examine the Relationship Between Self-efficacy and Biblical Spiritual Development* (Virginia Beach: Regent University, 2003).

38. *La historia* es un viaje de treinta y una semanas por la Biblia; ver Randy Frazee, *The Story Adult Curriculum Participant's Guide* (Grand Rapids: Zondervan, 2011) [*La historia: llegando al corazón de la historia de Dios* (Miami: Vida, 2011)].

39. Kali Schnieders, *Truffles from Heaven* (Enumclaw, WA: WinePress, 2007).

40. Randy Frazee, *The Christian Life Profile Assessment Tool Workbook* (Grand Rapids: Zondervan, 2005).

CREER

Querido lector:

El destacado investigador George Gallup Jr. resumió sus descubrimientos sobre el estado del cristianismo estadounidense con esta sorprendente revelación: «Las iglesias no afrontan desafío mayor… que el de vencer el analfabetismo bíblico, y las probabilidades de hacerlo son formidables porque **el claro hecho es que muchos cristianos no saben lo que creen o por qué**».

El problema no es que las personas carezcan de hambre por la Palabra de Dios. La investigación nos dice que lo primero que las personas quieren de su iglesia es que les ayude a entender la Biblia, y que el compromiso con la Biblia es el catalizador número uno para el crecimiento espiritual. Ninguna otra cosa se le acerca.

Por eso estoy apasionado acerca del libro que tienes en tus manos: *Creer:* una experiencia de compromiso con la Biblia para anclar a cada miembro de tu familia en las enseñanzas clave de las Escrituras.

La experiencia *Creer* te ayuda a responder tres importantes preguntas: ¿Puedes articular claramente los puntos esenciales de la fe? ¿Te identificarían tus vecinos o compañeros de trabajo como cristiano basándose en sus interacciones contigo y con tu familia? ¿Está el reino de Dios extendiéndose en tu rincón del mundo?

Arraigado en las Escrituras, *Creer* es una experiencia de crecimiento espiritual para todas las edades, llevando a cada persona a un viaje hacia llegar a ser más como Jesús en sus creencias, acciones y carácter. Hay una edición para adultos, una para jóvenes y dos versiones para niños. Las cuatro ediciones adecuadas a la edad de *Creer* desentrañan las 10 creencias clave, 10 prácticas clave y 10 virtudes clave de un cristiano, de modo que todos en tu familia y tu iglesia puedan aprender juntos a ser más como Jesús.

Cuando estas verdades intemporales son entendidas, creídas en el corazón y aplicadas a nuestra vida diaria, transformarán una vida, una familia, una iglesia, una ciudad, una nación, e incluso nuestro mundo.

Imagina a miles de iglesias y cientos de miles de individuos en todo el mundo que finalmente serán capaces de declarar: «**Sé lo que creo y por qué, y en la fortaleza de Dios buscaré practicarlo todos los días de mi vida**». Podría cambiar el mundo. Lo ha hecho en el pasado; podría volver a suceder.

En Él,

Randy Frazee
Editor General de *Creer*

VIVIENDO LA HISTORIA DE LA BIBLIA PARA SER COMO JESÚS

¡Enseña a toda tu familia cómo vivir la historia de la Biblia!

Adultos: Desarrolla las 10 creencias clave, 10 prácticas clave y 10 virtudes clave que ayudan a las personas a vivir la historia de la Biblia. Currículo en DVD y guía de estudio también disponibles.

Pensar, actuar, ser como Jesús: Compañero de *Creer*, este nuevo recurso por el pastor Randy Frazee ayudará a los lectores a desarrollar una visión personal para el crecimiento espiritual y un sencillo plan para comenzar en el viaje de *Creer*.

Jóvenes: Esta edición contiene las mismas Escrituras que la edición para adultos, pero con transiciones y características divertidas para hacer participar a adolescentes y jóvenes. Currículo en DVD también disponible.

Niños: Con una edición para niños para edades entre 8 y 12 años, un Libro de Historias para edades entre 4 y 8 años, y tres niveles de currículo para preescolar y primeros años de escuela primaria, niños de todas las edades aprenderán a creer, actuar y ser como Jesús.

Iglesias: *Creer* es flexible, asequible y fácil de usar con tu iglesia, en cualquier ministerio, desde la guardería a la escuela dominical para adultos, grupos pequeños o grupo de jóvenes… e incluso en la iglesia entera.

Inglés: Todos los recursos *Creer* están disponibles también en inglés.

PARA ADULTOS

9780829766318   9780829766349

PARA JÓVENES

9780829766394

PARA NIÑOS

9780829766417   9780829766448

PARA IGLESIAS

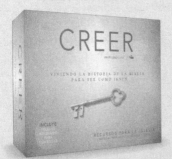

9780829766486

LA HISTORIA

LEE LA HISTORIA. EXPERIMENTA LA BIBLIA

Aquí estoy, con 50 años de edad. He ido a la universidad, al seminario, he participado en el ministerio durante toda mi vida, mi papá está en el ministerio, mi abuelo estuvo en el ministerio, **y La Historia ha sido una de las experiencias más singulares de mi vida.** La Biblia ha sido renovada para mí. Ha hecho que el plan redentor de Dios cobre vida para mí una vez más.

—Seth Buckley, pastor de jóvenes
Spartanburg Baptist Church, Spartanburg, SC

A medida que mi familia y yo recorrimos juntos La Historia, mas comencé a creer y más real se volvió [la Biblia] para mí, y **contagió a mis hijos y les ayudó en su caminar con el Señor.** La Historia inspiró conversaciones que normalmente no podríamos haber tenido.

—Kelly Leonard, padre, Shepherd of the Hills Christian Church, Porter Ranch, CA

Tenemos a personas leyendo La Historia; algunas la devoran y no pueden esperar a la semana siguiente. Algunos en realidad nunca han leído mucho la Biblia, de modo que es emocionante ver a muchos adultos leyendo la Palabra de Dios por primera vez. He oído cosas maravillosas de personas que son lectores de la Escritura por mucho tiempo. Están emocionadas respecto a cómo todo está cobrando sentido para ellos. Sencillamente parece tener más sentido.

—Lynnette Schulz, directora de alabanza, Peace Lutheran Church, Eau Claire, WI

PARA ADULTOS

9780829759099

PARA JÓVENES

9780829760682

PARA NIÑOS

9780829752939

www.creerlahistoria.com

¡Sumérgete en la Biblia de una manera totalmente nueva!

La Historia está cambiando vidas, haciendo que sea fácil para cualquier persona, independientemente de la edad o del nivel de conocimiento bíblico, entender la Biblia.

La Historia llega en cinco ediciones, una para cada grupo de diferentes edades, desde pequeños a adultos. Las cinco ediciones están organizadas cronológicamente en 31 capítulos con escrituras seleccionadas desde Génesis a Apocalipsis. Los recursos adicionales crean una experiencia de lectura bíblica en grupo participativa, ya sea que leas *La Historia* con toda tu iglesia, en grupos pequeños o con tu familia.

Adultos: Lee la Biblia como una historia cautivadora y convincente, desde Génesis a Apocalipsis. Currículo en DVD y guía del participante también disponibles.

Jóvenes: La edición para jóvenes de *La Historia*, con ayudas especiales para el estudio y características pensadas teniendo en mente a los jóvenes. Currículo en DVD también disponible.

Niños: Con una edición para niños para edades entre los 8 y los 12 años, un Libro de Historias para edades entre 4 y 8 años, divertidos juegos de cartas, y tres niveles de currículo para preescolar y primeros años de escuela primaria, niños de todas las edades aprenderán el modo en que su historia encaja en la historia de Dios.

Iglesias: *La Historia* es flexible, asequible y fácil de usar con tu iglesia, en cualquier ministerio, desde la guardería a la escuela dominical para adultos, grupos pequeños o grupo de jóvenes… e incluso en la iglesia entera.

Inglés: Recursos de La Historia están disponibles también en inglés.

PARA NIÑOS

9780829760668

PARA IGLESIAS

9780829760743

Nos agradaría recibir noticias suyas.
Por favor, envíe sus comentarios sobre este libro
a la dirección que aparece a continuación.
Muchas gracias.

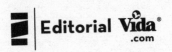

Vida@zondervan.com
www.editorialvida.com